Michael Kres

Integriertes Employability-Management

Michael Kres

Integriertes Employability-Management
Arbeitsmarktfähigkeit als Führungsaufgabe

Haupt Verlag
Bern · Stuttgart · Wien

Michael Kres, Dr. oec. HSG, geb. 1968. Lizenziat und Doktorat an der Universität St. Gallen. Führungserfahrung in Unternehmen unterschiedlicher Größe in den Sektoren Verwaltung, Dienstleistung, Aus- und Weiterbildung und der Telekommunikation. Gründer und Gesellschafter der promove TM GmbH, des größten deutschsprachigen Netzwerks für die berufliche Neuorientierung von Menschen ab 50. Geschäftsführer der promove TM Employability Consulting AG, einer Unternehmensberatung, die Unternehmen in der Ausgestaltung und Umsetzung von Employability-Konzepten (www.promovetm.ch) begleitet. Geschäftsführer der Schweizerischen Gesellschaft für Employability (www.employabililty.ch). Michael Kres ist verheiratet, hat zwei Kinder und lebt mit seiner Familie in Dachsen (ZH).

1. Auflage 2007

Bibliografische Information der *Deutschen Bibliothek*

Die Deutsche Bibliothek verzeichnet diese Publikation in der Deutschen Nationalbibliografie; detaillierte bibliografische Daten sind im Internet über http://dnb.ddb.de abrufbar.

ISBN-13: 978-3-258-07174-9

Für Christina, Anna-Katharina und Julian Alexander

Inhaltsverzeichnis

Integriertes Employability Management
Arbeitsmarktfähigkeit als Führungsaufgabe

Teil I: Einführung

	Vorwort	9
1.	**Ausgangslage**	17
1.1	Wirtschaftliche Entwicklung	19
1.2	Technologische Entwicklung	21
1.3	Entwicklungen auf dem Arbeitsmarkt	22
1.4	Wertewandel	24
1.5	Die Ausgangslage: Mitarbeiter als Spieler ohne Stammplatzgarantie	26
2.	**Employability – Arbeitswelt der Zukunft**	29
2.1	Was ist Employability?	31
2.2	Die neue Kompetenz «Bewegung»	50
2.3	Ein neues Zusammenspiel von Arbeit, Karriere und Sinn	52

Teil II: Konsequenzen von Employability für das System Arbeit

3.	**Konsequenzen von Employability für den Menschen**	61
3.1	Ein neues Karriereverständnis	63
3.2	Ein neues Kompetenzverständnis	67
4.	**Konsequenzen von Employability für das Management**	73
4.1	Verantwortung ist Macht	76
4.2	Führungsgrundsätze für Employability	86
4.3	Maßnahmen des Managements zur Gestaltung von Employability	90
5.	**Konsequenzen von Employability für die Organisationsentwicklung**	95
5.1	Fluss und Transformation	97
5.2	Organisationsgrundsätze für Employability	104
5.3	Organisatorische Maßnahmen zur Gestaltung von Employability	119

6. Konsequenzen von Employability für die Human Resources   129

6.1   Employability bei Personalgewinnung und -freisetzung   139

6.1.1   Gewinnung: Vom Optimum zur Passung   139

6.1.2   Grundsätze für die Personalgewinnung   140

6.1.3   Methoden in der Personalgewinnung zur Gestaltung von Employability   151

6.1.4   Freisetzung: Das Prinzip der temporären Auszeit   159

6.1.5   Grundsätze für die Personalfreisetzung   160

6.1.6   Methoden in der Personalfreisetzung zur Gestaltung von Employability   167

6.2   Employability bei der Personalbeurteilung   170

6.2.1   Vom Handeln und Wirken   170

6.2.2   Grundsätze für die Personalbeurteilung   172

6.2.3   Methoden in der Personalbeurteilung zur Gestaltung von Employability   175

6.3   Employability bei der Personalhonorierung   177

6.3.1   Vom Teilen der Verantwortung   177

6.3.2   Grundsätze für die Personalhonorierung   179

6.3.3   Methoden in der Personalhonorierung zur Gestaltung von Employability   184

6.4   Employability und Personalentwicklung   186

6.4.1   Das Rahmenprogramm   186

6.4.2   Grundsätze für die Personalentwicklung   188

6.4.3   Methoden in der Personalentwicklung zur Gestaltung von Employability   193

7. Chancen und Risiken von Employability   205

8. Ausblick   213

Zusammenfassung Employability fördernder Rahmenbedingungen   221

Abbildungsverzeichnis   225

Sachregister   227

Literaturverzeichnis   229

Vorwort

Employability – Arbeitsmarktfähigkeit: ein Modewort? Neuer Wein in alten Schläuchen? Wir glauben, es steckt mehr dahinter. Was bringt Menschen dazu, arbeitsmarktfähig zu werden und wie können Unternehmen dies erreichen? Diese Frage hat uns in den vergangenen Jahren umfassend beschäftigt. Wir haben in unseren Mandaten mehrere Tausend Menschen während ihrer beruflichen Neuorientierung kennengelernt. Menschen, welche diese Veränderung freiwillig oder erzwungen vollzogen. Wir konnten erfahren, welche Beschleuniger, welche Blockaden dabei auftraten, wie die Menschen sie abbauten und welche Energien dabei freigesetzt wurden. Wir haben Einblick in unterschiedlichste Schicksale, Wünsche, Vorstellungen und Lebensmuster erhalten. Wir haben viel gelernt über Ängste, Opferrollen, Mythen und vor allem eines: Selbstverantwortung.

Als Coaches haben wir immer wieder mit großem Erstaunen festgestellt, welche Potenziale in Menschen schlummerten und dass es oftmals gar nicht so schwierig war, sie zu wecken. Wir haben uns die Frage gestellt, warum diese Menschen nicht selbst ihr Potenzial erforschten, warum sie nicht selbst verantwortlich für ihre berufliche Zukunft werden wollten. So kamen wir zwangläufig mit dem Begriff *Eigenverantwortung* in Berührung. Wir haben erfahren, wie vielschichtig Verantwortung ist. Wir mussten erkennen, dass Verantwortung alleine nicht reicht, um Veränderung zu bewirken, und dass die eigentliche Konstante, welche allen erfolgreichen Veränderungen zugrunde liegt, die *Bewegungsfreundlichkeit* der Menschen ist. Bewegungsfreundlichkeit als Überbegriff für sämtliche Kompetenzen, welche Menschen dazu bringen, sich selbst und Dinge zu verändern. Durch Veränderung entsteht Bewegung. Durch Bewegung entstehen neue Situationen, welche wiederum Veränderung bewirken. Wandel bedarf also eines bewegungsfreundlichen Umfelds.

Was nun aber begünstigt Bewegungsfreundlichkeit im Unternehmen? Als Berater haben wir zu ergründen versucht, welche Rahmenbedingungen Menschen in Unternehmen zu Bewegung veranlassen. Dabei haben wir festgestellt, dass einzelne, losgelöste Maßnahmen im Unternehmen nicht ausreichen. Bewegungsfreundlichkeit entsteht auf Basis eines gemeinsamen

Verständnisses von Verantwortung bei Arbeitgebern und Arbeitnehmern. Nur das abgestimmte Wechselspiel zwischen Management, den Human Resources und den Mitarbeitern selbst erlaubt, Bewegung im Unternehmen zu erreichen.

Wir haben dieses Buch geschrieben, weil wir auf unsere Fragen zum Thema Employability in der bestehenden Literatur keine zufriedenstellenden Antworten finden konnten. Die Geschichten, die Erlebnisberichte der von uns gecoachten Menschen, ließen sich in den uns bekannten Texten nicht abbilden. Der Innovationscharakter von Employability tritt kaum je heraus. Kaum ein Ansatz ging in die Tiefe. Obwohl Employability in der Literatur zunehmend ein Thema wird, fehlen konkrete Maßnahmen, wie das Konzept in Unternehmen umgesetzt werden könnte. Auch beschränken sich viele Schriften auf einzelne Aspekte von Employability, wie die Personalentwicklung oder die spezifische Sicht in Phasen des Personalabbaus. In unseren Augen fehlt diesen Ansätzen die Vernetzung. In diesem Buch möchten wir einen *integrierten* Ansatz von *Employability Management* entwickeln, der sowohl der Sicht des Managements, der Mitarbeiter, aber auch der Human Resources gerecht wird. Wir möchten mit dem Buch die innovativen und zukunftsorientierten Dimensionen von Employability herausstreichen. Wir möchten zeigen, dass Employability das Konstrukt eines willentlichen, koordinierten Prozesses ist. Ein Prozess, an dessen Ende für die Individuen mehr Eigenverantwortung, Entscheidungs- und Gestaltungsfreiraum für die eigene Karriere steht, für die Unternehmen mehr Innovation, Produktivität und ein besserer Umgang mit Wandel.

Das Buch ist in zwei Teile gegliedert.
Im ersten Teil, der *Einleitung*, stellen wir dar, warum das Prinzip *Employability* entstanden ist. Als Erstes untersuchen wir die unterschiedlichen Rahmenbedingungen aus wirtschaftlicher und technologischer Sicht, um uns daraufhin den Entwicklungen auf dem Arbeitsmarkt und dem zugrunde liegenden Wertewandel zu widmen. Wir fassen zusammen, dass die heutige Arbeitsrelation auf dem Prinzip der *Spieler ohne Stammplatzgarantie* beruht. Sodann betrachten wir die neue Kompetenz «Bewegung», welche uns für die Entwicklung von Employability begründend erscheint. Den ersten Teil beschließt eine umfassende Darstellung der Definition von Employability und der unmittelbaren Auswirkungen auf klassische Formen der Zusammenarbeit.

Der zweite Teil befasst sich mit den *Konsequenzen* von Employability. Als Erstes widmen wir uns dem Individuum und untersuchen die Auswirkungen von Employability auf das klassische Karriereverständnis und die klassische Kompetenzentwicklung.

Sodann betrachten wir die Unternehmensseite, indem wir die normative, strategische und operative Ebene jeweils getrennt untersuchen. Auf der normativen Ebene umreißen wir jeweils die Werte-Ebene eines Themas, das *Was* einer Dimension. Die strategische Ebene beschreibt die Ziele und Grundsätze, das *Wie* eines Themenfeldes. Auf der operativen Ebene schließlich entwickeln wir Maßnahmen zur Umsetzung oder das *Womit* in einem bestimmten Themenfeld.

Zunächst beleuchten wir auf der Unternehmensseite das *Management* und die Auswirkungen von Employability. Welches sind die zugrunde liegenden Wertebilder für die Forderung und Förderung von Arbeitsmarktfähigkeit? Welche Grundprinzipien können daraus für die Führung gelten? Welches können konkrete Maßnahmen sein?

Als zweite Dimension behandeln wir die *Organisationsentwicklung*. Hier betrachten wir die für Employability sinnvollen Organisationsprinzipien. Daraus leiten wir einige zentrale Grundsätze zur Gestaltung von Employability fördernden Rahmenbedingungen her. Ein spezieller Absatz widmet sich Fragen des *Gesundheitsmanagements*. Auch in diesem Kapitel geht es um konkrete Maßnahmen, die in Unternehmen umgesetzt werden können.

Schließlich geht es um die Sicht der *Human Resources*. Welches ist das grundsätzliche Verständnis und die Rolle des Personalmanagements, damit Employability im Unternehmen entstehen kann? In diesem Abschnitt gehen wir auf die einzelnen Teilfunktionen eines integrierten Personalmanagements ein. Wir untersuchen die Auswirkungen von Employability auf die Personalgewinnung und die -trennung, die Beurteilung, die Honorierung und die Personalentwicklung. Für jede Teilfunktion definieren wir Grundsätze und konkrete Maßnahmen für den unternehmerischen Alltag.

Den Abschluss des Buches bilden eine Zusammenfassung und ein Ausblick mit einigen grundsätzlichen Thesen zur Ausgestaltung von Employability im Unternehmen.

Das Buch richtet sich an zwei Anspruchsgruppen.
Zum einen sprechen wir Menschen an, welche in Unternehmen *Führungsverantwortung* ausüben. Es ist dabei unerheblich, ob es sich um Top-Management, Bereichsleiter oder die dritte Führungsebene handelt. Entscheidend ist, dass effektive Führungsverantwortung wahrgenommen wird. Für solche Verantwortungsträger empfehlen sich speziell die Ausführungen in den ersten vier Kapiteln dieses Buches.

Die zweite Anspruchsgruppe sind diejenigen, die in der Personalabteilung arbeiten. Für sie soll in diesem Buch ein ganzheitlicher Ansatz dargestellt werden, wie sie ihre tägliche Arbeit mit dem Prinzip Employability verzahnen können. Für sie empfehlen sich die Kapitel drei, fünf und sechs zur vertieften Lektüre.

Wir riskieren in diesem Buch bewusst, Komplexität auf ein verständliches Maß zu reduzieren, da wir uns auf die effektiven Wirkungsfaktoren von Employability beschränken wollen. Wir möchten in diesem Buch ein Szenario erarbeiten, wie sich in Unternehmen ein neues Selbstverständnis für Arbeit entwickeln könnte. Ein Szenario, das Wert stiftet – für alle Anspruchsgruppen. Das Buch ist ein Aufruf zu einem neuen Denken. Möge es Mut geben denjenigen, die sich trauen, dieses neue Denken in der Praxis auszuprobieren!

Lausanne, im August 2006
Michael Kres

Teil I: Einleitung

1. Ausgangslage

Alljährlich wird versucht, die Gemütslage der Bevölkerung eines Landes in Zahlen zu fassen. Daraus resultiert dann eine Liste von Sorgen und Ängsten der Menschen in einem Land. In der Schweiz führt wiederholt die Angst um den Arbeitsplatzverlust die Statistik an. Warum haben Herr und Frau Schweizer, trotz einer nach wie vor im Vergleich mit vielen europäischen Staaten tiefen Arbeitslosigkeit, Angst davor, ihren Arbeitsplatz zu verlieren? Offensichtlich ist es heute schwieriger, eine neue Stelle zu finden, als noch vor zwanzig Jahren. Warum? Was ist passiert?

Globalisierung, demografische Entwicklung, Wertewandel haben als irreversible Trends auch die hiesigen Arbeitsmärkte erreicht. Die Komplexität in der Welt der Arbeit hat heute eine Dimension erreicht, dass kaum noch jemand mit ihr umgehen kann. Der eigene Arbeitsplatz ist so hochgradig vernetzt, dass ein Einzelner nicht mehr ausschließlich für das Resultat seiner Arbeit zuständig ist, sondern eine Vielzahl von Einflussfaktoren darauf einwirken: Die gelieferten Teile stammen aus China, die Zahlen für die Buchhaltung aus Indien und das Management, welches über die Zukunft der Posten in Deutschland bestimmt, sitzt in England. Der Einzelne kann nicht mehr darauf bauen, dass seine eigene Leistung genügt, um seine berufliche Zukunft zu sichern. Seine Arbeit unterliegt nur beschränkt seiner Kontrolle. Kontrolle als solche zeichnet sich jedoch als eine hehre Tugend in unseren Breitengraden aus. Der Kontrollverlust schürt Ängste. Das ist normal. Weniger normal ist, dass diese Angst scheinbar klaglos hingenommen wird. Es gibt gegenwärtig weder in der Schweiz noch in Deutschland oder Österreich in der Arbeitsmarktpolitik einen Konsens über die notwendigen Schritte und Wege, die unter den sich ständig verändernden Bedingungen wieder zu einer altersgerechten Beschäftigung, zu Wirtschaftswachstum und zu sozialer Sicherheit führen. Auch Unternehmen scheinen mit dem Thema zunehmend überfordert. Es herrscht große Verunsicherung und eine gewisse Hilflosigkeit im Umgang mit aktuellen Trends. Allenfalls spricht man von Frühpensionierungen, um der demografischen Entwicklung entgegenzuwirken, oder alternativen Karriereformen, um der neuen Sinnfindung eines wachsenden Teils der Arbeitnehmenden gerecht zu werden. Ein integrierter Ansatz, welcher die neue Arbeitswelt abbildet, fehlt. Jedes Unternehmen bewegt sich in einer komplexen Umwelt. Komplexität in diesem Ausmaß ist jedoch neu. Während Komplexität über Jahre hinweg vor allem eine auf Mitarbeiter und relativ geschlossene Märkte beschränkte Größe war, was per se bereits einer ziemlich umfangreichen Aufgabe gleichkam, brachte die Globalisierung eine neue, offene Dimension hinzu. Mit der Globalisierung entstand neue Unsicherheit. Wir beobachten in der Praxis, dass weder Mitarbeiter noch Unternehmen bislang ausreichend gelernt haben, mit dieser neuen Dimension von Unsicherheit umzugehen. Nach wie vor geht die klassische Management- und Führungslehre davon aus, Dinge *beherrschen* und *kontrollieren* zu müssen. Wir plädieren für einen anderen Ansatz. Wir glauben, dass der *Umgang mit Unsicherheit* zu einem wesentlichen Erfolgsfaktor der Zukunft werden wird. Zu verschieden sind die Einflussfaktoren, welche auf das System Arbeit heute und in Zukunft einwirken, als dass ein Mensch sie alle kontrollieren könnte. Also müssen Menschen lernen, mit unfertigen Systemen umzugehen, ohne sich dadurch überfordert zu fühlen. Um die Auswirkungen der zunehmenden Komplexität auf das System *Arbeit* zu verstehen, ist es wichtig, die einzelnen Ebenen in der Abbildung 1-I im Detail zu erkunden.

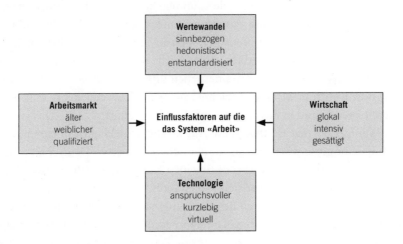

Abbildung 1-I: Die Einflussfaktoren auf das System *Arbeit* in liberalisierten Märkten (in Anlehnung an Oertig = 1993 = 2ff.)

1.1   Wirtschaftliche Entwicklung

Aus der wirtschaftlichen Perspektive lassen sich im Wesentlichen drei große Entwicklungen erkennen: die Globalisierung, die Intensivierung und die Sättigung der Märkte.

Heutige Unternehmen funktionieren nicht mehr gleich wie vor zwanzig Jahren. Die wirtschaftlichen Rahmenbedingungen haben sich mit der *Globalisierung* entschieden verändert. Fragen wir in unseren Seminaren Führungskräfte nach den für sie wahrnehmbaren Folgen der Globalisierung, so werden stets etwa die ähnlichen Argumente genannt: mehr Wettbewerb, mehr Margendruck oder etwa Produktionsverlagerungen ins billigere Ausland. Märkte sind weltweit durchlässiger geworden. Viele haben sich rechtzeitig darauf vorbereitet, andere wurden ins Mark getroffen. Letztere reagierten – zum Agieren blieb keine Zeit mehr. Aus der lokalen Optik auf globale Einflüsse zu reagieren, diese *glokale* Ausgangslage bildet heute die Basis für das Überleben fast jeder Firma.

Die Globalisierung hat schließlich eine weitere Neuerung gebracht: Der Wettbewerb ist *intensiver* geworden. Mehr Anbieter streiten sich um dieselben Märkte. Um einen Franken Gewinn zu erwirtschaften, muss heute bedeutend mehr investiert werden als noch vor zehn Jahren, was zu Margendruck und Gewinneinbußen führt.

Schließlich sind viele Märkte *gesättigt*. Die westlichen Industrieländer sind im Wesentlichen reiche Länder, in denen die meisten Bewohner ihre Grundbedürfnisse abgedeckt haben und der Konsum verflacht. Die grundlegenden Infrastrukturbauten sind erstellt. Essen und Trinken gibt es im Überfluss, und auch ein Dach haben die meisten über dem Kopf. Dies ist in anderen Volkswirtschaften nicht unbedingt der Fall. China steht eben erst am Anfang seiner großflächigen wirtschaftlichen Entwicklung. Auch die Supermacht USA verfügt dank Migrationsströmen und einer global vernetzten Währung noch über große Möglichkeiten, den internen Konsum anzuregen. Insofern ist die heutige wirtschaftliche Ausgangslage von Ländern wie China, den USA oder der Schweiz unterschiedlich zu positionieren, wie die folgende Abbildung zeigt.

Die Ausgangslage in Unternehmen derselben Branche ist in den einzelnen Ländern also verschieden. Während in China zurzeit staatlich gegen die wirtschaftliche Überhitzung vorgegangen wird, um die daraus entste-

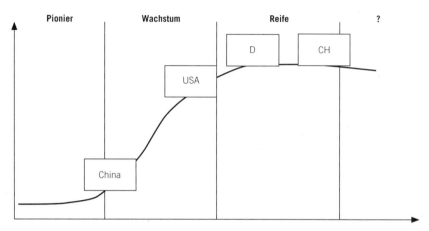

Abbildung 1-II: Unterschiedliche Reifegrade von Volkswirtschaften (promove TM)

henden negativen ökologischen und sozialen Nebenwirkungen zu minimieren, stehen in der Schweiz die Unternehmen unter anderen Zwängen. Damit Unternehmen weiterhin produktiv sein können, haben sie drei Optionen: Wachstum, Kostensenkung oder Innovation.

Beginnen wir mit der *Wachstum*sstrategie. Weil es in gesättigten Märkten kaum möglich ist zu wachsen, expandiert man ins Ausland. Das Resultat ist die Verlagerung inländischer Arbeitsplätze ins Ausland.

Sodann ergibt sich die Möglichkeit der *Kostenkontrolle*: billiger zu sein als die Konkurrenz. Viele Unternehmen versuchen durch mehr oder weniger gelungene Kostensenkungsprogramme, diesen Weg zu gehen. Dass dabei oft die Qualität der Leistungen auf der Strecke bleibt, wird hingenommen. Das ökonomische Kalkül, welches dieser Überlegung zugrunde liegt, und die vielfach daran positiv gekoppelten Börsenkurse heiligen offenbar die Mittel.

Als dritte Option kann eine Unternehmen besser sein als ein anderes. Lange Zeit war dieser Weg, durch *Innovation* zu glänzen, der Königsweg der Schweizer Wirtschaft. Der wirtschaftliche Erfolg in den Achtzigerjahren hatte auf die Einstellungen der Eidgenossen eine verhängnisvolle Wirkung. *Made in Switzerland* wurde nachgefragt. Man gab sich der Illusion hin, offensichtlich gut zu sein, und war stolz darauf. Und an dem sollte sich vor allem nichts ändern. Leider hat sich jedoch die Welt verändert. Nur die Einstellung vieler Eidgenossen nicht. Auch wenn die Front langsam bröckelt, so hält sich hartnäckig die Meinung, man sei doch Spitzenreiter in seinen Märkten. Schließlich sei hier alles so teuer und das Lebenshaltungsniveau gerechtfertigterweise hoch. Insofern könne man es sich gar nicht leisten, etwas zu verändern. Ein Trugschluss, wie sich zeigen wird.

1.2   Technologische Entwicklung

Neben der wirtschaftlichen Entwicklung hat die Technologie dazu beigetragen, dass das System Arbeit heute anders funktioniert als vor zwanzig Jahren. Auch hier lassen sich drei große Entwicklungslinien erkennen: Technologien haben Geräte anspruchsvoller und kurzlebiger werden lassen. Gleichzeitig haben sich mit der Virtualisierung von Produkten und Dienstleistungen völlig andere Wertschöpfungsprozesse entwickelt.

Beginnen wir damit, dass Produkte und Dienstleistungen *anspruchsvoller* geworden sind. Die meisten Produkte können viel mehr, als der durchschnittliche Verbraucher benötigt. Wer ist nur annäherungsweise in der Lage, sämtliche Funktionen auf seinem Mobiltelefon zu bedienen? Produkte sind komplizierter in der Anwendung geworden, zudem anfälliger auf technische Defekte. Die moderne Technologie sorgt hier für die Entstehung vollkommen neuer Einsatzfelder wie etwa der Nanotechnologie.

Produkte sind sodann *kurzlebiger* geworden. Die durchschnittliche Entwicklungszeit eines Autos hat sich in den letzten zwanzig Jahren von acht Jahren auf etwas unter zwei Jahren verkürzt. Dies hängt mit der Modularisierung der Modelle zusammen, aber auch mit technischem Fortschritt und Produktivitätssteigerungen.

Es folgt schließlich die *Virtualisierung* von Produkten und Dienstleistungen. Dank der Internet-Technologie, dank der weltweiten Vernetzung von Wissen und Produktionskapazitäten ist es heute problemlos möglich, ganze Buchhaltungen nach Indien zu verlagern oder etwa den Computerpark in Zürich von Russland aus zu warten.

In Kombination mit der wirtschaftlichen Entwicklung ergeben sich für Unternehmen neue, ungeahnte Möglichkeiten. Produkte können in Vietnam produziert, in China veredelt und in Deutschland konsumiert werden. Den Transport der Zwischen- und Endprodukte organisiert eine Schweizer Firma mit portugiesischen und polnischen Mitarbeitern. Ganze Branchen werden verlagert, Berufsfelder verschwinden oder werden neu geschaffen.

Für die Schaffung von Arbeitsplätzen vor Ort entscheidende Wirkungsfaktoren, welche in diesem Buch dargestellt werden.

1.3 Entwicklungen auf dem Arbeitsmarkt

Auch der Arbeitsmarkt hat sich in den letzten zwanzig Jahren verändert. Hier sind drei Trends auszumachen: die demografische Entwicklung, der vermehrte Eintritt von Frauen ins Erwerbsleben und das steigende Qualifikationsniveau breiter Bevölkerungsschichten.

Die Bevölkerung in westlichen Ländern wird mehr oder weniger rasch *älter*. Die Schweiz bildet da keine Ausnahme. Das verfügbare Arbeitskräftepotenzial – wie die Gesellschaft als Ganzes – altert beständig. Bereits ab 2010 werden in der Schweiz mehr 45 bis 64-jährige als unter 45-jährige Arbeitskräfte gezählt werden.[1]

Die gestiegenen Erwartungen, aber auch die Tatsache, dass das verfügbare Einkommen vielerorts nicht weiter ansteigt, haben einen vermehrten Einstieg von Frauen in den Arbeitsmarkt zur Folge. Die Erwerbsbeteiligung von Frauen ist in den letzten Jahrzehnten kontinuierlich gestiegen, in der Schweiz ebenso wie in allen anderen europäischen Ländern. Man schätzt, dass Frauen zwischen 1983 und 1992 europaweit etwa drei Viertel der neu geschaffenen Erwerbsstellen – und 95 Prozent der neuen Teilzeitstellen – besetzt haben.[2] Mit dem massiven Eintritt der Frauen hat also das Phänomen der *Teilzeitarbeit* eine neue Dimension angenommen. Man schätzt, dass in der Europäischen Union im Jahr 1992 31 Prozent der Frauen auf Teilzeitbasis arbeiteten, aber nur vier Prozent der Männer. Auch wenn in der Zwischenzeit der Anteil der Männer, welche Teilzeit arbeiten, angestiegen sein dürfte, machen vor allem Frauen die große Mehrheit der Teilzeitarbeitenden aus, etwa 85 Prozent in der Europäischen Union.[3] Teilzeitarbeit hat durch Frauen einen legitimen Stellenwert in der männerdominierten Arbeitswelt erhalten.

Ein weiterer Aspekt ist die zunehmende *Qualifizierung* der Erwerbsbevölkerung. Der Anteil von Universitätsabgängern nimmt seit geraumer

---

1   Vgl. Höpflinger = 2005 = 17.
2   Vgl. Hugentobler = 2005 = 81.
3   Vgl. Giarini & Liedtke = 1998 = 215.

Zeit konstant zu. Auch die Tatsache, dass private Aus- und Weiterbildungs-institutionen – zumindest während der Neunzigerjahre des letzten Jahr-hunderts – in der Schweiz wie Pilze aus dem Boden geschossen sind, ver-brieft ein offenkundiges Bedürfnis nach Weiterbildung in der Bevölkerung. Wenn nun jedoch stets mehr gut qualifizierte Arbeitnehmer auf den Markt drängen, ergibt sich ein Dilemma: Die *Erwartungen* dieser Personen an sich und ihre Karriere steigen, die ökonomische Realität bietet jedoch nur beschränkt Positionen, wo diese Fähigkeiten umfassend eingesetzt werden können. Die folgende Abbildung verdeutlicht diesen Widerspruch:

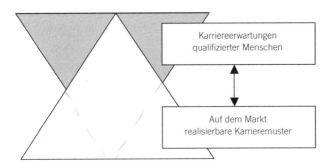

Abbildung 1-III: Qualifikation versus Stellenangebot (promove TM)

Wie lässt sich vor diesem Hintergrund die Diskussion um mangelnde Fach-kräfte erklären? Unserer Meinung nach geht es bei dieser Diskussion nicht um einen effektiven Mangel an Fachkräften, sondern darum, dass sich niemand mehr mit subalternen Positionen zufrieden geben will. Die nach unserem Schulsystem aus- und weitergebildeten Arbeitnehmer tendieren dazu, Karriere in einem klassischen Sinn als Aufstieg zu verstehen. Hori-zontale Karrieren oder gar ein hierarchischer Abstieg werden weder gesell-schaftlich noch ökonomisch geachtet. Insofern stellen sie auch keine seriöse Alternative dar für Menschen, welche sich weiterqualifiziert haben. In einer Kombination von Teilzeitarbeit und alternativen Karrieren liegt jedoch ein ungemeines Potenzial, das in der Arbeitswelt von morgen genutzt werden wird.

1.4   Wertewandel

Ein weiterer Einflussfaktor auf das System Arbeit ist der Wertewandel. Wir können hier wiederum drei Trends erkennen: einen vermehrten Sinnbezug, zunehmenden Hedonismus, aber auch eine Entstandardisierung familiärer und beruflicher Lebensläufe.

Beginnen wir mit der vermehrten Suche nach *Sinn* im Leben. Während die Einstellung vieler Mitarbeiter der Nachkriegsgeneration und der Baby-Boomer-Generation eine hohe Leistungsorientierung, einen hohen Berufsbezug sowie die Suche nach Beständigkeit aufweist, ist diese Eindeutigkeit in der Werteorientierung bei einer Vielzahl der Beschäftigten der jüngeren Generation nicht mehr zu beobachten.[4] Letztere bewegt sich eher in Spannungsfeldern. Dazu gehören:

–   Lebensgenuss versus Leistungsorientierung;
–   Familie versus Beruf;
–   Flexibilität versus Suche nach Beständigkeit.

Viele jüngere Mitarbeiter, aber auch eine steigende Zahl erfahrener, älterer Menschen versuchen Lebensgenuss und Leistungsorientierung miteinander zu kombinieren. Zum einen suchen sie vermehrt nach neigungsgerechten, herausfordernden Tätigkeiten und Entwicklungschancen. Spaß an der Arbeit spielt eine stets größere Rolle, ebenso die Mitwirkung an Gestaltungs- und Entscheidungsprozessen. Ein weiteres Ziel von immer mehr Arbeitnehmenden ist es, eine Balance zwischen Familie und Arbeit zu finden. Die *Work-Life-Balance* wird in der Regel geschlechterunabhängig angestrebt. Arbeit ist nicht mehr der einzige Lebensinhalt. Gleichzeitig wird Privat- und Berufsleben vermengt. Während viele Frauen aufgrund eines veränderten Rollenverständnisses, eines steigenden Qualifikationsniveaus und hoher Lebenshaltungskosten eine zunehmende Berufsorientierung zeigen, ist bei Männern eine steigende Familienorientierung zu beobachten.[5]

Ein weiterer, nicht zu vernachlässigender Einflussfaktor auf das System *Arbeit* ist die zunehmende individualistische Orientierung der Menschen. Der zunehmende *Hedonismus*, die Berücksichtigung des eigenen Vorteils

---

4   Vgl. Rump & Eilers = 2006 = 15.
5   Vgl. Gemeinnützige Hertie-Stiftung = 1998 = 12 ff.; Wunderer & Dick = 2002 = 33 ff.; Bosch et al. = 2001 = 12.

und die Maximierung des persönlichen Nutzens gehen oft zulasten langfristiger Ziele eines Arbeitgebers.

Miegel beschreibt dies so: «Nicht alle, vielleicht noch nicht einmal die meisten, aber doch bemerkenswert viele Menschen möchten in erster Linie genießen, spielen, tändeln und es so richtig krachen lassen. Malochen wie die Großeltern, Kinder umsorgen, Verzicht üben? Viele der Enkel denken nicht daran. Sie wollen reisen, nette Leute kennenlernen und Spaß haben, viel Spaß. Wer will, wer kann ihnen das verdenken? Sie leben doch nur die ihnen gegebenen Möglichkeiten aus.»[6]

Schließlich werden wir Zeuge einer *Entstandardisierung* von Lebensläufen. Die letzten drei Jahrzehnte haben die klassische Dreiteilung des Lebens in Ausbildung, Erwerbstätigkeit und Rentenalter zwar nicht grundsätzlich aufgelöst, eine verstärkte Individualisierung und Entstandardisierung von Lebensläufen ist aber unverkennbar. «Enfin, l'organisation ternaire du cycle de vie, avec son emboîtement des temps sociaux successifs en un parcours ordonné et prévisible se décompose. Tout ce qui constituait propres: hiérarchisation, chronologisation, standardisation et temporalisation se défait.»[7] Dabei ergeben sich für den Einzelnen sowohl mehr Wahlmöglichkeiten und Lebensoptionen als auch mehr Unsicherheiten und Risiken.[8] An die Stelle der fixen, überblickbaren Dreiteilung des Lebenswegs tritt ein neues, flexibles Konzept der Gestaltung der Lebensphasen, das sich wie folgt darstellen lässt:

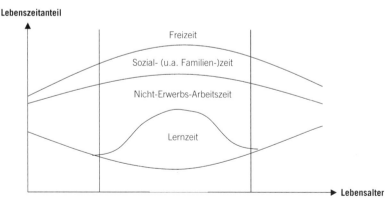

Abbildung 1-IV: Moderne flexible Gestaltung der Lebensphasen (Hilb = 2002 = 236)

6   Miegel = 2005 = 237.
7   Guillemard = 2003 = 33.
8   Vgl. Gross = 1994.

1.5 Die Ausgangslage: Mitarbeiter als Spieler ohne Stammplatzgarantie

Betrachtet man die heutige Arbeitswelt, so stößt man auf verschiedene Paradoxien: Planungsprojekte von Unternehmen werden umso oberflächlicher, je kurzlebiger die Märkte sind, weil nicht mehr genügend Zeit für fertige Produktentwicklung verbleibt. Langfristige Unternehmensentwicklung steht so kurzfristiger Profitmaximierung entgegen, die gemeinsame unternehmerische Vision verliert zugunsten von persönlichen Interessen Einzelner an Bedeutung. Was aber treibt diese Bewegung voran? Im Kern sind es zwei Tendenzen, die uns in eine vollkommen neue Arbeitswelt führen:[9]

Die eine Tendenz lässt sich – etwas plakativ – als *Darwinismus* umschreiben. Es geht darum, Gewinner und Verlierer zu bestimmen und solche Unternehmen bzw. Mitarbeiter zu lokalisieren, welche nicht zu den Erfolgreichen gehören. Dieser Darwinismus bedeutet nicht notwendigerweise das Eliminieren von Mitarbeitern, mindestens jedoch die Evaluation und permanentes Durchlaufen des aus der Natur bekannten Prinzips «Survival of the fittest». In unserem Wirtschaftssystem erfolgt die Selektion durch das Prinzip der Wertschöpfung. Ist ein Unternehmen oder eine Person nicht mehr in der Lage, eine genügende Wertschöpfung zu erwirtschaften, wird sie vom Markt ausselektiert. Das Unternehmen geht pleite, die Mitarbeiter verlieren ihren Job. Es gibt nirgends mehr eine Stammplatzgarantie.

Die andere Tendenz stellt der immer stärker werdende individuelle *Opportunismus* dar. Er führt dazu, dass Einzelne ihre Interessen nur noch in Bezug auf sich selbst und ohne Rücksicht auf die Gemeinschaft verfolgen. Mitarbeiter, die gerade für viel Geld eine Weiterbildung absolviert haben, verlassen plötzlich das Unternehmen, um anderswo ein aus ihrer Sicht attraktiveres Angebot anzunehmen. Der ehemalige Arbeitgeber muss akzeptieren, dass andere von seinem erhofften Return on Investment profitieren. Dieser Opportunismus hat aber auch eine positive Konnotation, welche man mit «individuellen Chancen» verknüpft.

Treffen Darwinismus als kollektiver Mechanismus von Unternehmen, Bereichen oder Mitarbeitern zusammen mit Opportunismus als individuellem Antrieb, eigene Chancen ohne Rücksicht auf andere zu nutzen, spricht

---

9   Vgl. Scholz = 2004 = 226.

man vom *Darwiportunismus*: Unternehmen sind also darwinistisch und Mitarbeiter opportunistisch. In der Konsequenz heißt das: Weder haben Mitarbeiter einen Stammplatz im Unternehmen, noch haben Unternehmen Stammplätze auf dem Weltmarkt. Was auf den ersten Blick einleuchtet, hat in der Praxis einen Haken: Klassische Führungsmodelle gehen nicht von opportunistischen Individuen aus. Aus dieser Sicht hat sich ein Individuum nicht gegen die Interessen eines Unternehmens zu stellen. Mitarbeiter ohne Planungs- und Beschäftigungssicherheit sehen ihre Rolle anders: Warum sollen sie sich für ein Unternehmen einsetzen, wenn dieser Einsatz mit mangelnder Perspektive belohnt wird? Aus der Sicht der Betroffenen äußert sich mangelnde Beschäftigungssicherheit in Opportunismus.

Wie kann der Widerspruch aufgelöst werden? Employability ist dann ein realistischer Weg, mit der darwiportistischen Welt ohne Stammplatzgarantie umzugehen, wenn weitgehende Transparenz an die Stelle von Unsicherheit tritt und ein Mindestmaß an Regeln herrscht, an denen sich die Mitarbeiter orientieren können. Durch klare Spielregeln und Transparenz wird zwar weiterhin keine Stammplatzgarantie hergestellt, wohl aber ein leistungsorientiertes Umfeld mit einem zumindest tendenziellen Sicherheitskorridor für Mitarbeiter. Um diesen Ansatz zu verwirklichen, müssen nicht nur die Mitarbeiter die Logik des Darwiportismus verstehen, sondern die gesamte Personalpolitik des Unternehmens muss auf diese Logik ausgerichtet sein. Darwiportismus schafft das Spannungsfeld und gleichzeitig den Nährboden für Employability. Die Interessen der Mitarbeiter an Karriere und am Sinn ihrer Tätigkeit werden dabei ebenso berücksichtigt wie die Interessen des Unternehmens an Wirtschaftlichkeit, Innovation und Flexibilität. Employability erstarkt auf dieser Basis von einem theoretischen Modell zu einer Marktrealität.

2. Employability – Arbeitswelten der Zukunft

Die Ausgangslage für die wirtschaftliche Zusammenarbeit von Menschen hat sich in den letzten Jahren dramatisch verändert. Gefragt sind neue, innovative Formen der Zusammenarbeit, welche auch in unsicheren Zeiten eine gewisse Sicherheit für alle beteiligten Parteien erlauben. Employability ist ein erfolgversprechender Ansatz. Was ist Employability? Welches sind die entscheidenden Bestandteile? Der folgende Abschnitt verschafft Klarheit.

2.1   Was ist Employability?

Wir haben gesehen, dass immer weniger Firmen ihren Mitarbeitern Arbeitsplatzsicherheit bieten können und wollen. Was ist die Alternative? Kein Arbeitgeber kann es sich leisten, seine Mitarbeiter in vollkommener Unsicherheit zu belassen. Unsicherheit belastet das Arbeitsklima erheblich, führt zu Frustrationen und Ängsten. Dies wiederum führt zu einer geringeren Arbeitsmotivation, die sich in einer geringeren Produktivität auswirkt. Sollte dieser Zustand anhalten, verstärkt sich der Druck auf die Mitarbeiter weiter, was wiederum neue Ängste schürt. Ein sich selbst verstärkender Kreislauf, wie folgende Abbildung verdeutlicht:

Abbildung 2-I: Der Angstkreislauf der Mitarbeiter (promove TM)

Von Mitarbeitern im Angstkreislauf kann nicht verlangt werden, dass sie sich kreativ und produktiv im Sinne des Unternehmens einsetzen. So ist jedem Unternehmen gedient, für seine Mitarbeiter ein Mindestmaß an Sicherheit zu schaffen, an dem sie sich orientieren können. Diese minimale Sicherheit kann durch Employability garantiert werden. Wörtlich übersetzt, bedeutet der Begriff «Employability» so viel wie «Beschäftigungsfähigkeit». Als Synonyme werden auch «Arbeitsmarktfähigkeit» oder «Arbeitsmarktfitness» gebraucht. Der Begriff ist keineswegs neu. Im Verlauf des 20. Jahrhunderts wurden verschiedenste Definitionen entwickelt, die sich zunächst auf körperliche und sozioökonomische Merkmale des Individuums konzentrierten. In einer nächsten Stufe wurde als entscheidendes Kriterium der Bezug zum Arbeitsmarkt erkannt, wobei in erster Linie Stellensuchende im Mittelpunkt der Betrachtung standen. Erst seit den Neunzigerjahren wurde der Fokus auch auf Menschen in Arbeit erweitert,[10] wobei im Wesentlichen methodische Kompetenzen beobachtet werden. Die Definitionen in den Neunzigerjahren sind statisch. Die zugrunde liegenden Einstellungen und Verhaltensweisen, welche erst dazu führen, dass Employability in Veränderung mündet und somit *Wirkung* erzielt wird, fließen nicht in die Diskussion ein. Wir möchten unsere Definition breiter fassen. Gemäß unserer Erfahrung stellt Employability eine dynamische Größe dar, welche Menschen *im Zeitverlauf* abbildet. Entsprechend schlagen wir folgende Definition vor:

> Arbeitsmarktfähigkeit (Employability) ist die Fähigkeit eines Einzelnen, ohne substanzielle Unterstützung eines Dritten in einen relevanten Arbeitsmarkt einzutreten, dort zu verbleiben und im gegebenen Fall auch wieder eine neue Herausforderung anzutreten.

Übersetzen wir diese Definition in die Praxis. Sie beruht auf drei Bausteinen: der Eigenverantwortung, dem relevanten Markt und der Nachhaltigkeit.

– *Eigenverantwortung*

Als Erstes sticht die Passage «ohne substanzielle Unterstützung eines Dritten» ins Auge. Dieses Merkmal als integrierter Bestandteil von Arbeitsmarktfähigkeit ist gleichzeitig das wichtigste. Es hält fest, dass Employability primär auf der Eigenverantwortung jedes Einzelnen aufbaut. Was ist Eigenverantwortung? «Man kann Verantwortung nur tragen, wenn man sich dieser Verantwortung bewusst ist. Man kann sich seiner Verantwortung nur bewusst sein, wenn man begriffen hat, was Verantwortung heißt.»[11] Oder, wie Roman Herzog es in seiner Rede zum fünfzigsten Geburtstag der Bundesrepublik Deutschland treffenderweise formuliert hat: «Verantwortung ist die unausweichliche Konsequenz der Freiheit.» Verantwortung hat

---

10 Vgl. Weinert et al. = 2001 = 23 ff.
11 Picht = 1969.

ihren Preis. Es geht für den Einzelnen nicht darum, Employability vom Unternehmen oder von einem Mittler auf dem Arbeitsmarkt, wie etwa Personalvermittlern, Outplacement-Dienstleistern oder RAV-Beratern, reaktiv zu fordern, sondern *selbst* etwas dafür *aktiv* zu unternehmen. Der Entscheid, wie hoch seine Arbeitsmarktfähigkeit sein soll, ist ein Entscheid jedes Einzelnen über seine berufliche Zukunft. Stellen Sie sich vor, eine Drittperson würde Ihnen sagen, welches Haus Sie bewohnen dürften und mit welcher Person Sie eine Ehe eingehen sollten. Kaum jemand lässt sich solche für die eigene Zukunft einflussreiche Entscheide abnehmen. Wir entscheiden in der Regel selbst, wann wir wo ein Haus bauen wollen und wen wir heiraten wollen. Gleichzeitig aber betrachten wir es als selbstverständlich, dass Mittler über unsere berufliche Zukunft entscheiden und dass sie uns vorschreiben, für welche Stelle wir in Frage kommen, ohne dass wir darauf wirklich Einfluss nehmen. Eine absurde Idee, welche jedoch von der Vielzahl der Arbeitnehmenden in Kauf genommen wird. Das Prinzip der Selbstverantwortung wird auf diese Weise nicht wahrgenommen. Jemand, der zu einem Stellenvermittler geht, wartet im Prinzip darauf, dass dieser seine Unterlagen an einen Dritten weitergibt und für ihn Gelegenheiten erarbeitet. Direkten Einfluss nehmen auf seine berufliche Zukunft kann er dabei nicht. Er kann nicht aktiv seine Employability erhöhen.

Um dem Prinzip der Eigenverantwortung gerecht zu werden, ist es als Mitarbeiter wie auch als Stellensuchender wichtig, einige grundlegende Mechanismen auf dem Arbeitsmarkt zu verstehen. In der Praxis erfahren wir allerdings, dass dieses Verständnis nicht sehr weit gediehen ist. So schafft die Klärung des Ablaufes, wie eine Stelle geschaffen wird, oft auch bei Führungskräften bereits unerwartete Aha-Erlebnisse:

Abbildung 2-II: Wie eine Stelle entsteht (promove TM)

Der erste Prozessschritt ist die *Bedürfnisanalyse*. Irgendwo im Unternehmen besteht ein *Bedürfnis* oder ein *Problem*, das gelöst werden muss. Eine Firma hat ein gewisses Know-how nicht oder nicht in genügendem Ausmaß. Eine neue Produktelinie soll gestartet werden, es fehlen aber geeignete

Spezialisten. Die Rezeptionistin ist krank, jemand sollte sie vertreten. Das Problem wird als solches erkannt und es besteht genügend Druck, um nach einer Lösung zu suchen.

In einem nächsten Prozessschritt werden nun die Personen, welche über die Bedürfnisbehebung oder die Problemlösung entscheiden, sich *intern* nach Menschen umsehen, die sie unterstützen können. Hat jemand bereits Erfahrung mit dem Problem? Gibt es in einer anderen Abteilung allenfalls Kapazitäten, um mich zu unterstützen?

Erst wenn die interne Suche kein Resultat ergibt, kommt der nächste Prozessschritt in Gang: das *Budget*. Kein Unternehmen kann Mitarbeiter einstellen, wenn es dafür kein Geld hat. Die interne Belegschaft bildet aus der Sicht des Unternehmens Fixkosten. Sie sind im Vorfeld budgetiert. Erfahrungsgemäß ist es extrem kompliziert, während des Jahres ein im Vorjahr genehmigtes Budget aufzustocken. So wird aller Voraussicht nach kurzfristig kein zusätzliches Personal *fix* eingestellt. Anders verhält es sich bei variablen Kosten wie etwa den Kosten für den befristeten Einsatz von temporären Mitarbeitern oder für externe Berater. Aus unserer Praxis ist dieser Prozessschritt jeweils für Betroffene am schwierigsten zu verstehen. «Unternehmer in eigener Sache» und Mitarbeiter, welche sich intensiv Gedanken zu ihrer Selbstverantwortung für ihre eigene Karriere gemacht haben, übersehen die simple Tatsache, dass erst Geld vorhanden sein muss, bevor es ausgegeben werden kann, um ihre zukünftigen Leistungen zu bezahlen. Vielen Betroffenen ist nicht bewusst, wie ein Budget entsteht. Hier ist bei der Förderung der Arbeitsmarktfähigkeit noch viel Nachholbedarf vorhanden.

Erst wenn genügend Geld für eine zusätzliche Anstellung vorhanden ist, kann auf dem externen Markt gesucht und somit der nächste Prozessschritt eingeleitet werden. Hierzu wird verständlicherweise zuerst einmal das eigene *Netzwerk* aktiviert. Wen kenne ich, der diese Aufgabe bewältigen könnte? Ein Netzwerk aktivieren obliegt nicht – wie oft irrtümlich geäußert – der Personalabteilung, sondern den Verantwortlichen in der Abteilung, in der die zusätzliche Stelle bewilligt wurde. Netzwerke sind immer persönlich. Es wäre fatal, die Beziehungspflege an die Human Resources zu delegieren.

Netzwerke zeitigen selten unmittelbar ein positives Resultat. Angesprochene haben vielleicht keine Zeit, sie sind in anderen Projekten tätig oder wollen schlicht und einfach nicht ihren bestehenden Arbeitgeber verlassen.

Insofern zieht eine gewisse Zeit ins Land, ohne dass das Netzwerk unmittelbar Wirkung zeigen wird. Erst am Schluss, nachdem all die vorhergehenden Prozessschritte durchlaufen worden sind, wird die Personalabteilung einbezogen. Sie schaltet ein *Inserat*. Ob dieser öffentliche Akt in Eigenregie oder über einen Mittler erfolgt, ist in diesem Zusammenhang unerheblich. Entscheidend ist, dass das Inserat von einer Vielzahl von potenziell Interessierten gelesen wird und Bewerbungen nach sich zieht. Die Bewerbungen landen auf dem Tisch einer Person, welche sie wiederum nach klar definierten Kriterien wie Ausbildung oder Alter vorselektiert.

Die Arbeitsmarktfähigkeit einer Person wird in diesem Moment auf ein simples Papier reduziert, worauf im Glücksfall die richtigen Kriterien vermerkt sind, um durch den Vorselektionsprozess zu gelangen. Ein Papier sagt jedoch wenig über die Bewegungsfreude und Dynamik eines Menschen aus. Ein Lebenslauf schildert nicht die Begeisterung, mit dem Menschen Herausforderungen meistern. Eine statische Checkliste kann nicht den Enthusiasmus fassen, den ein Mensch in seinem Team entfacht und durch den ungeheure Energien freigesetzt werden können. So finden sich wichtige Kriterien, welche ein Individuum erst arbeitsmarktfähig werden lassen, auf keinem Papier wieder. Sie werden dementsprechend auf der Bewerbung nicht erkannt und der Bewerber fällt durch das Selektionsraster.

Wie also kann man den Prozess «Wie eine Stelle entsteht» zu seinen Gunsten beeinflussen? Eigenverantwortung bedeutet nicht, dass wir auf keinerlei Unterstützung eines Dritten vertrauen könnten. In der Definition von Employability wird Eigenverantwortung durch «ohne *substanzielle* Unterstützung eines Dritten» umschrieben. Selbstverständlich ist es nützlich, von Ideen und Hilfestellungen interessierter Drittparteien zu profitieren, insofern dies im eigenen Sinn ist. Allerdings ist von Mittlern abzusehen, deren Interesse ausschließlich ihrer eigenen Umsatzentwicklung gilt und denen es nicht um die Entwicklung der vermittelten Person geht. Wie erkennt man den Unterschied? Die folgende Überlegung kann hier nützlich sein. Auf der unten stehenden Illustration haben wir die Stellensuche auf zwei Achsen dargestellt. Die eine Achse zeigt das Verhalten des Stellensuchenden auf, die andere Achse die Beziehung zum Unternehmen.

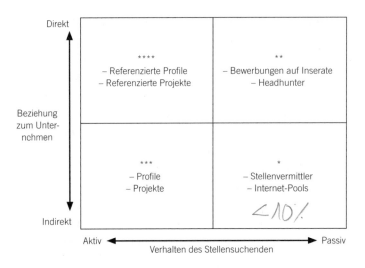

Abbildung 2-III: Die Stellensuch-Matrix (promove TM)

Beginnen wir auf der Matrix rechts unten. Die *-Strategie bedeutet, bei der Stellensuche *passiv* und *indirekt* vorzugehen. Im Wesentlichen überlässt ein Kandidat hier seine Unterlagen einem Stellenvermittler oder gibt seinen Lebenslauf auf einem Internet-Portal ein. Sodann erwartet er, dass der Mittler auf ihn zurückkommt, sobald sich per Zufall eine passende Gelegenheit ergibt. Vielleicht erhält der Stellenvermittler tatsächlich einmal ein Suchmandat. In der Praxis sind Exklusivmandate die Ausnahme und nicht die Regel. Ein Stellenvermittler reicht also Unterlagen weiter, ohne wirklich ein Mandat in den Händen zu haben. Dies ist aus seiner Optik gerechtfertigt, aus Sicht des Kandidaten jedoch kontraproduktiv. Warum soll eine Firma für einen Kandidaten, welchen sie auch ohne Vermittlungsprovision anstellen könnte, einen Vermittler einschalten? Für den Kandidaten werden durch den Mittler die Chancen geschmälert. Zusätzlich hat er keinerlei Einfluss auf Auswahlkriterien beim Entscheider und ist darauf angewiesen, dass entweder elektronische Filterkriterien – im Fall von Internet-Pools – oder der Mittler, welcher seine Unterlagen in der Hand hält, seine Kandidatur einem Mitarbeiter in der Personalabteilung zuspielt.

Warum ist diese Vorgehensweise hinsichtlich Arbeitsmarktfähigkeit nur mit einem * zu werten? Weil der Kandidat in verschiedener Hinsicht abhängig ist von Auswahlkriterien, die er nicht beeinflussen kann, geschweige denn kennt. Besonders ins Gewicht fällt diese Aussage bei Menschen ab 50. Deren Dossiers gelangen auf den Tisch von meist sehr jungen Menschen, im Fachjargon etwa «Recruiting Assistants» genannt. Es ist klar, dass diese Menschen auf jemanden, der doppelt so alt ist wie sie, erst einmal mit Distanz reagieren. Im besten Fall gelangt die Bewerbung auf den Stapel B – um nie wieder von da zu verschwinden. Unsere Beobachtungen untermalen diese Aussagen. Weniger als 10% der Suchenden gelangen über die indirekte, passive *-Strategie zu einer neuen Stelle.

Schon etwas besser ist die **-Strategie. Hier gehen Kandidaten zwar immer noch *passiv* vor, aber immerhin *direkt*. Sie bewerben sich direkt auf ein Inserat bei der zuständigen Personalabteilung und haben so direkte Ansprechmöglichkeiten. In diese Strategie fällt auch die Bewerbung über einen Headhunter, da man bei ihm – im Gegensatz zu Vermittlern – eigentlich sicher sein sollte, dass er ein exklusives Mandat für die Rekrutierung erhalten haben sollte. Der Nachteil der **-Strategie ist zudem, dass der Kandidat auch bei diesem Vorgehen den Grund, warum die Stelle geschaffen wird, genauso wenig kennt wie denjenigen, der über seine Bewerbung entscheidet. Insofern ist er weiterhin von Mittlern abhängig, ohne dass er selbst für das weitere Vorgehen Verantwortung übernehmen kann.

Die beiden bisher genannten Strategien haben den Nachteil, dass der Kandidat keinen direkten Einfluss auf Entscheidungsprozesse nehmen kann und dass er erst sehr spät, wenn überhaupt, auf sich bietende Chancen aufmerksam wird. In der Tat belegen Beobachtungen, dass nur rund 20% der Stellen auf dem offiziellen Arbeitsmarkt erscheinen. Was also passiert mit den restlichen 80%? Sie werden vorher besetzt.

Hier setzt die ***-Strategie an. Bei ihr gehen Bewerber zwar *indirekt*, jedoch *aktiv* vor, indem sie ihr Profil oder mögliche Projekte direkt an denjenigen herantragen, der Entscheidungen trifft. Dies bedeutet zuerst, dass die Abhängigkeit von Personalmittlern aller Art abnimmt. Der Kandidat ist selbst für die ursprüngliche Kontaktaufnahme mit den wirklichen Entscheidern verantwortlich und kann nicht mehr darauf bauen, dass jemand anders für ihn aktiv wird. Bei der *- und der **-Strategie ist der Bewerber darauf angewiesen, dass jemand Dritter etwas für ihn tut. In der Beziehung zu diesem Dritten ist er «Bittsteller». Zwischen ihm und diesem Dritten gibt es ein Ungleichgewicht. Arbeitsmarktfähigkeit ist nun aber ein Konzept zwischen Arbeitnehmer und -geber, in dem sich beide Parteien verantwortungsvoll zeigen und einsetzen müssen. Durch dieses Vorgehen schüttelt

der Bewerber den Status des «Bittstellers» ab und wird zum «Partner» –
aus dem Ungleichgewicht wird ein Gleichgewicht. Bei der ***-Strategie
sendet ein Bewerber ein Profil an Entscheider, nachdem er im Vorfeld mit
diesem gesprochen hat. Aufgrund dieses Gesprächs weiß der Kandidat nun
viel genauer, was die wirklichen Bedürfnisse des Unternehmens sind, und
kann somit auch eine treffsichere Offerte unterbreiten.

Verbleibt schließlich die ****-Strategie. Sie ist die effektivste und sinn-
vollste Alternative bei der Neupositionierung. Sie stellt den *direkten* und
aktiven Weg dar, über den ein Bewerber über eine Referenz, welche er aufgrund der Gespräche in der ***-Strategie erhalten hat, nun mit einem konkreten Angebot an die richtigen Entscheider herantreten kann. Der Unterschied zur ***-Strategie liegt darin, dass der Bewerber nun eine *interne*
Referenz hat, auf die er sich beziehen kann. Er gelangt so treffsicher mit
einer zielgerichteten Offerte an die richtige Person – ein Vorteil, welcher
durch keine andere Art der Bewerbung entsteht.

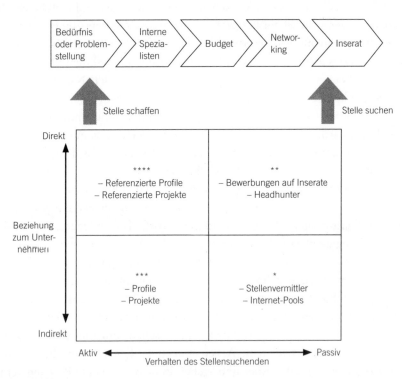

Abbildung 2-IV: Von der Stellensuche zur Schaffung des eigenen Marktes (promove TM)

Übertragen wir die Stellensuchmatrix aus Abbildung 2-III nun auf den Prozess, wie eine Stelle entsteht, in Abbildung 2-IV. Der Grundsatz der Eigenverantwortung führt dazu, dass der Bewerber früher im Prozess der Stellengenerierung selbstständig und aktiv mitwirkt. Auf diese Art sucht er sich keine Stelle, er *schafft sich einen Markt*.

Es liegt somit im Interesse jedes Arbeitnehmenden, seine Kompetenzen selbst zu kennen und zu wissen, wie er diese für ein potenzielles Unternehmen am sinnvollsten einsetzen kann und wo sich ein Markt für ihn generieren lässt. Das Konzept des «Unternehmers in eigener Sache» oder der «Ich-AG» hat aus dieser Optik seine Berechtigung: Jeder kennt seinen Markt und sorgt eigenverantwortlich dafür, dass er sich darauf aus eigener Kraft seinen Lebensunterhalt verdienen kann. In der Praxis erfahren wir allerdings oft, dass der Grundgedanke dieser Konzepte falsch interpretiert wird. Man belegt einen Kurs «Wie werde ich selbstständig?» oder informiert sich bei einer Bank, wie man einen Businessplan auf die Reihe bringt. Das ist nicht die Eigenverantwortung, von der wir sprechen. Nicht umsonst scheitern denn auch die meisten der Selbstständigen in den ersten Jahren. Eigenverantwortung heißt *nicht* Selbstständigkeit. Eigenverantwortung heißt, sich bewusst zu werden, was man selbst unternehmen kann, um seine Arbeit für ein Unternehmen profitabel zu machen. Eigenverantwortung hört nicht dort auf, wo man sagen kann: «Schaut mal, das ist mein Profil und nun bringt mir Aufgaben», worauf man sich passiv in seinen Bürostuhl zurücklehnen kann. Eigenverantwortung beginnt erst dort. Für Aufgaben und Aufträge ist die Person selbst – zumindest zum Teil – verantwortlich. Dass dieser Verantwortungsbegriff bei vielen Arbeitnehmenden eine Neudefinition ihrer persönlichen Einstellung bedingt, ist klar. Die richtige persönliche Einstellung ist begründend für das Konzept der Employability. Niemand darf erwarten, bei seiner beruflichen Neuorientierung erfolgreich zu sein, wenn er eigentlich gar keine Veränderung will. Ebenso unsinnig ist es, anzunehmen, dass man von jemandem eingestellt wird, den man eigentlich gar nicht mag. Menschen merken es, wenn emotionaler Widerstand vorherrscht, und wollen sich auf solche Kandidaten gar nicht weiter einlassen.

Die innere Einstellung gegenüber sich und seinem Umfeld bildet die Basis für Arbeitsmarktfähigkeit. Es ist entscheidend, sich über die eigene Ausprägung im Klaren zu sein, um zukünftige Kommunikationsstrategien für die berufliche Neuorientierung auszuarbeiten. Die folgende Trainingsaufgabe kann zur Erkenntnis der eigenen Befindlichkeit beitragen.

Trainingsaufgabe: Persönliche Einstellung

Verteilen Sie auf alle der acht folgenden Themen aus der Berufswelt 10 Punkte auf jeden Satz von a) bis d). Tun Sie dies entsprechend der Gewichtung, wie Sie in der Praxis handeln.

1. Führungsstil   Meine Punktzahl

a) Ich rechtfertige und verteidige meine Anliegen.
Manchmal kritisiere ich, manchmal schütze ich mich.

b) Ich kontrolliere und überzeuge. Manchmal übe ich Druck aus. ___

c) Ich helfe meinen Leuten. Meine Autorität hilft mir,
dass ich akzeptiert werde. ___

d) Ich hoffe, ich schlage Entwicklungsmöglichkeiten vor.
Wir analysieren zusammen die Probleme und Möglichkeiten. ___

2. Problemlösungsfähigkeit   Meine Punktzahl

a) Ich versuche, Probleme aufzuklären.
Ich finde mich mit Problemen ab. ___

b) Ich sehe zu, dass wir die Ziele ebenso einhalten wie
die Arbeitsqualität jedes Einzelnen. ___

c) Ich kümmere mich im Wesentlichen um die Einhaltung der Ziele. ___

d) Ich sorge dafür, dass alle zufrieden sind. ___

3. Einstellung gegenüber Regeln   Meine Punktzahl

a) Regeln sind Regeln, das ist alles. ___

b) Regeln sind da, damit man sie einhält.
Ich setze mich dafür ein, dass man sie respektiert. ___

c) Regeln sind Verhaltensregeln.
Sie sind nötig, aber wir sind nicht ihre Gefangenen. ___

d) Ich denke, man muss alles unternehmen, dass man sie einhält. ___

4. Fähigkeit, Konflikte zu lösen   Meine Punktzahl

a) Konflikte können nützlich sein. Wir nutzen aus Konflikten
oft die Möglichkeit, uns weiterzuentwickeln. ___

b) Ich mag Konflikte nicht. Sie schaden Beziehungen. ___

c) Ich bin der Meinung, man sollte zuerst an die eigene Arbeit
denken und nicht stets daran, die Welt verbessern zu wollen ___

d) Konflikte interessieren mich nicht. ___

5. Reaktion auf Gefühlsausbrüche Ihrer Mitarbeiter   Meine Punktzahl

a) Ich gehe solchen Situationen lieber aus dem Weg. ___

b) Ich finde das sehr unangenehm und ungebührlich. ___

c) Ich suche den Grund für den Ausbruch zu erfahren. ___

d) Ich habe kein Verständnis für Gefühlsausbrüche.
Ich werde ihm das heimzahlen. ___

6. Einstellung gegenüber Hierarchie　　　　　Meine Punktzahl

a)　Ich sehe die Schwachpunkte meines Chefs. Ich kritisiere sie oder
　　sehe zu, dass ich meine Aktivitäten entsprechend kommuniziere.　__

b)　Ich gebe mein Bestes. Ich hoffe, geschätzt zu werden.　__

c)　Jedem das Seine.　__

d)　Wir diskutieren, wir tauschen uns aus, wir verhandeln.　__

7. Humor　　　　　Meine Punktzahl

a)　Ich bringe andere auf meine Kosten zum Lachen.　__

b)　Für mich ist Humor ein Mittel, meinen eigenen Stress loszuwerden.　__

c)　Ich weiß, wie man durch Humor Stress lindern kann.　__

d)　Mein Humor ist ätzend und bissig.　__

8. Vorwärtsorientierung　　　　　Meine Punktzahl

a)　Ich werde dich schon antreiben.　__

b)　Wir gehen zusammen nach vorne.　__

c)　Es wäre gut, wenn wir gehen würden.　__

d)　Hierhin oder dorthin, ist doch egal; Hauptsache, wir bewegen uns.　__

Übertragen Sie Ihre Antworten in die folgende Tabelle und zählen Sie die Punkte zusammen.

	+ +	+ −	− +	− −
1. Führungsstil	A____	B____	C____	D____
2. Problemlösungsfähigkeit	B____	C____	D____	A____
3. Einstellung gegenüber Regeln	C____	B____	D____	A____
4. Fähigkeit, Konflikte zu lösen	A____	C____	B____	D____
5. Reaktion auf Gefühlsausbrüche Ihrer Mitarbeiter	C____	D____	A____	B____
6. Einstellung gegenüber Hierarchie	D____	A____	B____	C____
7. Humor	C____	D____	A____	B____
8. Vorwärtsorientierung	B____	A____	C____	D____
Ihre Punktzahl				

Übertragen Sie Ihre Punktzahlen in die nachstehende Grafik und verbinden Sie die vier Punkte. Sie visualisieren so Ihre «Lebenseinstellung». Was bedeuten die einzelnen Quadranten? Wie wirken sie sich auf Ihre Employability aus?

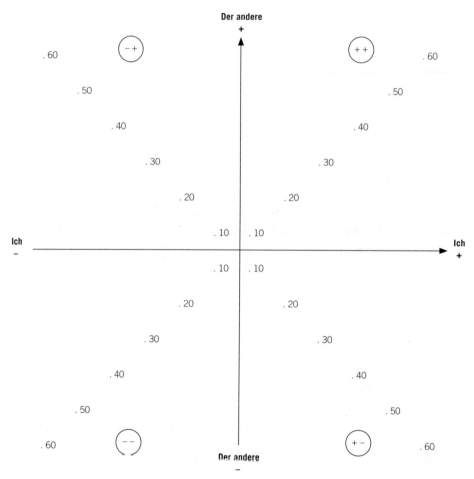

Betrachten wir einen weiteren Aspekt der Eigenverantwortung: Verantwortung geht nicht ohne Risikoübernahme. Diesem Aspekt kann in der Praxis gar nicht genug Bedeutung geschenkt werden. Wir erfahren oft genug, dass Mitarbeiter zwar gerne Verantwortung für ihre Tätigkeiten übernehmen würden, das Risiko dafür jedoch nicht zu tragen bereit sind. Verantwortung zu übernehmen heißt, eine Meinung zu haben, sie zu vertreten, entsprechend zu handeln und die Konsequenzen dieses Handelns zu tragen. Als freie Menschen stehen wir im Prinzip vor einer fast unendlich großen Anzahl von Lösungen, welche für uns in Frage kommen könnten. Die Anzahl der Möglichkeiten ist so groß, dass sie einen zu einer Auswahl zwingt, was bedeutet, dass Entscheidungen getroffen werden müssen. Verantwortung zu übernehmen, heißt, wissentlich die Freiheit zu nutzen, sich für eine Auswahl von Lösungen zu entscheiden. Menschen zögern oft vor der mit der Freiheit verbundenen Verantwortung. Fühlen sie sich in Arbeitsverhältnissen unterdrückt oder gar ausgenutzt, so gibt es kein köstlicheres Gut als Freiheit, als die Möglichkeit, selbst zu entscheiden. Man revoltiert gegen «Entscheide von oben», demonstriert, schließt sich gegen «das Management» zusammen. Wird man aber selbst in die Situation versetzt, zu entscheiden, steht der Einzelne oft hilflos da. Werden Menschen von organisatorischen oder strukturellen Zwängen befreit, empfinden sie diese Freiheit zum einen zwar als selbstverständlich, aber zum anderen oft auch als Last oder als Bedrohung. In dieser Stimmungslage wird keine Verantwortung übernommen. Wenn Menschen dazu erzogen wurden, dass sie von ihrer Verantwortung befreit wurden, dann wird Freiheit zur Bürde. Wer frei ist, trägt die Verantwortung für den eigenen Lebensentwurf.[12] Er muss für die Konsequenzen seines Tuns einstehen. Er muss entscheiden und mögliche Irrtümer einkalkulieren. Bei Eigenverantwortung kann Scheitern ebenso wenig ausgeschlossen werden wie bei Abhängigkeit. Scheitern gehört zum Leben. Entscheidend ist, was man daraus lernt. Diesem Tatbestand gilt es Rechnung zu tragen, wenn über das Prinzip der Eigenverantwortung diskutiert wird.

Freiheit geht also nicht ohne Verantwortung. Diese Verantwortung umfasst die ganze Dimension des Wettbewerbs. Wo ich meine Verantwortung nicht nutze, wird es jemand anders tun. Wo es keine Freiheit gibt, muss man gehorchen. In diesem Fall wird man belohnt, wenn man Anweisungen befolgt. Wenn Freiheit herrscht, müssen sich dagegen individuelle Entscheidungen im Wettbewerb mit anderen behaupten. Das zwingt zur Effizienz, zur bestmöglichen Ausschöpfung intellektueller und finanzieller Ressourcen. Einige werden in diesem Wettbewerb nicht gewinnen. Es ist daher verlockend, seine Eigenverantwortung aufzugeben nach dem Prin-

---

12   Vgl. Scarbatty = 2005.

zip: «Ich gebe dir etwas von meiner Freiheit, gib du mir dafür Sicherheit.»
Doch eine solche Lösung kann Sicherheit nur vorgaukeln. Die Lösung muss
in einer anderen Richtung gesucht werden. Hierzu aber müssen die Menschen auf das Erlebnis, wie auch auf die Last der Freiheit, vorbereitet werden. Entscheidend ist die individuelle Bereitschaft, Eigenverantwortung zu
übernehmen und die damit verbundene Verantwortung als Herausforderung zu sehen. Menschen müssen lernen, dass Scheitern nicht das Ende
aller Bemühungen ist. Scheitern muss als Erfahrungsgewinn gesehen werden. Die Bereitschaft zur Freiheit und Eigenverantwortung hat wenig mit
gesellschaftlicher Stellung, ererbtem Vermögen oder körperlichen und geistigen Gaben zu tun; sie ist der Wille jedes Einzelnen, sich den Herausforderungen des Lebens zu stellen.

Der Auswahlprozess kann jedoch auch anders angegangen werden.
Um die Komplexität bei der Vielzahl von Lösungen zu reduzieren, kann
auch damit begonnen werden, die für einen nicht in Frage kommenden

---

Fallbeispiel Eigenverantwortung

Auf der viel befahrenen Kreuzung mitten in der Stadt besteht eine Baustelle. Es wird ein
Graben aufgerissen und die Fußgänger werden über einen schmalen Steg umgeleitet.
Der Mann mit der Aktenmappe unter dem Arm ist, wie meistens, zu spät dran. Wenn
er seinen Bus noch erreichen will, dann muss er sich sputen. Und so rennt er hektisch
über die Strasse. Er tritt auf einen Stein, der auf der Fußgängerpassage liegt, verliert den
Halt und stürzt zu Boden. Sofort eilen ein paar Passanten herbei, um dem Verunfallten
zu helfen. Dieser jedoch ist nicht gerade dankbar für die Hilfe. Er regt sich fürchterlich
auf und beginnt lauthals zu schimpfen und zu gestikulieren. Die anderen Leute stimmen
ein ins Gerede und nicken beistimmend und mit furchtbar ernsten Gesichtern. Schnell
sind Sprüche zur Hand wie «Können die nicht aufpassen, wo sie ihren Schutt abladen?»,
«Passt denn hier keiner auf, was die tun?», «Schaut doch diese Idioten an, da ist ja
nichts anderes zu erwarten.», «Das ist doch wieder typisch. Kostet viel, bringt nichts und
gefährdet die Fußgänger.» und so weiter. Die Leute sind sich einig. Da gibt es Schuldige,
und zwar gleich mehrere. Der Mann, der inzwischen aufgestanden ist, erklärt lauthals, er
werde diese Firma verklagen und schon dafür sorgen, dass die zur Verantwortung gezogen werden. Schade nur, dass er sich so gar keine Gedanken zu seinem eigenen Anteil
an der Geschichte macht. Würde es ihm bewusst, dass von einem Fußgänger beim Passieren einer Baustelle erhöhte Aufmerksamkeit gefragt ist und dass er, wäre er ein paar
Minuten früher aus dem Haus gegangen, nicht so hätte rennen müssen, dann könnte er
für die Zukunft eine wichtige Erkenntnis daraus ziehen. Denn: Hätte er sich aufmerksam
verhalten und genau geschaut, wo er hintritt, wäre nichts passiert.

Lösungen erst einmal auszuschließen. Entscheidend ist es also, zuerst einmal zu wissen, was man *nicht* möchte. «Die Entlastung von der Verantwortung für das Ganze gehört zur Freiheit des Handelns», findet C. von Weizäcker in seinem bemerkenswerten Aufsatz.[13]

Man muss nicht für alles die Verantwortung übernehmen, sondern nur für das, was man wirklich beeinflussen kann. Somit wird Verantwortung auf das Maß reduziert, wie es der einzelne Mensch für sich als richtig erachtet und welches er zu tragen imstande ist.

Wie verändert sich der erläuterte Angstkreislauf bei Mitarbeitern, wenn sie wirklich eigenverantwortlich sind?

Abbildung 2-V: Ausbruch aus dem Angstkreislauf von Mitarbeitern (promove TM)

Dadurch, dass Menschen selbstverantwortlich für ihr berufliches Tun geworden sind, haben sie sich Gedanken zu ihrer Wertschöpfung gemacht. Sie arbeiten bewusster. Sie konzentrieren sich auf die Dinge, die sie wirklich gut können, und verbessern sich dort weiter, wo sie für sich eine Zukunft sehen. Statt sich für vieles gleichzeitig einzusetzen, sind sie dort aktiv, wo sie selbst etwas *bewirken* können. Dies ist nur bei denjenigen Fähigkeiten möglich, von denen man weiß, dass sie im Unternehmen oder auf dem Markt Erfolg haben werden. Der Markterfolg festigt die eigenen Fähigkeiten. Menschen mit Erfolg brauchen entsprechend weniger Angst um ihre berufliche Zukunft zu haben. Dies wirkt sich selbstredend positiv auf ihre Motivation und ihre Produktivität aus mit dem Effekt, dass der Druck auf sie abnimmt oder sie besser damit umgehen können. Dies wiederum baut Ängste weiter ab, was die positive Dynamik im Kreislauf verstärkt. Menschen bringen also Bewegung und Energie in ihren Karriereverlauf.

---

13   Vgl. von Weizäcker = 2005.

So kann – alleine durch eine andere Optik auf die Arbeit – der Angstkreislauf durchbrochen werden. Und weil dieses Erlebnis beflügelt, möchten die Menschen mehr davon. So stellt sich eine Eigendynamik ein, denn niemand möchte freiwillig wieder Angst haben. «Was wir brauchen, ist ein Bewusstseinsrahmen, in dessen Mittelpunkt die Eigeninitiative steht»,[14] meint Reinhard K. Sprenger. Selbstverantwortung zeigt sich in Eigeninitiative. Sie begründet Employabilility.

– *Relevanter Markt*

Der relevante Markt ist der zweite Baustein der Employability eines Menschen. Employability bedeutet, für die Herausforderungen auf dem Arbeitsmarkt gerüstet zu sein und sich für potenzielle Arbeitgeber attraktiv zu machen. Viele Hilfesuchenden kommen zu uns mit der Absicht, eine neue Stelle in dem Umfeld zu finden, in dem sie sie bereits verloren haben. Es vergeht meist eine geraume Zeit, bis sie verstehen, dass ihr Arbeitsplatzverlust auch darauf zurückzuführen ist, dass ihre Stelle in diesem Markt nicht mehr wertschöpfend war und dass dort auch in Zukunft kein Auskommen möglich sein wird. So ist der ursprüngliche Blickwinkel oft zu eng. Man orientiert sich an der Vergangenheit, an einmal durchlaufenen Aus- und Weiterbildungen, ohne die Zukunft im Auge zu behalten. Erst wenn Betroffene merken, dass ihre Kompetenzen auch in anderen Funktionen oder Branchen einen Mehrwert schaffen können, sind sie bereit, den Blickwinkel zu öffnen. Er wenn sie sich von ihrer Vergangenheit lösen und bereit sind, ihre vergangenen Erfahrungen mit ihren zukünftigen Wünschen zu kombinieren, lässt sich Arbeitsmarktfähigkeit entwickeln. Gemäß unseren Erfahrungen gibt es fünf Varianten für eine berufliche Veränderung:

Horizontale Entwicklung
Dieselbe Funktion in einer anderen Abteilung, bei der Konkurrenz oder einer vor- oder nachgelagerten Branche.

Vertikale Entwicklung
Eine hierarchisch über- oder untergeordnete Funktion bei derselben Firma, bei der Konkurrenz oder einer vor- und nachgelagerten Branche.

---

14   Sprenger = 1999 = 83.

Laterale Entwicklung
Eine andere Funktion in einer anderen Branche.

Projektarbeit
Selbstständigkeit oder das Anbieten der eigenen Leistung als Unternehmer.

Parallele Entwicklung
Patchwork-Karriere mit mehreren verschiedenen Auftraggebern in unterschiedlichen Vertragsverhältnissen.

Wenn wir unsere Überlegungen zur Erhöhung der Arbeitsmarktfähigkeit auf die fünf Optionen der beruflichen Neuorientierung übertragen, ergibt sich folgendes Bild:

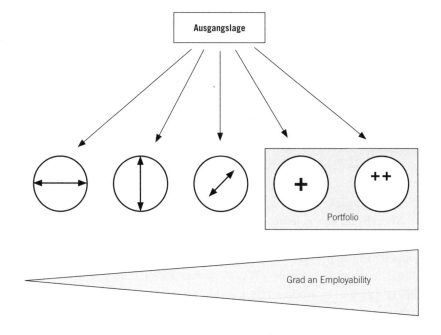

Abbildung 2-VI: Die Employability steigt mit der Offenheit der Vertragsbeziehungen (promove TM)

Je offener also die Einstellung eines Menschen ist, desto flexibler sind seine Zielsetzungen, was sich wiederum in vermehrten Chancen auf dem Arbeitsmarkt auswirkt.

Ein weiterer wichtiger Aspekt zur Thematik des relevanten Marktes ist der Marktwert der Leistung. In Bezug auf diesen Aspekt besteht das größte Manko bei den Überlegungen vieler Kandidaten: Sie wissen nicht, was die reellen Bedürfnisse ihres Marktes sind. Jeder Markt hat mindestens zwei Akteure: den Anbieter und den Nachfrager. Die Erfahrung zeigt, dass jemand, der sich beruflich verändern möchte, sich selbst als Nachfrager sieht und dort versucht, die Nachfrage mit seinen Erfahrungen – allenfalls noch mit seinen Wünschen – in Einklang zu bringen. Wir plädieren – wie bereits genannt – für eine andere Optik, in der sich der Mitarbeiter als Anbieter positioniert, der seine Leistung wertschöpfend in ein Unternehmen einbringt. Diese veränderte Betrachtungsweise bedingt zweierlei:

a)   Angebotserstellung

Der Mitarbeiter bietet eine Leistung an, womit Unternehmen Geld verdienen können. Hierzu muss er sich zuerst im Klaren sein, wie Unternehmen ihr Geld verdienen. Was sind die wirklichen Werttreiber? Worauf achten sie besonders bei der Erbringung einer Leistung? Welches sind ihre Kunden? Wie sieht die Kostenstruktur aus? Eine Vielzahl von Fragen tun sich dank dieser Änderung der Optik auf und erlauben es dem Mitarbeiter, individuell auf die Bedürfnisse des Unternehmens einzugehen und eine maßgeschneiderte Offerte zu verfassen, statt sich in ein Stellenprofil zu pressen, welches seinen Erfahrungen und Wünschen kaum gerecht wird.

b)   Marktausdehnung

Der Mitarbeiter hat gelernt, aus seiner neuen Optik ein für das Unternehmen sinnvolles Angebot zu erstellen. Hierbei wird er feststellen, dass seine Kompetenzen sich auch in einem anderen Kontext nutzen lassen. So ergeben sich fast immer weitere, oft unerwartete Einsatzfelder, indem der Mitarbeiter das, was er gut kann (!), kombiniert mit seinen Wünschen (♥) und der Nutzenerwartung des Unternehmens (€). Durch diese Erweiterung der Optik ergibt sich ein potenziell größerer Markt.

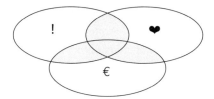

Der relevante Markt ist größer als angenommen (promove TM)

Fallbeispiel relevanter Markt: Carlos P.

Carlos P. hat jahrelang im Informatik-Umfeld gearbeitet. Er war selbst nie Programmierer, hat sich aber als Projektleiter für AS400-Lösungen über Jahre hinaus entsprechendes Know-how in der Praxis erarbeitet. Der Markt für AS400-Lösungen wird enger. Unternehmen sind daran, entsprechende Systeme durch neue, modernere Lösungen zu ersetzen. Das Wissen von Carlos P. verliert in diesem Kontext an Bedeutung. In einem Employability-Programm entdeckt er, dass er über Kompetenzen verfügt, welche sich in einem völlig anderen Kontext einsetzen ließen. Er ist daran, ein Haus zu bauen. Nur ist dies nicht sein erstes Haus, sondern bereits sein viertes, welches er, ohne darin einzuziehen, jeweils nach der Fertigstellung verkauft. Es macht ihm offensichtlich Spaß, Häuser zu bauen. Wie lässt sich das Wissen von Carlos P. im Bereich AS400 mit seiner Freude für den Bau kombinieren? Was kann Carlos P. denn wirklich? Zu seinen Fähigkeiten gehören:

– abstraktes Denken
– das Ganze sehen
– eine ausgeprägte Kommunikationsgabe
– die Fähigkeit, in Kundennutzen zu denken

Wo lassen sich diese Fähigkeiten auf dem Bau einsetzen? Er besitzt kein Bauleiter-Diplom, also scheidet dieser Weg für ihn kurzfristig aus, da er über das notwendige Wissen etwa im Bereich Statik nicht verfügt. Carlos P. sieht in der Zeitung ein Inserat einer Baufirma als Facility Manager. Es fällt ihm auf, dass die Firma innert kürzester Zeit zum dritten Mal einen Facility Manager sucht, und er wird neugierig. Er ruft den zuständigen Bereichsleiter an und erfährt, dass die bisherigen Stelleninhaber allesamt aus der Baubranche gekommen waren (Sanitär, Immobilien etc.) und dass das Unternehmen jemanden sucht, der über:

– abstraktes Denken
– die Fähigkeit, das Ganze zu sehen,
– eine ausgeprägte Kommunikationsgabe und
– ein gutes «Ohr» für die Bedürfnisse des Kunden

verfügen sollte. Carlos P. verfügt nachweislich über diese Kompetenzen. Er schickt dem Bereichsleiter ein referenziertes Profil, wird zu einem Interview eingeladen und erhält den Job.

Der relevante Markt wird also nicht nur durch Diplome, Zeugnisse und Branchenerfahrung bestimmt, sondern auch durch die Fähigkeit, Gemeinsamkeiten mit den bisher gemachten Erfahrungen für potenzielle Entscheider verständlich darzustellen.

– Dauerhaftigkeit

Der dritte Baustein der Arbeitsmarktfähigkeit ist die Dauerhaftigkeit des Verhaltens. Wir möchten, dass Menschen, die sich verändern wollen, in ihrem relevanten Markt verbleiben und im gegebenen Fall auch wieder eine neue Herausforderung annehmen. Um diesem Baustein Rechnung zu tragen, ist beim Individuum eine dauerhafte Einstellungsänderung nötig. Es genügt nicht, bis zur nächsten Stelle arbeitsmarktfähig zu werden und daraufhin wieder in die klassische Anspruchshaltung «Geld gegen Zeit» zu verfallen. Arbeitsmarktfähigkeit ist ein dauerhaftes Bemühen – ein beständiges Anpassen des eigenen Angebots an die Bedürfnisse des Marktes. Der Begriff Employability umfasst in diesem Zusammenhang zwei wesentliche Facetten: zum einen die Verfügbarkeit von vielseitig einsetzbaren, fachlichen und überfachlichen Kompetenzen, zum anderen das Prinzip der Mitverantwortung oder Selbstverantwortung in der Platzierung der eigenen Arbeitskraft in einem beständig wechselnden Markt.

2.2 Die neue Kompetenz «Bewegung»

Gerade der dritte Baustein von Employability, die Dauerhaftigkeit, bedarf eines Kompetenzverständnisses, wie es in der Praxis erst allmählich greift. Wenn Employability zum dauerhaften Verhalten werden soll, so reicht es nicht, seine fachlichen Kompetenzen à jour zu halten. Gerade weil das Individuum heute je länger, je mehr auf sich alleine gestellt ist, muss es seine Kompetenzen im Umgang mit anderen Menschen, mit seinem Umfeld, ausbauen. Um organisatorische Defizite zu kompensieren, muss der Mensch sich selbst soziale Netze schaffen. In diesem Zusammenhang gewinnen Führungs-, Sozial- und Persönlichkeitskompetenzen an Bedeutung. Technische Kompetenzen sind zwar weiterhin gefragt. In Zukunft wird es jedoch entscheidend sein, sein gesamtes Kompetenzbündel mit dem steten Wandel des Umfelds in Einklang zu bringen und sich ständig anzupassen. Wir nennen diese Kompetenz *Bewegungskompetenz*. Bewegungskompetenz stellt die Summe aller Kompetenzen im Zeitverlauf dar. Ihre Bedeutung für Employability lässt sich anhand der folgenden Abbildung veranschaulichen.

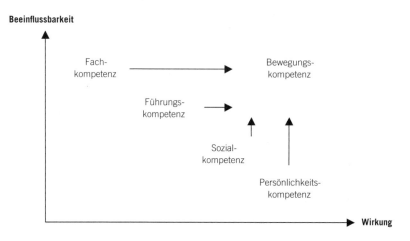

Abbildung 2-VIII: Wirkung und Beeinflussbarkeit der für Employability relevanten Kompetenzen (promove TM, in Anlehnung an Hilb = 2002 = 145)

Bewegungskompetenz alleine nützt wenig. Sie ist nur dann sinnvoll, wenn durch sie eine *Wirkung* beim Individuum erzielt wird, welche sich konkret messen lässt. Wirkung ist stets als Kombination von Leistung, Verhalten und Motivation eines Mitarbeiters zu verstehen.

Wirkung kann nicht losgelöst vom Kontext betrachtet werden. Es nützt nichts, wenn jemand eigenverantwortlich handelt, das Unternehmen diese Aktionen jedoch nicht fördert. So wird Eigeninitiative im Keim erstickt. Insofern ist ein abgestimmtes Vorgehen zwischen Management, den Human Resources und den Mitarbeitern unumgänglich. Nur innerhalb gemeinsam definierter Rahmenbedingungen kann Wirkung im Sinne der gewünschten Resultate entfaltet werden. Damit sich Employability im Unternehmen bilden kann, benötigt es also zwingend ein *integriertes Employability Management*.

2.3   Ein neues Zusammenspiel von Arbeit, Karriere und Sinn

Kein Unternehmen kann heute mit Sicherheit sagen, wo es sich in zwei Jahren befinden wird. Es ist an der Zeit, dass das Bewusstsein für Vergänglichkeit und Wandel auch bei Mitarbeitern greift. Ein Unternehmen kann es sich heute nicht mehr leisten, seinen mündigen Mitarbeitern falsche Karrieresicherheit anzubieten. Sie werden ihm schlicht nicht glauben. In der Arbeitswelt von heute kann ein Unternehmen unmöglich mehr für die Karriere seiner Mitarbeiter alleine verantwortlich sein. Somit hat auch die klassische Organisationskarriere ausgedient. Die Organisationskarriere steht für einen *klassischen Kontrakt* zwischen Unternehmen und Mitarbeitern, in dem der Arbeitsplatzsicherheit eine dominante Rolle zukommt. Mitarbeiter führen die ihnen aufgetragenen Aufgaben loyal und gewissenhaft aus und erhalten am Ende des Monats ihr Gehalt. Das Management garantiert Beständigkeit und die Mitarbeiter erhalten im Gegenzug ein gewisses Maß an Sicherheit und Planbarkeit für ihr Leben. Im klassischen Kontrakt dominiert der Top-down-Ansatz: Das Management erteilt Aufträge und die Mitarbeiter führen sie aus. Platz für Eigeninitiative bleibt wenig. Sie wird allerdings auch nicht gewünscht. Im klassischen Kontrakt geht man davon aus, dass Arbeit im Wesentlichen Plackerei ist. Eine weit verbreitete Denkart: Nur gut ein Zehntel der Arbeitnehmenden in Deutschland haben eine emotionale Bindung zu ihrer beruflichen Tätigkeit. Fast jeder Fünfte hingegen verspürt nichts dergleichen. Die übrigen siebzig Prozent machen Dienst nach Vorschrift.[15] Sie erscheinen pünktlich am Arbeitsplatz, verlassen ihn aber auch genauso pünktlich.

Kein Arbeitgeber kann es sich umgekehrt leisten, seine Mitarbeiter in vollkommener Unsicherheit zu belassen. Unsicherheit belastet das Arbeitsklima erheblich, führt zu Frustrationen und Ängsten. Von Mitarbeitern kann nicht verlangt werden, dass sie sich ohne jegliche Perspektive und Sicherheit kreativ und produktiv im Sinne des Unternehmens einsetzen. So ist jedem Unternehmen gedient, trotz der sich wandelnden Rahmenbedingungen für seine Mitarbeiter ein Mindestmaß an Sicherheit zu schaffen, an dem sie sich orientieren können. Diese minimale Sicherheit kann durch Employability garantiert werden. Mit Employability wird die Verantwortung für die Karriereplanung zwar vermehrt an die Arbeitnehmer über-

---

15   Gallup Gmbh = 2003 = 1.

tragen und die Arbeitsplatzsicherheit entfällt. Employability schafft dafür Arbeits*markt*fähigkeit: Die Gewissheit, anderswo bestehen zu können, wiegt die vorhandene Unsicherheit im eigenen Umfeld auf und gibt dem Individuum neuen Halt und Orientierung. Nach dem Prinzip der Employability sind Individuen für ihren Wert am Arbeitsmarkt eigenverantwortlich und müssen ihre Karriere selbst in die Hand nehmen. Die Organisationskarriere wandelt sich hin zu einer Individualkarriere. Damit einher geht eine Ablösung des klassischen Vertragsverhältnisses zwischen Arbeitgeber und Mitarbeiter. Der klassische Kontrakt wird ersetzt durch einen neuen «*psychologischen Kontrakt*» zwischen Arbeitsmarktpartnern.[16] Das Konzept des psychologischen Kontrakts, schon von Schein[17] definiert und in neuerer Zeit insbesondere von Rousseau[18] propagiert, bezieht sich auf die wechselseitigen Erwartungen, Angebote und Verpflichtungen von Arbeitgebenden und Arbeitnehmenden, die über die im formalen, juristischen Vertrag formulierten gegenseitigen Verpflichtungen hinausgehen. Die Perspektive des psychologischen Vertrags kann helfen, die Beziehung zwischen Mitarbeiter und Unternehmen sehr bewusst anzusprechen und zu gestalten. Forschungsergebnisse zeigen, dass sich der psychologische Vertrag mit der Erfahrung von Personalabbau und Reorganisation verändert: Mitarbeiter gewöhnen sich an Arbeitsplatzunsicherheit. Im Gegenzug identifizieren sie sich weniger mit dem Unternehmen, dafür mehr mit der persönlichen Aufgabe.[19]

---

16   Zum Prinzip des psychologischen Kontrakts vgl. Grote = 2004.
17   Vgl. Schein = 1970.
18   Vgl. Rousseau = 1995.
19   Vgl. Cavanaugh & Noe = 1999; Hall & Mirvis = 1995; Turnley & Feldmann = 1998.

Die folgende Grafik stellt den Übergang vom klassischen zum psychologischen Kontrakt schematisch dar:

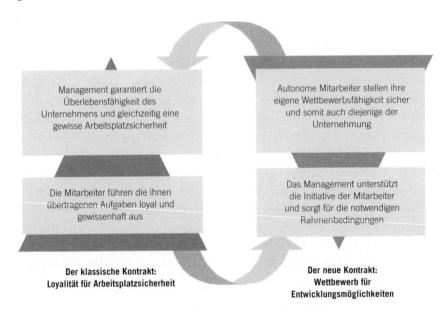

Der klassische Kontrakt:
Loyalität für Arbeitsplatzsicherheit

Der neue Kontrakt:
Wettbewerb für
Entwicklungsmöglichkeiten

Abbildung 2-IX: Vom klassischen zum neuen Kontrakt – Von der Loyalität hin zum Wettbewerb für Entwicklungsmöglichkeiten (Kres = 2003 = 272)

Im neuen, psychologischen Kontrakt bietet das Management keine Arbeitsplatzsicherheit mehr und erteilt auch kaum mehr Aufträge, dafür stellt es die notwendigen Rahmenbedingungen sicher, in denen sich die Mitarbeiter eigenverantwortlich bewegen können. Im Machtspiel zwischen Führungskräften und Mitarbeitern liegt die Macht nun bei den Mitarbeitern: Es gibt sie ohne Führungskräfte; aber keine Führungskräfte ohne Mitarbeiter.[20] Dies bedeutet eine Abkehr vom klassischen, hierarchischen Verteidigungsdenken hin zum bewussten, eigenverantwortlichen Vernetzen von Kompetenzen. Durch diesen Prozess wird eine Bewusstseinsbildung in Gang gesetzt, welche die Menschen in ihrem Tun eigenverantwortlicher und somit selbstständiger macht. Mitarbeiter in dieser Art von Unternehmen streben nicht nach Sicherheit, sondern nach Eigenverantwortung. Sie gestalten den Wandel aktiv. Während sie zum einen Neues lernen, sind sie

---

20 Vgl. Sprenger = 1999 = 161.

zum anderen bereit, sich von bestehendem Wissen zu distanzieren. Sie sind sich bewusst, dass angesammeltes institutionelles Wissen auch Hindernis für raschen Wandel sein kann. In gewisser Form hat diese Ausrichtung zur Folge, dass mit wachsender Erfahrung deren Wert abnimmt, da Blockaden gegen Veränderung aufgebaut werden. Das Problem mit Erfahrung ist, dass sie sich im Laufe der Zeit ergibt. Man braucht seine Zeit, um seine Fähigkeiten auf irgendeinem Gebiet zu vertiefen und Dinge von Grund auf zu verstehen. Je besser man versteht, etwas gut zu tun, desto größeren Wert legt man darauf.[21] Und sich von einmal eingeschliffenen Wertedispositionen zu lösen, fällt schwer. Das im Management gebräuchliche Codewort dafür lautet «festgefahren». Wer sich in eine Tätigkeit vertieft, um sie richtig ausführen zu können, erscheint anderen zuweilen als festgefahren im Sinne einer Fixierung auf diese eine Sache. Die Fixierung von Fähigkeiten durch Praxis widerspricht den Zielen von Institutionen, die von ihren Beschäftigten erwarten, in rascher Folge unterschiedliche Dinge zu tun. Eine flexible Organisation ist zwar auf kluge Mitarbeiter angewiesen, doch gerät sie in Schwierigkeiten, wenn diese Mitarbeiter sich auf ihre Erfahrung berufen. Der «psychologische Kontrakt» beruft sich also nur beschränkt auf in der Vergangenheit erworbene Erfahrung, sondern auf die Fähigkeit, dieses Fundament in Zukunft in neues Wissen, in neuen Nutzen umzusetzen.[22] Nicht Erfahrung ist also der treibende Motor für die Weiterentwicklung, sondern die Art des Lernens, des Vernetzens. Oder wie Achim Brosziewski die Erfahrung definiert: als «Fähigkeit, Inaktuelles zu aktualisieren, einen Vergleich anzulegen, der sich nicht aus dem aktuellen Geschehen selbst ergibt und der eine überraschende Ordnungsmöglichkeit aufzeigt. Umgekehrt kann durch einen überraschenden Vergleich auch Ungewöhnliches auf Gewöhnliches, Unbekanntes auf Bekanntes, Chaotisches auf Normalität zurückgeführt werden».[23] Mitarbeiter freuen sich nach diesem psychologischen Kontrakt an Eigeninitiative und gehen gerne Risiken ein. Sie sind sich bewusst, dass es keine langfristigen Garantien für sie bei dieser Firma gibt. Dies stört sie allerdings nicht weiter, da sie wissen, dass sie durch die selbst erworbenen Kompetenzen genügend Arbeitsmarktkompetenz erworben haben, um im Notfall auch anderswo zu bestehen. Es herrscht nach diesem neuen Kontrakt eine offene, lockere und dynamische Arbeitskultur.

---

21   Vgl. Sennett = 2005 = 85.

22   Vgl. Sennett = 2005 = 79.

23   Brosziewski = 2001 = 72.

Eine Arbeitskultur, die den Bedingungen und den Bedürfnissen des beginnenden 21. Jahrhunderts entspricht.

Nicht Gleichheit oder Gerechtigkeit bilden die Basis für die Ausgestaltung entsprechender Modelle, sondern die Erreichung gemeinsamer Ziele. Es geht darum, den psychologischen Kontrakt in einen neuen, gleichwertigen Kontrakt umzuwandeln. Gleichheit ist dabei nicht mit Gleichwertigkeit zu verwechseln. In einem gleichwertigen Kontrakt haben beide Parteien gleiche Werte, welche als Basis für eine gemeinsame Ausgestaltung eines Arbeitsverhältnisses dienen können. Arbeit so verstanden erhält einen neuen, gleichgerichteten Sinn für die Beteiligten. Das bedeutet nicht, dass sämtliche Mitarbeiter gleich behandelt werden müssen. Es müssen jedoch die gleichen Rahmenbedingungen für alle gelten. Dem klassischen Kontrakt liegt ursprünglich der unmündige Mitarbeiter zugrunde, der nach tayloristischem Vorbild monotone und unwürdige Arbeit an seinem Arbeitsplatz leistet und dem nicht zuzutrauen ist, eigenverantwortlich zu denken und zu handeln. Der klassische Kontrakt aus dieser Sicht ist für Arbeitnehmer ein Schutz vor Überforderung, aber auch vor zu großen Veränderungen. Dieser Vertrag hat dann seine Berechtigung, wenn das Ausbildungsniveau der Mitarbeiter gering ist und sich das Umfeld wenig wandelt. Er mag auch seine Berechtigung noch dann haben, wenn Arbeit nicht als Sinnstiftung, sondern als Bürde betrachtet wird. In diesem Fall erfolgt die Erlösung durch die Pensionierung. Der klassische Kontrakt nimmt der Erwerbsarbeit ihre eigentliche Vielgestaltigkeit, ihre Breite und Tiefe. Der neue Kontrakt enthält eine Aufforderung an mündige, selbstständige Mitarbeiter: Sie können den Inhalt ihrer Arbeit selbst variabel gestalten. Arbeit ist für sie keine Bürde mehr, sondern Herausforderung; eine Aufgabe, an welcher sie wachsen können und in der sie Sinn finden. Arbeit ist kein Besitzstand und hat auch keinen festgelegten Inhalt mehr. Sie wird zu einem Punkt in einem Netz, das sich ständig verändert. Dabei ist das Netz auch seinerseits dazu da, Sinn zu geben. Sinnhaftigkeit hängt nicht zuletzt von gesellschaftlicher Wertung ab: Je mehr Alternativkarrieren gesellschaftlich respektiert werden, desto mehr werden sie nachgefragt werden. Dies gilt auch für wenig dankbare, harte und schmutzige Arbeit. Je mehr Würde dieser Art von Arbeit in der Gesellschaft zugestanden wird, desto mehr Möglichkeiten werden sich auch für Menschen mit einem tieferen Bildungshintergrund ergeben.[24] Dies

---

24   Vgl. Miegel = 2005 = 249.

wird allerdings erst dann eintreffen, wenn unsere Gesellschaft lernt, ihr Verhältnis zu Arbeit und Erwerb zu überdenken. Dies bedingt, dass wir uns von unseren hierarchischen Arbeitsmodellen lösen und alle Arbeitsformen als gleichwertig anerkennen.

Arbeitsmarktkompetenz ist demnach mehr als ein Führungsmodell. Es geht um Einstellungen. Die Einstellung des Unternehmens zum Grad der Verantwortung gegenüber seinen Mitarbeitern ist die eine Seite. Die entsprechende Einstellung der Mitarbeiter zu sich, ihrer Arbeit und ihrem Umfeld ist die andere Grundlage jeder Diskussion um Arbeitsmarktkompetenz. Employability in diesem Sinn bedeutet im Wesentlichen «mitarbeiterseitiges Verstehen der unsichtbaren Spielregeln der aktuellen Wirtschaftssituation und des jeweiligen Wunschunternehmens.»[25] Der Beitrag des Arbeitgebers zu Employability kann im Schaffen von mehr Transparenz bestehen, indem er diese impliziten Spielregeln aufdeckt und offen kommuniziert. Jede Operationalisierung des Ansatzes, welche diese Tatsache übersieht, wird in der Praxis scheitern.

25   Scholz = 2004 = 228.

Teil II: Konsequenzen von Employability auf das System Arbeit

3. Konsequenzen von Employability für den Menschen

Die tragende Säule von Employability ist Verantwortung, die vom Individuum entwickelt und getragen wird. Insofern muss die Betrachtung der Auswirkungen von Employability zuerst vom einzelnen Menschen ausgehen. Von ihm aus strahlt das Prinzip dann in das Arbeitsumfeld. Employability kann nicht verordnet werden. Sie kann auch nicht mit einem Programm im Unternehmen gestaltet werden. Employability wird von Individuen gemacht. Wenn Menschen für sich keinen ureigenen Nutzen im Überdenken ihrer Arbeitsbeziehungen und der daraus abgeleiteten Aktionen haben, so werden sie an ihrem Verhalten nichts verändern. Im folgenden Abschnitt stellen wir einige grundlegende Konsequenzen für den Menschen im Arbeitsprozess dar.

3.1 Ein neues Karriereverständnis

Employability ist ein neues Erwerbskonzept für den Einzelnen. Während das klassische Karriereverständnis an Bedeutung verliert, entstehen andere Lebens- und Arbeitswelten, deren konkrete Ausgestaltung wir erst erahnen.

Aus etymologischer Sicht stammt das Wort «Karriere» aus dem Lateinischen «carriera» und bedeutet «Karrenweg». Es bezeichnete ursprünglich die großen Verkehrsachsen, welche das Römische Reich kreuz und quer durchzogen, Spuren, denen man folgen konnte, um an ein Ziel zu gelangen. Die ursprüngliche Bedeutung findet sich in abgewandelter Form auch im heutigen Karrierebegriff wieder: Ein Mensch folgt einem gebahnten Weg, um an ein Ziel zu kommen. Für Dolan et al. hat die Karriere in ihrer heute gebräuchlichen Form ihren Ursprung in den goldenen Dreißigern des letzten Jahrhunderts.[26] In der wirtschaftlichen Dynamik jener Zeit begannen sich große Organisationen mit pyramidalen Strukturen zu bilden, in denen das Verhältnis zwischen Arbeitgeber und Arbeitnehmer anhand klarer Strukturen (Hierarchien) und Verhaltensweisen (Pflichtenhefte etc.) geregelt wurde.

Das traditionelle Karriereverständnis ist chronologisch, linear und aufsteigend orientiert. Die Karriere in diesem Sinn kommt einem Ersteigen von Sprossen auf einer Hierarchie-Leiter gleich. Beförderungen sind nach die-

(handschriftliche Randnotiz: lat. Karriere)

---

26   Vgl. Dolan et al. = 2002.

sem Konzept nur eine Frage der Zeit. Oft wird die traditionelle Karriere mit Sicherheit, Stabilität, Kontinuität assoziiert. Sie basiert auf folgenden Annahmen:[27]

- Es existiert Vollbeschäftigung. Man arbeitet 100% und auf Basis eines unbefristeten Arbeitsvertrags.
- Die Mehrheit der arbeitenden Bevölkerung verfolgt eine stabile, lineare Karriere bis zur Pensionierung.
- Ein Karriereschritt wird einem vertikalen Aufstieg gleichgesetzt.
- Nur neue und junge Mitarbeiter können ihre Kompetenzen entwickeln.
- Die Karriereentwicklung beruht auf Erfahrung und erfolgt fast ausschließlich innerhalb eines einzigen Unternehmens.

Gemäß Amherdt[28] zeichnet sich die traditionelle Karriere durch hoch standardisierte Arbeitsabläufe aus. Dies führt zu einem breiten Verlust an Sinn, welcher jedoch durch materielle Sicherheit und durch Aspekte wie Status, Firmenzugehörigkeit und Macht kompensiert wird. Der Einzelne kann seine Karriereposition an der Fülle an Macht und Autorität erkennen, welche ihm durch seine Position in der unternehmerischen Hierarchie zugestanden wird. Das Konzept der traditionellen Karriere ist gleichzusetzen mit einer *Organisationskarriere*.

Mit zunehmender Qualifizierung der Mitarbeiter stieg deren Erwartungshaltung an die Organisation. Menschen begannen, über ihr Karriereverständnis nachzudenken. Arbeit war nicht mehr nur Plackerei bis zur Pension, sondern sollte auch *Sinn* bieten. Im Zuge dieser Entwicklung begannen Anfang der Siebzigerjahre des letzten Jahrhunderts Unternehmen, das traditionelle Karriereverständnis neu zu definieren. In Zusammenarbeit mit Mitarbeitern entstanden so langfristige Laufbahnplanungen. Die Organisation übernahm die Karriereplanung ihrer Mitarbeiter und unterstützte sie in ihrer persönlichen Entwicklung. Diese Vorstellung von Karriere ist auch heute noch weitgehend in den Köpfen der Menschen verankert.

Angesichts der Globalisierung und des damit einhergehenden Verlusts an Planbarkeit kann ein Unternehmen heute kaum noch Arbeitsplatzsicherheit bieten. Daher können Unternehmen auch keine Verantwortung mehr

---

27   Vgl. Ball = 1989.
28   Vgl. hierzu Amherdt = 1999.

für die Karriereplanung ihrer Mitarbeiter übernehmen. Die Verantwortung für die eigentliche berufliche Zukunft obliegt somit je länger, je mehr dem Individuum selbst. Die Karriere in diesem Sinne wird heute zwingend mit Unsicherheit, Unplanbarkeit und zeitlicher Befristung assoziiert.[29] Das moderne Karriereverständnis ist also kein Organisationsmodell mehr, sondern entspricht einer *Individualkarriere.* Karriereentwicklungen sind nicht mehr an ein Unternehmen, sondern an ein Individuum gebunden. Heutige Karrierewege sind also um einiges vielfältiger und individueller als zu Zeiten des klassischen Karriereverständnisses. Hall spricht in diesem Zusammenhang von einer «Proteus-Karriere».[30] Proteus war in der griechischen Mythologie ein Meeresgott, der seine Gestalt je nach Wunsch so verändern konnte, wie er wollte. Nach Hall ist die «Proteus-Karriere» die Antwort auf die sich in letzter Zeit stark wandelnden Rahmenbedingungen in der Partnerschaft zwischen Arbeitgeber und Arbeitnehmer:[31] «Der Deal hat sich gewandelt. Der klassische Vertrag ist tot. Organisationen sind im permanenten Fluss. Die klassische Stelle ist Vergangenheit.» Seine Vision der zukünftigen Arbeitsform stellt sich wie folgt dar: «Die Proteus-Karriere ist ein Prozess, welchen die Person, nicht das Unternehmen, gestaltet. Er besteht aus sämtlichen Erfahrungen eines Individuums hinsichtlich Aus- und Weiterbildung, Einsatzfelder in unterschiedlichen Organisationen oder Berufsfelder etc. Die individuelle Karrieregestaltung und die Suche nach Erfüllung sind die vereinenden oder integrativen Elemente im Leben einer Person mit einer Proteus-Karriere. Das Erfolgskriterium ist intrinsisch (psychologischer Erfolg) und nicht extrinsisch motiviert.»[32] Die neue Karriere orientiert sich also nicht mehr an Macht und Geld, sondern an Sinnstiftung und persönlicher Entwicklung. Oder wie es Fuchs treffend formuliert: «Die neue Karriere bedeutet Werde-Gang statt Auf-Stieg. Eine Karriere in diesem Sinn bedeutet nicht mehr ‹Aufstieg auf der Leiter›, sondern ‹wertvoller werden› durch Wachsen an Fähigkeiten, Fertigkeiten und Wissen. Werdegang bedeutet *gehen und werden.*»[33] Was heißt dies nun konkret für die zukünftige Karriereplanung eines Einzelnen? Fassen wir das bislang Gesagte kurz zusammen:

---

29   Vgl. hierzu auch Bujold und Gingras.
30   Vgl. hierzu Hall = 2002.
31   Hall = 2002 = 22.
32   Hall = 2002 = 25. Übersetzung des Autors.
33   Vgl. Fuchs = 2004 = 122.

- Die neue Karriere wird vom Individuum bestimmt und nicht von der Organisation.
- Die neue Karriere orientiert sich nicht an Macht und Autorität, sondern ausschließlich an Marktbedürfnissen. Der Markt entwickelt sich ständig. Somit bedingt die neue Karriere lebenslanges Lernen.
- Die neue Karriere verlangt vom Individuum nicht unbedingt die formal aktuellsten Kenntnisse. Sie verlangt jedoch *überfachliche Kompetenzen* und die richtige *Einstellung* zur eigenen Arbeit und deren Umfeld.
- Um diese Art von Karriere leben zu können, sind wiederum zwei Kriterien unabdingbar:
  - die eigene *Identität*, also die Fähigkeit, sich selbst und seine eigenen Werte und Vorstellungen zu kennen, und
  - die eigene *Anpassungsfähigkeit,* also die Fähigkeit, offen zu sein für Neues und sich auf Neues ohne große Schwierigkeiten einstellen zu können.

Dieses neue Karriereverständnis lässt sich wie folgt darstellen:

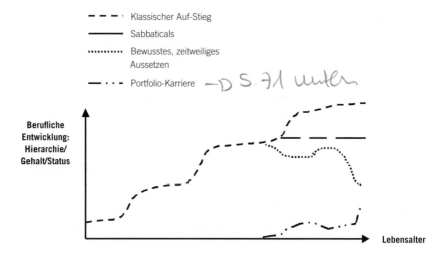

Abbildung 3-I: Alternative Karriereformen (promove TM)

Während im klassischen Karriereverständnis der hierarchische Aufstieg das Maß aller Dinge ist, sind im neuen Karriereverständnis andere Karriereformen möglich. Ein Sabbatical gehört ebenso dazu wie etwa der bewusste hierarchische Abstieg oder die Kombination von zwei oder mehreren parallelen Funktionen. Das neue Karriereverständnis bietet weniger Planbarkeit und Sicherheit für den Einzelnen, jedoch mehr Vielfalt, Autonomie und persönlichen Freiraum.

Die Übertragung der Verantwortung für die eigene Karriere auf das Individuum hat einen weiteren Effekt: Der Begriff des *Berufs* verliert an Bedeutung. Die Berufsausbildungen, welche wir genossen haben, sind größtenteils genormt. Durch Diplome wird festgehalten, dass man eine gewisse Aus- und Weiterbildung mit Erfolg bestanden hat. Nun ist jedoch ein Beruf je länger, je weniger eine Konstante. Einmal Gelerntes kann im Zeitverlauf an Bedeutung verlieren und durch andere Fähigkeiten ersetzt werden. Die Ansprüche an einen Beruf verändern sich mit der wirtschaftlichen und technologischen Entwicklung vielerorts in Quantensprüngen! Es ist heutzutage durchaus üblich, dass ein und dieselbe Person während ihres Berufslebens mehrere «Berufe» ausübt. Aus dieser Sicht verliert der Begriff «Beruf» an Bedeutung und wird durch «professionelle Aktivität» substituiert.[34]

3.2 Ein neues Kompetenzverständnis

Employability bedeutet, über Kenntnisse, Fähigkeiten und nicht zuletzt über die richtige Einstellung zu verfügen, um auf dem Arbeitsmarkt erfolgreich agieren zu können. Dabei geht es nicht nur darum, heute Arbeit zu haben oder Arbeit zu finden, sondern sich auch zukünftig für Arbeitgeber attraktiv zu halten. Arbeitsmarktfähigkeit wird *nicht* erreicht, indem man seine *fachlichen Qualifikationen* beständig erneuert. Gute Fachqualifikationen sind die Basis für Arbeitsmarktfähigkeit, auf der sich bauen lässt. Sie genügen jedoch nicht, um am Arbeitsmarkt bestehen zu können. Nehmen wir als Beispiel die Informatiker, denen noch in den Neunzigerjahren des letzten Jahrhunderts ein großes Potenzial vorausgesagt wurde. In der Folge haben sich Hunderttausende Menschen weltweit in IT-Fragen weitergebil-

---

34 Vgl. Panczuk = 2005a = 18.

det. In der Zwischenzeit ist die Nachfrage nach IT-Spezialisten in unseren Breitengraden zurückgegangen und die entsprechenden Investitionen der Menschen in ihre Ausbildung haben auf dem lokalen Arbeitsmarkt massiv an Wert verloren.

Das klassische Karriereverständnis konnte sich vornehmlich an technischen, faktischen und sichtbaren Kompetenzen orientieren, da Berufswege planbar und statisch verliefen. Im heutigen, sich ständig wandelnden Umfeld jedoch greift diese Sicht zu kurz. Bei der Individualkarriere rücken vornehmlich *umwelt- und verhaltensorientierte Kompetenzen* ins Blickfeld. Es geht darum, sich anzupassen, zu positionieren und mit unterschiedlichen Kulturen und Organisationsformen umgehen zu können. Es geht auch darum, den Wandel nicht als Gefahr, sondern als Chance zu verstehen. Entscheidend aus dem Blickwinkel von Employability ist die *Bewegungskompetenz* eines Individuums[35], welche die Bewegung vom alten psychologischen Kontrakt hin zum neuen Kontrakt ermöglicht. Welches sind die wesentlichen Bestandteile der Bewegungskompetenz? Welches sind die Elemente, welche konkret *Wirkung* zeigen? Wir haben in unserer mehrjährigen Arbeit mit Menschen während ihrer beruflichen Neuorientierung im Wesentlichen gelernt, dass *überfachliche Kompetenzen*, wie unternehmerisches Denken und Handeln, Einstellung und Verhalten, Empathie oder auch Reflexionsfähigkeit tragende Säulen der Bewegungskompetenz sind.[36] Auf diesen Säulen kann ein Individuum seine Arbeitsmarktfähigkeit bauen. Gemäß unseren Erfahrungen bestehen diese Säulen aus folgenden Bausteinen:

a) Verantwortung

Menschen mit einer hohen Arbeitsmarktfähigkeit wollen Verantwortung für sich selbst und ihre berufliche Entwicklung übernehmen. Sie sind sich der Konsequenzen ihres Tuns bewusst und sind bereit, entsprechende Risiken zu tragen. Dabei geht es nicht darum, ein Risiko passiv *einzugehen*, sich planlos ins Ungewisse zu wagen, sondern darum, mit den daraus entstehenden Konsequenzen leben zu können, ein Risiko aktiv zu *beherrschen*. Arbeitsmarktfähige Menschen beherrschen die Risiken, welche sie durch eigenverantwortliche Entscheide eingehen. Sie sorgen dafür, dass sich Unsi-

---

35 Vgl. Kap. 2.2.
36 Vgl. hierzu auch Kres = 2006.

cherheit minimieren lässt und sie mit dem verbleibenden Rest an Unsicherheit umgehen können.

b)   Eigeninitiative

Menschen mit einer hohen Arbeitsmarktfähigkeit beobachten aus eigener Initiative den Markt, seine Gegebenheiten und ziehen daraus Rückschlüsse auf ihr eigenes Tätigkeitsfeld. Sie erkennen rechtzeitig Trends und warten nicht, bis sie von irgendjemandem Anweisungen für ihr Tun erhalten, sondern getrauen sich, selbstständig Entscheide zu fällen, die ihre berufliche Zukunft beeinflussen können.

c)   Unternehmer in eigener Sache

Menschen mit einer hohen Employability kennen den Wertschöpfungsbeitrag ihrer Arbeit und sind in der Lage, die Konsequenzen ihres Handelns richtig einzuschätzen. Sie denken an den Nutzen, welchen ihre Tätigkeit oder ihr Projekt für einen anderen entfalten kann. Sie blicken stets über den Tellerrand hinaus. Diese Optik erlaubt es Ihnen, Unternehmer in eigener Sache zu sein.

d)   Antizipationsfähigkeit

Menschen, welche ihre Arbeitsmarktfähigkeit erhöhen wollen, entwickeln ein Sensorium für Entwicklungen am Markt. Sie sind stets wachsam und spüren Gelegenheiten auf, erkennen und evaluieren diese und sind so in der Lage, dem Markt rechtzeitig ein angemessenes Angebot unterbreiten zu können.

e)   Stärkenorientierung

Menschen, welche ihre Arbeitsmarktfähigkeit hochhalten, konzentrieren sich ausschließlich auf ihre Stärken. Sie investieren in ihre effektiven Kernkompetenzen und stehen zu ihren Schwächen, für deren Kompensierung sie wiederum ein Netzwerk mit anderen Partnern unterhalten.

f)   Offenheit für Neues

Menschen, welche arbeitsmarktfähig sein wollen, sehen in auftretenden Veränderungen keine Risiken, sondern die Chancen, die sich daraus ergeben, und nutzen diese aktiv. Sie gehen mit Veränderungen proaktiv um. Sie beherrschen ihr persönliches Instrumentarium, mit Neuem konstruktiv umgehen zu können, und sind in gewisser Hinsicht neugierig darauf, Neues kennenzulernen. Sie sind fähig, Veränderungen selbstständig anzustoßen und daraus Vorteile für sich abzuleiten. Sie gehen mitunter Wege, ohne das genaue Ziel zu kennen, einfach aus Freude über die Erkenntnis, welche sie aus ihrem Marsch gewinnen.

f) Netzwerken

Menschen, welche eine hohe Employability haben, verfügen über eine ausgesprochene Freude am Netzwerken. Sie gehen auf andere zu – haben also eine ausgewiesen hohe Empathie – und können situationsgerecht kommunizieren. Ihr Eigen- und Fremdbild divergieren kaum: Sie geben sich so, wie sie sind, und werden von anderen auch so wahrgenommen.

g) Vertrauen

Menschen, welche ihre Arbeitsmarktfähigkeit bewusst erhalten und erhöhen, haben Vertrauen in sich und andere. Sie zeichnen sich durch positives Denken aus. Sie sehen das Glas halb voll und nicht halb leer.

h) Kommunikationsfähigkeit

Menschen mit einer hohen Employability sind in der Lage, das, was sie meinen und wollen, korrekt auszudrücken und zur Geltung zu bringen. Sie wissen, wie sie ihre Ideen auf dem Markt darstellen können und wie sie Menschen für ihre Anliegen gewinnen können. Sie sind in der Lage, positive zwischenmenschliche Dynamik zu erzeugen. Sie wissen um die Nützlichkeit der von ihnen eingesetzten Kommunikationselemente. Dies setzt breite, angewandte Erfahrung in verschiedenen Kommunikationstechniken voraus.

h) Konfliktfähigkeit

Menschen, welche ihre Arbeitsmarktfähigkeit erhöhen wollen, gehen bewusst konstruktiv mit schwierigen Situationen und Misserfolg um. Sie nehmen Kritik nicht persönlich, sondern nutzen sie für eine kontinuierliche Weiterentwicklung. Gleichzeitig sind sie in der Lage, effektives *Feedback* zu erteilen.

i)   Reflexionsfähigkeit

Eine hohe Arbeitsmarktfähigkeit bedeutet, sich regelmäßig in Frage zu stellen. Es ist entscheidend, sich von Zeit zu Zeit den Spiegel vorzuhalten und seine Stärken wie auch seine Grenzen vor Augen zu halten und sie mit den effektiven Markterwartungen zu vergleichen.

j)   Belastbarkeit

Menschen mit einer hohen Employability bewahren auch in ungewohnten oder belastenden Situationen einen klaren Kopf. Sie haben ihre persönliche Art entwickelt, mit Druck und Stress positiv umzugehen.

k)   Ausdauer

Menschen, welche ihre Arbeitsmarktfähigkeit hochhalten, kennen ihr persönliches Karriereziel und haben die nötige Ausdauer, es zu erreichen.

l)   Lernwille

Menschen, welche ihre Employability verbessern wollen, sind fleißig und engagieren sich für ihr Anliegen. Sie wollen kontinuierlich lernen und haben Freude daran, am Ball zu bleiben.

m)   Teamfähigkeit

Eine hohe Arbeitsmarktfähigkeit zeigt sich in ausgeprägter Teamorientierung. Arbeitsmarktfähige Menschen kennen ihr Fähigkeitsprofil. Sie wissen, wo sie stark sind und wo sie ihre Grenzen haben. Sie scheuen sich nicht, andere um Hilfe zu bitten, wenn sie etwas nicht oder nicht genügend beherrschen. Sie wissen genau, welchen Wert sie und andere für ein Team haben.

n)   Professionelle Mobilität

Menschen mit einer hohen Arbeitsmarktfähigkeit verfügen über ein breites Einsatzspektrum in unterschiedlichen Branchen und Bereichen. Sie können es sich durchaus vorstellen, verschiedene Funktionen parallel wahrzunehmen oder allenfalls, falls sich der Markt dazu ergibt, an mehreren Orten Teilzeit zu arbeiten, etwa in Form einer *Portfolio-Karriere.*

Portfolio Karriere

o)   Kontextuelle Mobilität

Die Employability wird auch durch die kontextuelle Mobilität erhöht. So kann etwa die Bereitschaft, andere *Arbeitszeitmodelle* (Jahresarbeitszeit, Teilzeit, Sabbatical etc.) auszuprobieren, die Arbeitsmarktfähigkeit einer Person erhöhen. Ebenso förderlich kann die Einsicht sein, andere *Lohnmodelle* (Varia, Cafeteriasysteme etc.) für sich in Betracht zu ziehen. Auch die Bereitschaft, für eine neue Stelle den *Wohnort* zu wechseln, wirkt sich positiv auf die Employability einer Person aus.

p)   Work-Life-Balance

Entscheidend für eine hohe Arbeitsmarktfähigkeit ist schließlich die Persönlichkeit eines Menschen. Die Erfahrung zeigt, dass diese Menschen mehr Erfolg haben, welche mit sich selbst in Einklang sind und ihre persönliche Work-Life-Balance gefunden haben. Dass hierbei positives Denken förderlich ist, versteht sich von selbst.

Die unter a) bis p) aufgelisteten Bausteine beeinflussen die Bewegungskompetenz eines Individuums positiv. Falls jemand an seiner Arbeitsmarktfähigkeit arbeiten will, gibt es also eine Vielzahl von Einstiegsmöglichkeiten in die Thematik. Es ist weder nötig noch möglich, alle Bausteine gleichzeitig bearbeiten zu wollen. Vielmehr erkennt jeder Mensch für sich Präferenzen für ausgesuchte Themen und kann sich dort – im Wissen, dass er dadurch an den richtigen Hebeln ansetzt – spezifisch und zielgerichtet weiterentwickeln. Meist genügt ein Maßnahmenplan für die Ausarbeitung von zwei oder drei Bausteinen, um die gewünschte Wirkung zu erzielen.

4. Konsequenzen von Employability für das Management

Employability ist mehr als ein Führungsprinzip für Manager und Unternehmer. Employability – wir haben es gesehen – ist eine andere Einstellung zu Arbeit an sich, zu deren Sinn und Zweck und der Art und Weise, wie Menschen im Erwerbsprozess miteinander umgehen. Employability bedingt *Bewegungsfreundlichkeit* im Unternehmen – die Summe aller Kompetenzen im Zeitverlauf, um dadurch Wirkung und Resultate zu erzielen. Welches sind hierzu die Rahmenbedingungen? Wie lassen sie sich ausgestalten? Unternehmen, die ihren Mitarbeitern Arbeitsmarktfähigkeit bieten wollen, müssen sich der Tragweite des Ansatzes bewusst sein. Er bedingt, Bestehendes zu hinterfragen. Employability ist kein Prinzip, das ein für allemal Gültigkeit hat, es muss jeweils an die sich ständig wandelnde Situation angepasst werden.

Ein integriertes Employability-Modell durchdringt das gesamte Unternehmen und damit sämtliche Ebenen des Managements: normatives, strategisches und operatives Management:

– Normative Ebene

«Die Ebene des normativen Managements beschäftigt sich mit den generellen Zielen der Unternehmen, mit Prinzipien, Normen und Spielregeln, die darauf ausgerichtet sind, die Lebens- und Entwicklungsfähigkeit des Unternehmens zu ermöglichen.»[37]

Die zentrale Frage auf dieser Ebene ist: «*Was* wollen wir erreichen?» oder im Hinblick auf Employability anders ausgedrückt: «Wollen wir wirklich, dass unser Unternehmen bewegungsfreundlich wird?» Damit die Idee der Beschäftigungsfähigkeit im Unternehmen von allen Akteuren gelebt wird, bedarf es einer unternehmensweiten Vision, die in der Unternehmenspolitik, den Unternehmenszielen sowie der Unternehmenskultur fest verankert ist. Diese Einbeziehung auf der Werte-Ebene ist besonders wichtig, da hier der Denkrahmen für das gesamte Handeln im Unternehmen gesetzt wird.

– Strategische Ebene

Strategisches Management ist auf den Aufbau von Rahmenbedingungen gerichtet, welche es dem Unternehmen erlauben, dauerhaft im Markt erfolgreich zu sein. In unserem Fall geht es also um die Frage, welche Orga-

---

37   Bleicher = 1992 = 69.

nisationsstrukturen, aber auch welche Arbeitsinhalte, Arbeitsprozesse und Arbeitsbedingungen dazu beitragen, Employability im Unternehmen zu fördern. Während das normative Management Aktivitäten begründet, ist es Aufgabe des strategischen Managements, richtend auf Aktivitäten ein-zuwirken.[38] Diese Ebene beantwortet also die zentrale Frage: «*Wie* wollen wir unsere Ziele erreichen?»

– *Operative Ebene*

Operatives Handeln bestimmt, wie der definierte Rahmen mit konkreten Maßnahmen ausgefüllt wird. Hier wird die Frage beantwortet: «*Womit* wollen wir unsere Ziele erreichen?» Anhand konkreter Maßnahmen und Instrumente soll Arbeitsmarktfähigkeit konkret umgesetzt werden.

Um ein integriertes Employability-Modell zu erhalten, müssen wir sämtliche Managementebenen vernetzt betrachten.

4.1 Verantwortung ist Macht

Auf der normativen Ebene werden die generellen Ziele des Unternehmens definiert. Hier wird festgehalten, ob Employability in der Unternehmens-kultur verankert werden soll oder nicht. «Warum soll ich meine Leute arbeitsmarktfähig machen? Dann gehen sie ja!» Mit diesem Einwand von Linienmanagern sind wir in der Praxis häufig konfrontiert. In der Tat, ein berechtigter Einwand, wenn man Employability als losgelöste Maßnahme versteht und nicht als integriertes Führungskonzept, durch welches gleich-zeitig *Engagement* und *Bindung* bei den Mitarbeitern erreicht wird.

Die genannte Antwort zeigt ein Verständnis von Employability auf, welches einseitig mitarbeiterorientiert ist und nicht auf Gleichwertigkeit zwischen Unternehmen und Mitarbeitern beruht. Sie belegt ein klassisches, hierarchiebezogenes Denken, welches uns über Jahrzehnte gute Dienste erwiesen hat. Die Firma zahlt ein Gehalt – die Mitarbeiter stellen dafür ihre Arbeitskraft zur Verfügung. Ein einfacher Tausch, der – zugegebenermas-sen – den Vorteil hat, dass er bekannt ist und somit wenig Unsicherheit sowohl für die Führung wie auch für die Geführten enthält. Führungs-kräfte wie Mitarbeiter hatten ja genügend lange Zeit, um nach diesem Ver-

---

38   Vgl. Bleicher = 1992 = 71.

ständnis zu funktionieren. Das klassische Hierarchieverständnis basiert auf einem tayloristischen Weltbild, welches in der Phase der Industrialisierung westliche Industrienationen geprägt hat. Der Taylorismus führte dazu, dass Arbeitsabläufe – unter Missachtung ihrer psychischen und sozialen Dimensionen – physikalisch erleichtert und gleichzeitig intensiviert wurden. Noch heute, Jahrzehnte nach seiner Einführung, geistert in den Köpfen vieler Vorgesetzter – bewusst oder unbewusst – dieses Menschbild herum, welche sich analog der Theorie X von McGregor[39] darstellen lässt:

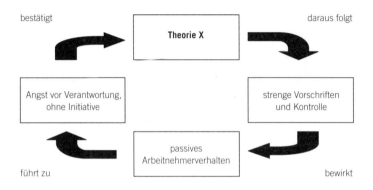

Abbildung 4-I: Altes Denken und Mitarbeiterbild: der Teufelskreis der Theorie X
(vgl. Ulich = 201 = 434)

In Kapitel 1 haben wir festgestellt, dass dieses Menschbild sich nicht mit dem Werteverständnis einer wachsenden Anzahl moderner Menschen verträgt. Insofern möchten wir Employability auch nicht im Sinn des genannten Linienmanagers verstanden wissen. Wir möchten nicht zulassen, dass gute Mitarbeiter wegen ihrer hohen Arbeitsmarktfähigkeit unser Unternehmen verlassen. Wir möchten, dass sie dank ihrer hohen Arbeitsmarktfähigkeit bei uns bleiben.

Es besteht in der Tat wirklich das Risiko, dass arbeitsmarktfähige Mitarbeiter die Firma verlassen, wenn ihnen nicht entsprechende Verantwortlichkeiten und Freiräume zugestanden werden. In diesem Fall lassen das Engagement und die Bindung im Unternehmen nach und der Mitarbeiter wird sich extern nach anderen Chancen umsehen. Was also können wir im Unternehmen tun, um die Leute bewusst bei uns zu halten, um also, wie die

---

39   Vgl. McGregor = 1970 = 47 f.

folgende Matrix zeigt, mit einer hohen Employability gleichzeitig Engagement und Bindung zu erhalten?

Risiko einer Kündigung	Engagement (dynamische Bindung) Gelungener gleichwertiger Vertrag
Frustration – Passivität Probleme bei der Neupositionierung	Erzwungene Loyalität

Abbildung 4-II: Das Spannungsfeld zwischen Employability und Engagement (promove TM)

Bewegungsfreundlichkeit ist auch aus einer anderen Sicht relevant. Dort, wo tiefe Employability mit einer hohen Bindung zusammentrifft, wie dies oft bei langjährigen Mitarbeitern der Fall ist, besteht erzwungene Loyalität gegenüber dem Unternehmen. Für diese Mitarbeiter sind die Chancen gering, eine neue Beschäftigung zu finden. Was kann das Unternehmen tun, um diese Mitarbeiter zu einer erhöhten Arbeitsmarktfähigkeit zu führen?

Employability bedarf eines gelungenen gleichwertigen Vertrages zwischen Unternehmen und Mitarbeitern. Ein gelungener gleichwertiger Vertrag entsteht nur bei bewegungsfreundlichen Rahmenbedingungen. Die drei Kernelemente der Arbeitsmarktfähigkeit, also die Eigenverantwortung, der relevante Markt und die Nachhaltigkeit, bedingen, dass Mitarbeiter Raum haben für Eigenverantwortung, dass sie ihren Marktwert erkunden dürfen und nicht kurzfristig verhindert, sondern langfristig gefördert werden. So schafft das Engagement jedes Einzelnen die Voraussetzungen für Sicherheit und Selbstentfaltung im Unternehmen.

Aber auch in einer Welt mit maximaler Eigenautonomie der Mitarbeiter wird man nicht umhinkommen, den Mitarbeitern ein gewisses Mindestmaß an Planbarkeit und Sicherheit mitzugeben. Wenn die Arbeitgeber weder die Vollzeitbeschäftigung noch die Sicherheit des Arbeitsplatzes garantieren können, welche früher den normalen Sozialvertrag darstellten, so sollten sie zumindest die Zusage geben, dass sie ihren Beschäftigten unter allen Umständen die bestmöglichen Mittel zusichern, beschäftigungsfähig zu bleiben, ihre Fähigkeiten sowohl intern als auch im Falle einer notwendig gewordenen Trennung zu erhalten und damit ihre Chancen auf einen Arbeitsplatz in einem anderen Unternehmen zu bewahren.[40] Arbeitsmarktfähigkeit ist die Alternative zu mangelnder Sicherheit. Eine zentrale Aufgabe des Managements in einem Unternehmen, welches Employability fordert und fördert, wird sein, das Spannungsfeld zwischen Unsicherheit auf der einen Seite und Employability auf der anderen Seite auszufüllen.

Um die Mitarbeiter für diese Denkart zu gewinnen, ist ein Führungsverständnis gefragt, wonach Arbeitsmarktfähigkeit eine positive Herausforderung ist. Rump und Schmidt sprechen in diesem Rahmen von einem zugrunde liegenden ethischen Kodex für das Management.[41] Employability als positive Herausforderung bedeutet, Unsicherheit als Realität zu akzeptieren. Der Umgang mit Unsicherheit wird eine wichtige Kompetenz von Führungskräften der Zukunft sein. Hierfür ist ein neues Führungsverständnis vonnöten. Vom *Command and Control* zum *Command and Connect*.[42] Also weg von der eigenen Kontrolle hin zum Verbinden von Fähigkeiten. Dass dies nur über ein integriertes Managementverständnis möglich ist, liegt auf der Hand. Um Employability als Konzept überhaupt zuzulassen, brauchen wir ein offenes Managementverständnis. Eine Definition, welche diese Offenheit beinhaltet, stammt von Ulrich:

> Management ist das Gestalten, Lenken und Entwickeln sozialer Systeme.[43]

---

40 Baukens et al. = 2001 = 89.
41 Vgl. Rump & Schmidt = 2005 = 6.
42 Vgl. Friedman = 1999 = 105 f.
43 Ulrich = 1983 = 136. Ulrich versteht Management umfassend als das Gestalten, das Entwerfen eines Modells, einer Institution anhand angestrebter Eigenschaften, Lenken, das Bestimmen von Zielen, das Festlegen, Auslösen und Kontrollieren zielgerichteter Systemaktivitäten und das Entwickeln, die Evolution durch Mutation und Selektion gesellschaftlicher Institutionen.

Gestaltung heißt dabei Führung *für* das Personal, indem Systeme für die Prozesssteuerung erarbeitet werden.[44]

Lenkung meint Führung *des* Personals im Sinne der Verhaltenssteuerung über die Mitarbeiterführung und die Handhabung der Personalsysteme.

Entwicklung schließlich ist die Führung zur Förderung der Lernfähigkeit im Sinne der ständigen Verbesserung der Systemgestaltung und -lenkung.

Diese Definition durchdringt das Unternehmen gesamthaft und bildet die Basis, dass Employability im gesamten Unternehmen sozialisiert werden kann. Manager gestalten, lenken und entwickeln simultan auf allen Unternehmensebenen. Führung, die Arbeitsmarktfähigkeit fördert und fordert, gestaltet so den Rahmen, der jeden Mitarbeiter ermutigt und dazu befähigt, Verantwortung für seine Leistung zu übernehmen. In einer derartigen Kultur werden Arbeitnehmer so gefordert und gefördert, dass zentrale betriebliche Ziele wie Produktivität und Flexibilität auch im wissensbasierten Wettbewerb der Zukunft erreicht werden können.[45] Hilb beschreibt einige idealtypische Merkmale, welche eine derartige Kultur verkörpern:[46]

–   Die Mitglieder der Geschäftsleitung sind Vorbilder und bilden ein Team humaner Unternehmerpersönlichkeiten.

–   Dadurch wird eine innovative Vertrauenskultur auf allen Ebenen erst ermöglicht und langfristig sichergestellt.

–   Partnerschaftliche Beziehungen in temporären Netzwerken verbinden die Vor-Genetzten mit ihren Mit-Unternehmern.

Dieses Verständnis entspricht tendenziell der Theorie Y, wie sie McGregor selbst aufgrund seiner umfangreichen Erfahrungen als Unternehmensberater entwickelt hat:

---

44   Vgl. Hilb = 2002 = 13.
45   Buck & Schletz = 2004 = 11.
46   Vgl. Hilb = 2002 = 26.

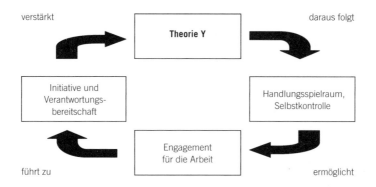

Abbildung 4-III: Neues Denken und Mitarbeiterbild: die verstärkende Wirkung der Theorie Y (vgl. Ulrich = 2001 = 435)

Die Theorie Y besagt, dass durch Handlungsspielraum und Selbstkontrolle das Engagement des Einzelnen für seine Arbeit gefördert wird. Dadurch entsteht mehr Initiative und Verantwortungsbereitschaft, was sich wiederum in einem größeren Handlungsspielraum auswirkt. Handlungsspielraum ist die Basis für Arbeitsmarktfähigkeit. Insofern bedarf die Umsetzung von Employability im Unternehmen also eines positiven Menschbildes nach der Theorie Y, welches das Individuum als solches respektiert und seine Bedürfnisse ernst nimmt. Nun ist es unseres Erachtens falsch, von einem *einzigen* Menschbild auszugehen. Menschen sind so unterschiedlich wie ihre Lebensläufe. Da gibt es den Mitarbeiter, welcher am Arbeitsplatz ein Theorie-X-Typ zu sein scheint und offenbar nichts anderes im Kopf hat als das Ende eines Arbeitstags. Danach aber widmet er sich hochengagiert einer Aufgabe in einem Verein oder geht einem Sport nach. Was also ist das für ein Mensch? Da gibt es den anderen Mitarbeiter, der in seiner Arbeit eine sehr gute Leistung erbringt, ein Theorie-Y-Typ zu sein scheint, in seinem Privatleben aber kaum etwas unternimmt und die Abende vor dem Fernseher verbringt. Wo soll er eingeordnet werden?

Die Erfahrung zeigt, dass beide Theorien die Praxis nur ungenau abbilden. So finden sich auch in Unternehmen mit einer ausgeprägten Theorie-X-Kultur Menschen, welche eigenverantwortlich handeln, wie sich in Firmen mit einer dominanten Theorie Y Mitarbeiter finden, welche mit ihren Handlungsspielräumen nichts anfangen können. Beide Theorien haben ihre Berechtigung in unterschiedlichen Situationen und für unterschiedliche Erwartungen der Mitarbeiter. Beide Theorien sind in einem Unternehmen nötig, um bei den einen Mitarbeitern für Orientierungspunkte zu sorgen und gleichzeitig bei den anderen Verantwortung und die Übernahme eigener Initiative zu fördern. Insofern plädieren wir für ein umfassenderes Führungsverständnis als die Gegenüberstellung der Theorie X und der Theorie Y, denn nur beide Theorien zusammen bilden die Realität umfassend ab. Wir nennen dieses Führungsverständnis, in Anlehnung an die Arbeiten von William G. Ouchi, *Theorie Z*. Der kalifornische Management-Professor hat schon vor 20 Jahren in der Theorie Z ein theoretisches Fundament erarbeitet, welches im Lichte der Employability, wenngleich auch leicht angepasst, wieder an Aktualität gewinnt: Mitarbeiter, so hat Ouchi damals behauptet, sind nicht grundsätzlich faule Menschen; wer sie entsprechend fördert und unterstützt, wird mit ihrem großen Einsatz zum Wohle des Unternehmens belohnt werden.[47] Manager, die dies erkannt haben, so schrieb Ouchi damals weiter, würden in ihren Unternehmen auf Teamwork und Zusammenhalt setzen. Wenn es um Informationen und in der Folge auch um Entscheidungen geht, würden solche Manager ihre Mitarbeiter weitestgehend einbinden. Ouchi erkannte folgende Charakteristika als wesentlich für eine wirklich gelebte Theorie Z: kollektive Entscheidungsprozesse kombiniert mit individueller Verantwortung; implizite und informelle Kontrolle auf der Basis expliziter und formalisierter Kriterien; nicht allzu spezialisierte Karrierewege; dazu ein umfassendes Wohlergehen des Mitarbeiters und seiner Familie. Wir stimmen Ouchi im Wesentlichen zu. Nur in einer Charakteristik sind wir anderer Meinung: Wir sehen in möglichst langfristigen Beschäftigungsverhältnissen *keinen* Erfolgsfaktor für Employability. Unsere Erfahrung zeigt, dass Employability projektbezogen, zeitgerecht aufgebaut und entwickelt wird. Langfristige Beschäftigungsverhältnisse in einer Funktion oder Position gaukeln den Mitarbeitern falsche Sicherheiten vor, wenn sie nicht zur kontinuierlichen Marktorientierung ihrer Leistungen beitragen.

Um Führungskräften das Verständnis für die Theorie Z näherzubringen, bauen wir in unsere Seminare eine einfache Übung ein. Als Erstes vergleichen wir die zu den Theorie X und Theorie Y passenden, dominierenden Führungsprinzipien mit den daraus resultierenden Mitarbeitererwartungen. Dabei ergeben sich regelmäßig die Aussagen auf der folgenden Seite.

Auf die Frage, welches denn heute die mehrheitliche Einstellung ihrer Mitarbeiter sei, positionieren sie die Linienmanager großteils in der Theorie

---

47   Vgl. Ouchi = 1993.

X. Offensichtlich verhalten sich viele Mitarbeiter als Ausführende, anstatt eigenverantwortlich als Partner zu wirken.

In der Folge lassen wir die Führungskräfte beurteilen, welche Seite ihrer Meinung nach in Zukunft von Bedeutung sein werde. Fast ausschließlich ergibt sich dabei ein Trend in Richtung Theorie Y. Auf die Bemerkung, dass sich auf einem Markt Angebot und Nachfrage stets die Waage halten müssten und dass wir uns hier auf einem internen Arbeitsmarkt befänden, wo die Nachfrage, also die Führungsseite, mit dem Angebot, also der Mitarbeiterseite, in Einklang gebracht werden müsse, erfolgt dann jeweils betretenes Schweigen – und führt schließlich zu einer angeregten Diskussion. In dieser Diskussion geht es oft um Fremdbild und Eigenverständnis seines Führungsstils, um Transparenz, um Kontrolle und Macht. In der Tat erweist sich die Machtdiskussion als *der Knackpunkt* bei der Diskussion um Employability. In den Köpfen der meisten Manager geistert die Gleichung herum: *Wissen ist Macht.* Es ist bekannt, dass durch Macht nur Gegenmacht entsteht. Ein Kernproblem von Macht in Hierarchien ist, dass sie der großen Mehrheit derer, die unter ihrer Herrschaft stehen, die Macht über sich selbst nimmt. In Hierarchien gelingt es offenbar einer Elite, «den Menschen das Gefühl zu vermitteln, sie seien selbst nicht in der Lage, sich zu verstehen und ihre eigene Lebenserfahrung zu interpretieren».[48] Hierarchisch eingebunden, werden die Menschen aufgrund der vorherrschenden Entscheidungsfindungsmechanismen dazu angehalten, ihre Erfahrung, ihre Problemlösungsstrategien und ihr Wissen an das System abzutreten.

---

48   Vgl. Sennett = 2005 = 98.

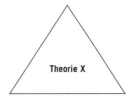

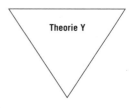

Passende Führungsprinzipien	Erwartungen der Mitarbeiter	Passende Führungsprinzipien	Erwartungen der Mitarbeiter
Kultur		Kultur	
– Kommandieren, Kontrollieren, Korrigieren	– Arbeit wird zugeteilt	– Fordern und Fördern	– Verantwortung für Aufgaben
– Möglichst keine Fehler	– Behandlung von Fehlern auf dem Dienstweg	– Fehler dürfen gemacht werden	– Aus Fehlern lernen
Strukturen		Strukturen	
– Top-down-Approach anhand Organigramm	– Klare Strukturen und Hierarchien	– Flache Hierarchien	– Wenig Strukturen, dafür mehr Freiräume
– Vorschriften und klare Zuständigkeiten	– Pflichtenhefte	– Projekte mit Zielvereinbarung	– Aufgaben
Prozesse		Prozesse	
– Klar definierte Prozesse und Abläufe	– Aufträge werden von oben erteilt	– Aufgaben werden zugeteilt	– Aufträge werden gemeinsam erarbeitet
– Klare Entscheidwege nach Dienstweg	– Vorgesetzte entscheiden	– Delegation	– Partizipative Entscheidfindung
– Klare Eskalationswege	– Maximale Sicherheit	– Menschen stehen über Prozessen	– Leitplanken für ein Mindestmaß an Sicherheit
	– Wenig Eigenverantwortung		– Mitverantwortung
	– Problemlösung nach Standards		Individuelle Problemlösung
	– Wenig Risiko		– Kalkulierbares Risiko
	– Zeit für Geld		– Herausforderung
– Wir minimieren Risiken	– Beurteilungen nach Erfahrung	– Wir wagen Neues	– Beurteilungen nach Erfahrungen und Zukunftsorientierung

Prozesse		Prozesse	
– Gehalt nach Gehaltsklassen	– Fixgehalt mit großzügigen Sozialleistungen		– Variables Gehalt mit Erfolgsanteil
	– Beständigkeit		– Wandel
	– Planbarkeit		
– Beförderung nach Dienstweg	– Karriereplanung nach Seniorität	– Employability dank vielfältiger Aufgaben	– Karriere basiert auf Fähigkeiten
	– Fixe Arbeitszeiten und bezahlte'Ferien		– Flexible Arbeitszeiten
	– Gute Infrastruktur		
Kommunikation		Kommunikation	
– Information	– Kenntnisnahme	– Transparenz	– Feedback-Kultur
		– Ehrlichkeit	– Persönlichkeit
Führungskraft als «Vorgesetzter»	Mitarbeiter als «Ausführende»	Führungskraft als «Vorgenetzter»	Mitarbeiter als «Partner»

Das vorhandene Wissen wird einer kleinen Elite vorbehalten, die ihrerseits kaum ein Interesse hat, ihre Macht an untere Instanzen zu delegieren. Grundsätzlich sollte jede Firma den Wunsch haben, dass ihre Beschäftigten aus Fehlern lernen. In der Praxis tun dies große Unternehmen jedoch nicht. Untersuchungen belegen, dass die Firmengröße tatsächlich ein Entscheidungsmerkmal ist, ob Employability als integriertes Modell greifen kann oder nicht.[49] In kleineren Unternehmen hat der Umgang mit Kunden einen direkteren Einfluss auf das Überleben der Firma. Der Einzelne kann mit verantwortungsvollem Handeln seine eigene Karriere unmittelbar beeinflussen. In großen Unternehmen ist dies nicht unbedingt der Fall. Der ungenügende Einsatz eines Einzelnen kann von mehr Menschen im System kompensiert werden, welche Höchstleistungen erbringen. Insofern lohnt es für den Einzelnen nicht unbedingt, Verantwortung zu übernehmen. Damit das Prinzip der Eigenverantwortung aber greifen kann, muss sich Verantwortung lohnen. Die Gleichung «Wissen ist Macht» muss umgeschrieben werden in: «*Verantwortung ist Macht.*» Wenn diese Erkenntnis im Management reift, ist auch der Weg frei für das Verständnis der Theorie Z.

---

49 Vgl. Sennett = 2005 = 102.

Nun ist nicht auszuschließen, dass dem klassischen, hierarchischen Denken nach der Theorie X auch in Zukunft ein Markt beschieden sein wird. Manche Organisationen werden auch weiterhin – sei es aus historischen oder kulturellen Gründen – mehrheitlich nach den Grundprinzipien hierarchischer Führung funktionieren müssen. Mitarbeiter, welche entsprechende Erwartungen an ihre Arbeitgeber haben, wird es weiterhin geben, sodass auch in diesem Kontext von Arbeitsmarktfähigkeit gesprochen werden kann. Allerdings ist die Anzahl dieser Unternehmen in westlichen Nationen, wie die Ausführungen im Kapitel 1 ergeben, im Sinken begriffen. Entsprechend wird auch die Arbeitsmarktfähigkeit von Führungskräften und Mitarbeitern, welche sich im Wesentlichen mit Erwartungen nach der Theorie X identifizieren, im Zeitverlauf sinken, einfach durch die Tatsache, dass der relevante Markt für sie in Zukunft kleiner wird.

4.2 Führungsgrundsätze für Employability

Aufgabe des strategischen Managements ist es, richtend auf Aktivitäten einzuwirken. Das strategische Management bestimmt, wie die im normativen Management festgelegten Ziele erreicht werden sollen. Hier werden die Leitplanken gebaut, innerhalb deren sich Employability-Management entfalten kann. Diese Leitplanken werden mittels der Führung ausgefüllt. In seinem Buch «Führen, Leisten, Leben» beschreibt Malik einige Grundsätze für wirksame Führung, welche sich gemäß unserer Erfahrung auch auf Employability-Management anwenden lassen:[50]

– *Resultatorientierung*

Employability-Management ist der Beruf des Resultate-Erzielens oder des Resultate-Erreichens. Ein durchgängiges Muster im Denken und Handeln kompetenter Manager ist ihre Ausrichtung auf Ergebnisse. Sie sind vorwiegend an Resultaten – am Output – interessiert. Dasselbe muss für die Mitarbeiter gelten: Employability richtet sich ausschließlich an marktgerechte Leistungen jedes Einzelnen. Mitarbeiter müssen ihren Marktwert kennen. Dies kann nur dann geschehen, wenn ihnen wirklich Verantwortung und Kompetenzen delegiert werden, um ihren Markt zu ergründen.

---

50   Vgl. Malik = 2000 = 65 ff.

– *Beitrag zum Ganzen*

Die heutige Welt ist vernetzt. Worauf es ankommt, ist, seinen Beitrag zum Ganzen zu leisten, seinen Mehrwert im Netzwerk zu erzielen. Gute Manager sehen ihren Beitrag zum Ganzen, sie sind reflexartig in der Lage, ihren Mehrwert mit Aussagen zu beginnen mit «Ich sorge dafür, dass...». Gute Manager denken in Wertschöpfungsketten. Sie funktionieren nicht in Hierarchien, sondern in Netzen. Dasselbe gilt für die Mitarbeiter. Auch sie müssen erkennen, welchen Teil sie an der Wertschöpfung innehaben. Führungskräfte unterstützen sie entsprechend in der Förderung des eigenen Networkings, damit sie ihre Sicht über den Tellerrand hinaus wahrnehmen können.

– *Konzentration auf weniges*

Ein Manager, der in der heutigen Welt glaubt, alles wissen zu müssen, der wird nicht weit kommen. Die Welt ist zu komplex geworden. Wer alles beherrschen will, verzettelt sich, wer vieles können will, der wird im besten Fall Mittelmaß. Das Wesentliche ist, sich auf weniges zu beschränken, auf eine kleine Zahl von sorgfältig ausgewählten Schwerpunkten, wenn man an Wirkung und Erfolg interessiert ist. Konzentration ist der Schlüssel zum Erfolg. Dies gilt natürlich auch für die Mitarbeiter. Manager haben sie darin zu unterstützen, dass sie werteorientiert und reflektiert handeln und sich auf Wichtiges und Dringendes konzentrieren. Entscheidend ist dabei die Stimmigkeit des Handelns. Manager haben stets zu hinterfragen, ob ihr eigenes und das Handeln ihrer Teams sich an den Grundprinzipien von Employability orientieren. Dazu gehört auch die Aufdeckung von Widersprüchen im eigenen Handeln.

Die Konzentration in der Führung auf Employability entlastet Führungskräfte ungemein. Indem sie sich nicht um Inhalte kümmern, sondern um eine Vision, verstehen sie Management im Sinne von Vermögensentwicklung für das Unternehmen. Dies bedeutet für Führungskräfte, bewusst loszulassen, indem herausfordernde Aufgaben an die Mitarbeiter übertragen werden.

– *Stärken nutzen*

Die Betonung liegt hier auf bereits vorhandenen Stärken, und nicht auf solchen, die man erst noch aufbauen muss. Das Wesentliche liegt darin, Stärken zu nutzen, und nicht, Schwächen zu beseitigen. Die meisten Manager leben diesen Grundsatz falsch, sie sind grundsätzlich auf Schwächen fixiert. So ist es unmöglich, Stärken mit Aufgaben in Einklang zu bringen. Dies erklärt auch, warum Menschen oft dort eingesetzt werden, wo sie ihre Schwächen haben. Arbeitsmarktfähigkeit kann so nicht entwickelt werden.

– *Vertrauen und Offenheit*

Employability verlangt Vertrauen in sich und die Menschen. Nur gegenseitiges Vertrauen erlaubt es, Führungssituationen auch in Krisenzeiten robust zu halten. Vertrauen verlangt charakterliche Integrität. Man muss meinen, was man sagt – und auch so handeln. Konsistenz zwischen Gemeintem und Gesagten ist ebenso wichtig wie Vorhersehbarkeit und Verlässlichkeit. Führungskräfte, die sich so verhalten, sind nicht mehr Vorgesetzte im klassischen Sinn, sondern «Vorgenetzte» für ihre Mitarbeiter. Sie definieren sich nicht über Macht, Hierarchien und Status, sondern über Autorität. Autorität hat man nicht, sie wird einem gegeben. Die einzige Autorität, die wirklich zählt, ist jene, die freiwillig und bewusst von den Geführten eingeräumt wird. Führungsautorität wird dann von den Geführten eingeräumt, wenn die Führenden *glaubwürdig* sind. Die Menschen wollen wissen, wie sich Aussagen in einen Kontext einbringen lassen und wie sie darauf reagieren können. Sie werden nicht Eigeninitiative ergreifen, wenn dies zwar von ihnen verlangt wird, sie jedoch bei der geringsten Aktion zurückgepfiffen werden. Vertrauen heißt auch, Menschen selbst Erfahrungen sammeln zu lassen, auch wenn man selbst weiß, dass diese Erfahrungen in die falsche Richtung gehen können. Lassen Sie zu, dass Verantwortung bei den Mitarbeitern liegt. Dies bedingt eine gewisse Fehlertoleranz und eine positive Haltung zum Lernen.

Employability verlangt auch Offenheit. Offenheit für Neues, die Bereitschaft, sich selbst kontinuierlich zu hinterfragen und seine Aktionen auf ihre Stimmigkeit mit dem Gesamtbild abzustimmen. Offenheit für neue Wege, welche eigenverantwortliche Mitarbeiter einschlagen. Offenheit für unterschiedliche Meinungen, Ansichten und Lösungswege. Dies wiederum verlangt Respekt: Respekt vor dem anderen und seinen Erfahrungen. Respekt ist eine Charakterfrage. Er geht Hand in Hand mit Akzeptanz anderer Meinungen und bedeutet die Bereitschaft, eigene Verantwortung abzugeben. Loslassen als Grundsatz zur Förderung von Employability. Doch die Abkehr von eigenen, lieb gewonnenen Routinen und Machtansprüchen ist eines, Mitarbeiter – ob Kader oder nicht – dazu zu bewegen, freiwillig ihr Wissen auszutauschen und die gewonnenen Freiräume zu nutzen, ein anderes. Mitarbeiter nutzen Freiräume nicht ohne Weiteres. Sie müssen dafür begeistert werden. Sie brauchen die Übersetzung des großen, in Worte gefassten Ziels in lebendige Erzählungen, mit denen Führungskräfte in die Lage versetzt werden, ihre Mitarbeiter zu begeistern. Diesen Erzählungen, der sinnstiftenden Kommunikation ganz allgemein, kommt laut Forschungen zum Leadership eine besondere Rolle zu, wenn es darum geht, Menschen emotional zu binden und zielgerichtet in Bewegung zu setzen.[51] Effektive Leader sind immer gut im Geschichtenerzählen: «Leaders make people want to follow by painting compelling pictures of the future trough their stories. Organizational change happens through the leaders stories.»[52] Geschichten geben Orientierung und inspirieren Mitarbeiter. Gerade in Zeiten der Unsicherheit, wo keine Arbeitsplatzgarantie mehr herrscht, suchen die Menschen nach neuen Orientierungpunkten. Nur durch Orientierung kann für den Einzelnen die nötige Sicherheit entstehen, um sich in der Organisation aus innerer Überzeugung selbst zu entfalten. Employability kann Energien freisetzen, wenn den Menschen die Angst davor genommen wird. Denn das, wovor sie sich fürchten, ist in Wirklichkeit nie so schlimm wie in der eigenen Vorstellung. «Die Furcht, die man in seinem Inneren aufsteigen lässt, ist schlimmer als die Situation, die in Wirklichkeit existiert»,[53] meint Spencer Johnson in seiner Kurzgeschichte «Die Mäuse-Strategie». Das Buch hat einen enormen Erfolg, weil es anhand einer simplen Geschichte darstellt, wie sich Wandel auf den Einzelnen auswirkt und wie man mit ihm umgehen kann. Einfache Botschaften für ein komplexes Thema. Jeder fühlt sich angesprochen und entsprechend motiviert, aktiv an der Thematik teilzuhaben.

---

51 Bailom et al. = 2004 = 221.
52 Tichy & Cohen = 1997 = 22.
53 Johnson = 2004 = 59.

– *Positiv denken*

Effektive Manager denken chancenorientiert. Sie machen das Beste aus dem, was da ist, und hören auf, sich ständig darüber zu beklagen, was nicht funktioniert. Effektive Manager wälzen nicht Probleme, sie denken konstruktiv; sie sehen den Schwierigkeiten ins Auge, sie neigen weder zu Beschönigungen noch zu Verdrängung. Aber sie suchen stets nach Möglichkeiten und Chancen: «Was liegt selbst in diesem Problem für eine Chance?» Führungskräfte, welche Arbeitsmarktfitness fordern und fördern, denken auch positiv gegenüber Menschen. Sie zeigen Wertschätzung für ihre Mitarbeiter und ihre Beiträge. Jürgen Fuchs von der CSC Ploenzke hat dies treffend dargestellt. Nach ihm generieren moderne Manager «Wert-Schöpfung» durch «Wert-Schätzung».[54]

4.3 Maßnahmen des Managements zur Gestaltung von Employability

Mit welchen Maßnahmen im Management lässt sich nun Bewegungsfreundlichkeit konkret umsetzen? Wichtigster Einzelfaktor dafür, damit Menschen Verantwortung übernehmen und sich in Bewegung setzen, ist ein großer persönlicher Handlungsspielraum. Nur wenn Menschen überzeugt sind, Einfluss auf eine Situation ausüben zu können, werden sie tatsächlich aktiv. Wer hingegen Ohnmacht empfindet, weicht der Verantwortung aus. Er lebt in der Vorstellung, sowieso nichts ändern zu können, und geht Mühen wie Gefahren intuitiv aus dem Weg. Niemand hat die Abhängigkeit des Verantwortungsbewusstseins so scharfsinnig beschrieben wie der amerikanische Psychologe Stanley Milgram. Wenn jemand in einer Gruppe von Menschen arbeitet, welche suggeriert, jemand weiter oben in der Hierarchie trage die Verantwortung, dann wird er zu einem Geschöpf, das ohne eigene Moral nur noch an die Strafen denkt, die ihm bei Nichtgehorsam von der Obrigkeit drohen. Milgram selbst sah dieses Ergebnis seiner Forschungen pessimistisch, erkannte jedoch durchaus eine Chance: «Es kann sein, dass wir Marionetten unter der Kontrolle der Gesellschaft sind. Aber wenigstens sind wir Marionetten mit eigener Wahrnehmung. Und vielleicht ist dieses

---

54   Fuchs = 2004 = 120.

Bewusstsein der erste Schritt zu unserer Befreiung.»[55] Mit der Gesellschaft meint Milgram jede Organisation, in der Menschen arbeiten und leben. Immer wieder verführen solche Organisationen ihre Mitglieder dazu, das Gewissen zu vergessen, weil sie Strafen fürchten und sich damit beruhigen, dass alles «von oben abgesegnet» ist. Was lässt sich aus dieser Feststellung ableiten? Vor allem eine Erkenntnis: Wir müssen Situationen und Organisationen schaffen, in denen sich Verantwortung lohnt. Erst wenn die Rahmenbedingungen stimmen, übernehmen Menschen aus freien Stücken, ohne Zwang und Druck von oben, mehr Verantwortung. Erst wenn Menschen sehen, dass Verantwortung sich lohnt, werden sie bei der Ausübung der Verantwortung anstelle von Last Freude und Lust erleben. Dann wird die bekannte Formel vom «Tragen der Verantwortung» obsolet, weil man nur tragen kann, was ein Gewicht hat. Verantwortung als Lust hingegen erleichtert und beflügelt. Eine Krankenschwester, die ihren Patienten besonders sorgfältig pflegt, spürt seine Dankbarkeit – das Aufblitzen seiner Augen gibt ihr das Gefühl, gebraucht zu werden. Ein Vorarbeiter, der nach Dienstschluss seinen Arbeitsplatz blitzblank putzt und dafür am nächsten Morgen die Anerkennung des Meisters erhält, ist stolz. Ein Mitarbeiter im Außendienst, der eine Managementausbildung macht und einen Betrieb gründet, nimmt sein eigenes Leben in die Hand und bestimmt sein eigenes Schicksal. Jeden eigenen Euro, den er verdient, genießt er doppelt – er zeugt von seiner Leistungskraft. Lust auf Verantwortung ist das Gefühl, mit dem diese Menschen morgens aufwachen und das sie zu hoher Leistung antreibt.

Es geht also darum, bei den Menschen die Lust auf Verantwortung zu wecken. Nach unserer Erfahrung wirken sich folgende Maßnahmen förderlich zur Gestaltung eines Employability fordernden und fördernden Rahmens aus:[56]

1. Ethikkodex einführen

Moralische Leitlinien aufstellen, die klarmachen, was ethisch korrekt und was verwerflich ist. Jede Organisation kann solche Regeln selbst festlegen. Auch Unternehmen, welche im harten Wettbewerb bestehen müssen, können sich einen Ethikkodex gefahrlos leisten. Kunden kaufen gerne bei

---

55 Zitiert nach www.stanley-milgram.com.
56 Vgl. auch die Ausführungen von Keese = 2006 = 45 f.

ethisch sauberen Firmen ein und meiden Unternehmen, welche aus purem Gewinnstreben ihren Anstand vergessen.

2. Respekt und Achtung sicherstellen

Respekt und Achtung vor anderen Menschen zu einer Tugend im Unternehmen erheben, indem Verhalten, welches diesem Grundsatz widerspricht, ausnahmslos geahndet wird. Andere Menschen als gleichberechtigte Personen mit eigenen Rechten anerkennen und gewähren lassen.

3. Unsicherheit thematisieren

Zugeben, dass Sie als Führungskraft, dass niemand alles weiß. Erklären, dass Unsicherheit eine Konstante in einer sich wandelnden Welt ist, und Entscheide so zulassen, dass sich die Lösungsfindung an wandelnde Rahmenbedingungen anpassen kann.

4. Freiräume schaffen

Jedem einzelnen Handlungsfreiheit, Selbstbestimmung und weitreichende Kompetenzen einräumen, damit er tatsächlich etwas ändern kann. Sich selbst zurücknehmen und fünf grade sein lassen.

5. Wenig direkte Intervention

Möglichst wenig direkte Befehle erteilen und möglichst wenig Strafen verhängen, weil nur dann ein angstfreies, kooperatives Klima entstehen kann. Je klarer Verantwortung von Schuld oder Pflicht getrennt wird, desto bereitwilliger werden Menschen für sich und andere eintreten.[57] Das hat einen wichtigen Nebeneffekt: Es entsteht Sicherheit, wo vorher Unsicherheit herrschte. Man denke nur an ein Managementmeeting, wo die Meinungen um zwei Entscheidungsmöglichkeiten kreisen. Bei beiden Möglichkeiten gibt es Risiken. Alle diskutieren, keiner weiß etwas Genaues, der Entscheidungsfluss stoppt, jeder Schritt könnte ein Fehler sein. Jemand muss her, der die Verantwortung übernimmt. Wenn der Verantwortungsbewusste hinsteht und sagt: «Ich entscheide mich für die Option A und übernehme hierfür die Verantwortung», verschwindet die Unsicherheit. Alle anderen

---

57   Vgl. Keese = 2006 = 97.

fühlen sich nun entlastet, sie bekommen den Kopf frei für andere Dinge als für die Risikoabwägung. Das entfesselt beträchtliche Kräfte.

6. Klare Zuständigkeiten und Aufgaben schaffen

Zuständigkeiten und Aufgaben möglichst klar verteilen, sodass jeder genau weiß, wofür er verantwortlich ist. Das Abstecken eines eigenverantwortlichen Bereiches ist eines, das Ziehen der Grenzlinien ein anderes. Zum Schaffen eines Freiraums gehören Grenzen. Das Individuum muss somit auch sehen, wofür es *nicht* verantwortlich ist und womit es konsequenterweise auch nichts zu tun hat.

7. Partizipation verlangen

Jeden Beteiligten von Anfang an in Entscheidprozesse einbinden und darauf verzichten, über die Köpfe anderer Menschen hinweg zu handeln. Systematisch Nein sagen, falls Mitarbeiter von Ihnen einen Entscheid wollen, welcher eigentlich in deren Verantwortungssphäre gehört.

8. Mittel bereitstellen

Alle Mittel bereitstellen, die der Einzelne braucht, um seine Verantwortung einzulösen. Hierbei geht es nicht um eine maximal mögliche, sondern um eine *minimal notwendige* Ausstattung.

9. Eigenverantwortung anerkennen

Verantwortungsbewusstsein loben und anerkennen, auch wenn es im Einzelfall mit Eigenmächtigkeit und Kompetenzüberschreitung einhergehen mag.

10. Eigenverantwortung leben

Wenn mehrere Leute anwesend sind und keine Aufgaben verteilt sind, selbst handeln und nicht auf andere warten.

5. Konsequenzen von Employability für die Organisationsentwicklung

Eines vorweg: Die Einführung einer Personalpolitik, mit dem Ziel, die Employability der Mitarbeiter im Unternehmen zu erhöhen, ist ohne eine Unternehmenspolitik, in welcher die entsprechende Forderung und Förderung institutionell verankert ist, und ohne entsprechende Organisationsentwicklung nicht möglich. Einzelne, spontane Maßnahmen und der Einsatz entsprechender Instrumente alleine machen aus einem Unternehmen noch keinen Employability-orientierten Arbeitgeber. Wenn sich die Prinzipien der Arbeitsmarktfähigkeit nicht in der Organisationsstruktur und den Prozessen abbilden lassen, so ist das Konzept zum Scheitern verurteilt. Die Organisationsentwicklung bildet die Brücke zwischen dem Management und den Human Resources für eine erfolgreiche Umsetzung des Prinzips Employability. Wir möchten im folgenden Abschnitt die Einflüsse von Employability auf die Organisationsentwicklung untersuchen. Wir werden erkennen, wie sich die Organisation vom verplanten zum lernenden, visionsorientierten Unternehmen entwickeln kann und somit der Nährboden für die Entwicklung für Employability geschaffen werden kann.

5.1 Fluss und Transformation

Das Zusammenspiel sämtlicher Kompetenzfelder bildet die Arbeitsfähigkeit eines Individuums. Es zeigt auf, dass die Arbeit selbst, die Gemeinschaft der Arbeitenden und das Arbeitsumfeld einen signifikanten Einfluss haben auf die Frage, wie gut oder wie schlecht ein Mitarbeiter seine Ressourcen einsetzen kann. Nur wenn Arbeitsinhalte, das Team und die Arbeitsumgebung passende Voraussetzungen bieten, ist die Entwicklung von Arbeitsmarktfähigkeit überhaupt erst möglich. Umgekehrt können gute Arbeits- und Personalorganisation nicht den vollen Ausgleich schaffen, wenn die Ressourcen der einzelnen Mitarbeiter eingeschränkt sind.

Ein Unternehmen, welches Employability umsetzen will, muss die ihr zugrunde liegenden Prinzipien folglich in der Organisation abbilden. Menschen können sich nicht einbringen, wenn sie permanent an Grenzen stoßen. Insofern müssen die Systemgrenzen durchlässiger werden. Im Idealfall wird eine Organisation, welche sich – um die Typologie von Morgan zu benutzen – als *Fluss und Transformation* verstanden.[58] Dieser Sichtweise

---

58   Vgl. Morgan = 1986 = 19 ff.

stehen naturwissenschaftliche Ungleichgewichtssysteme Pate. Organisationen werden als selbstreproduzierende Systeme, als Wirkungsgefüge von Kreisläufen erfasst. Dynamik und Wandel werden zum bestimmenden Merkmal von Organisationen. Also nicht ein instrumentaler Ansatz, in dem das Unternehmen eine Organisation *hat*, sondern ein funktionaler Ansatz, indem das Unternehmen organisiert *wird*.[59] Diese Unterscheidung ist wichtig. Beim instrumentalen Ansatz wird die Organisation als ein künstliches System verstanden, worin sich eine ideale Mischung von Führungsregeln aufstellen lässt. Menschen erhalten durch die Organisation Regeln. Beim funktionalen Ansatz hingegen wird die Organisation verstanden als Ordnungsmuster zur Bewältigung von Komplexität. Aus funktionaler Sicht wirken in diesen Organisationen Kräfte wie Flexibilität, Veränderung und Kreativität.[60] Menschen schaffen sich durch die Organisation selbstständig Verhaltensregeln.

Aus organisationstheoretischer Sicht ist ein Unternehmen, welches Employability fördert, eine *entwicklungsfähige Organisation*[61] mit folgenden Dimensionen:

– *Sozioorientierung*

Arbeitsanwendungen sind durch Normen und Gewohnheiten auf ein Minimum reduziert. Die Organisation wird auf die Person, den Mitarbeiter, ausgerichtet.

– *Zeitstruktur*

Strukturen und Prozesse bestehen nur *auf Zeit*. Sie unterliegen einem schnellen Wandel und müssen laufend überdacht und angepasst werden. Organisatorische Regelungen werden zeitlich befristet. Sie gelten nur bis zu einem festgelegten Zeitpunkt, etwa bis zur Erreichung eines Ziels. Zuständigkeiten werden Mitarbeitern zur Erledigung eines zeitlich begrenzten Auftrags oder Projekts zugewiesen. Nach dessen Erledigung erlöschen der Auftrag und die damit verbundene Autoritätszuweisung. Durch die zeitliche Befristung von Organisationsstrukturen ergibt sich automatisch ein fortlaufender Anpassungsprozess der Strukturen an sich wandelnde Bedingungen. Die Organi-

---

59 Vgl. Gomez und Zimmermann = 1992.
60 Vgl. Probst = 1987.
61 Vgl. Gomez und Zimmermann = 1992 = 138 ff., Keese = 2006 = 50 ff.

sation befindet sich in einem ständigen Fließgewicht. Arbeitsmarktforscher erwarten, dass diese Art der Zusammenarbeit in Zukunft an Bedeutung gewinnen wird.[62] Der Anteil der langfristigen an das Unternehmen gebundenen Stammbelegschaft wird zugunsten von Randbelegschaften zurückgehen. Stellvertretend dafür stehen befristete Anstellungsverhältnisse, Projektaufträge, Teilzeit- und Telearbeit. Mitarbeiter werden künftig in Teams ad hoc in zeitlich befristeten Projekten zusammenarbeiten. Die Networking Society wird die Vollzeiterwerbsgesellschaft ablösen. Das Stichwort «Selbstunternehmer» wird in diesem Zusammenhang häufiger fallen.

– Netze

Die Netzorganisation ist «horizontal prozessorientiert, der Entscheidungsweg von oben nach unten kurz, ebenso der Informationsweg von unten nach oben».[63] Aktionen finden oft improvisiert statt, eine langfristige Planung mit einer Vielzahl von Instrumenten wird nicht erwünscht.

– Eigengestaltung

Die Organisationsentwicklung wird partizipativ von den beteiligten Mitarbeitern getragen. Den einzelnen Teams wird eine strukturelle Teilautonomie zugestanden. Die Organisationseinheiten sind in ihrer Aufgabenerledigung relativ unabhängig und könnten grundsätzlich allein lebensfähig sein. Die Organisationsentwicklung erfolgt im Wesentlichen bottom-up.

– Überschaubare Einheiten

Ein wichtiger Faktor, welcher die Übernahme von Verantwortung durch ein Individuum bremsen kann, ist die Gruppengröße. Je größer eine Gruppe ist, desto geringer fällt die Neigung aus, Verantwortung zu übernehmen. Wissenschaftliche Erkenntnisse aus Gehirnforschung, Soziologie und Psychologie zeigen, dass es unverrückbare Obergrenzen für die Größe verantwortungsbewusster Gruppen gibt.[64] Zahlreiche Studien haben belegt, dass sich Menschen maximal 150 Kollegen mit Namen merken können, mit denen sie regelmäßig in Interaktion treten und vertrauliche Beziehungen

---

62   Vgl. Fischer = 2006 = 86.
63   Gomez und Zimmermann = 1992 = 93.
64   Vgl. Keese = 2006 = 51.

aufbauen.[65] Vertrauen ist die Basis für die Übernahme von Verantwortung. Insofern besteht eine Organisation, welche die Verantwortungsübernahme ihrer Mitglieder fördert, aus überschaubaren Einheiten.

Eine Organisationsform, welche diesen Ansprüchen genügt, ist die *Cluster-Organisation*.[66] Nach Mills ist ein Cluster «eine Gruppe von Menschen aus unterschiedlichen Disziplinen, welche auf einer befristeten Basis miteinander arbeiten. Der Cluster beinhaltet selbst viele administrativen Funktionen und regelt diese allein, sozusagen losgelöst von extensiven Management-Hierarchien. Ein Cluster bildet eigenes Expertenwissen, zeichnet sich durch starke Kundenorientierung aus, fällt zielstrebig wirkungsvolle Entscheide, teilt Informationen unter den Mitgliedern und akzeptiert, für die Resultate in die Verantwortung genommen zu werden.»[67] Die Cluster-Organisation besticht durch ihre scheinbare Strukturlosigkeit. Im Mittelpunkt des Konzepts stehen Cluster, Gruppen von 30 bis 50 Personen. Im Inneren des Clusters gibt es keine formale Hierarchie, die Stellung der Mitarbeiter bemisst sich nach ihrem jeweiligen Fachwissen und dem konkreten Beitrag eines Teammitglieds. Da Cluster multidisziplinär zusammengesetzt sind, wechselt die Führungskompetenz innerhalb des Clusters von Projekt zu Projekt. In der Arbeitsteilung sind die Cluster völlig frei. Maßnahmen wie etwa Job-Rotation dienen der Vermeidung von Monotonie am Arbeitsplatz und der Erhöhung der fachlichen Kompetenz.

Eine Eigenheit von Cluster-Organisationen sind die *support groups* oder Expertengruppen. Das einzelne Mitglied eines Clusters kann sich an sie wenden, um dort Rat und Unterstützung für die eigene Tätigkeit zu erhalten, aber auch um Kritik zu üben. Die Expertengruppen setzen sich aus *Paten* des Mitarbeiters zusammen, also persönlichen Förderern, internen Benutzern seiner Leistung, eventuell sogar aus externen Kunden. Die Expertengruppen sind informal, bilden keine zusätzliche Hierarchieebene und dienen der Verbesserung der Effizienz und Effektivität der Arbeit. Die folgende Abbildung stellt die Cluster-Organisation im Überblick dar.

---

65   Ausführliche Daten und Studien hierzu in Gladwell = 2000.

66   Vgl. Mills = 1991.

67   Mills = 1991 = 29 f.

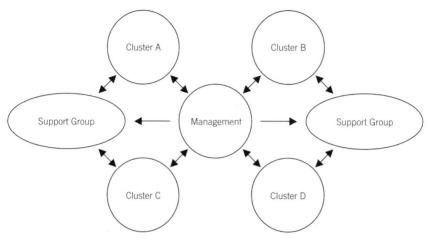

Abbildung 5-I: Skizze einer Cluster-Organisation (Gomez und Zimmermann = 1992 = 189)

Eine Cluster-Organisation lässt Ungleichgewicht zu, ermöglicht ihren Mitarbeitern kontinuierliches Lernen, den Umgang mit Unsicherheit und nimmt ihnen die Angst vor dem Ungewissen.[68] Eine Cluster-Organisation ist für die Entwicklung von Employability fördernd, da sie die Gleichwertigkeit der Systempartner respektiert.

Sie zeichnet sich durch folgende Eigenheiten aus:[69]

- die Gleichwertigkeit von informeller und formeller Struktur;
- delegierte Entscheidungsbefugnisse, Verantwortlichkeiten und Handlungsspielräume;
- Prozesslernen;
- kurze und effiziente Informationskanäle und Entscheidungswege,
- die richtige Entwicklungsgeschwindigkeit.

- *Gleichwertigkeit von informeller und formaler Struktur*

Zur Förderung von Employability muss es Mitarbeitern und Führungskräften möglich sein, über die Grenzen des eigenen Fachbereichs und der Abteilung hinaus tätig zu werden. Dazu gehört auch die bewusste Förderung bereichsübergreifender Projektarbeiten und Kommunikationswege.

---

68   Vgl. Morgan = 1986 = 19 ff.
69   In Anlehnung an Rump und Eilers = 2006 = 45 ff., wobei sich deren Ausführungen generell nicht spezifisch auf die Cluster-Organisation beziehen.

Die informelle Struktur ist somit mit der formalen Struktur gleichzusetzen. Auch wenn es von Führungskräften oft nicht gerne gesehen wird: Die Gleichwertigkeit von informeller und formaler Struktur ist eine Tatsache. Das operative Geschäft wird fast ausschließlich darüber abgewickelt. Wie wäre es, wenn die Realität in der Struktur abgebildet würde? Ein interessanter Ansatz, der vielerorts noch nicht umgesetzt wird.

– *Delegierte Entscheidungsbefugnisse, Verantwortlichkeiten und Handlungsspielräume*

Eine Employability unterstützende Organisationsstruktur ist durch einen hohen Autonomiegrad und große Handlungsspielräume für die Mitarbeiter gekennzeichnet. Die Verantwortung für die Aufgabe und das Ergebnis werden auf die Mitarbeiter übertragen. Die Delegation der Entscheidungsbefugnis und Verantwortung bedingt eine Verflachung der Hierarchie. Ob die Verantwortung und die Befugnisse von den Beschäftigten angenommen werden, hängt entscheidend vom Entwicklungsstand der Unternehmenskultur ab. In einer Atmosphäre, in der die Mitarbeiter Angst haben, wegen Fehlern gemaßregelt zu werden, schöpfen sie den Handlungsspielraum nicht aus. In einer Kultur hingegen, in der die Diskussion um Leistungsfähigkeit und Verbesserungsmöglichkeiten ebenso verankert ist wie die Bereitschaft, Anregungen von Mitarbeitern aufzugreifen, getraut sich die Belegschaft, Fehler zu machen, auf deren Basis sie wiederum lernen kann.

– *Prozesslernen*

An Arbeitsplätzen, die durch ein hohes Maß an Entscheidungsbefugnis, Verantwortlichkeiten und Handlungsspielräumen geprägt sind, entwickeln sich Lernwelten, in denen der Einzelne Employability entfalten und weiterentwickeln kann. Abwechslungsreichtum und Herausforderungen in der Arbeit sorgen für ein lernanregendes Umfeld, in welchem wechselnde Aufgaben, geeignete Formen der Gruppenarbeit, Kooperationsmöglichkeiten mit Mitarbeitern aus vor- und nachgelagerten Produktionsstufen, mit Kunden oder Zulieferanten einseitigen Routinen und Spezialisierungen entgegenwirken und das Mitdenken fordern und fördern. Nun ist es eines, Lernwelten zu ermöglichen. Daraus die nötigen Schlüsse für die Organisationsentwicklung zu ziehen, ist jedoch mindestens so wichtig. Die Entwicklung lernfördernder Führungs- und Organisationsstrukturen,[70] in denen die Diskussion um Leistungsfähigkeit und Verbesserungsmöglichkeiten ebenso zur Unternehmenskultur gehört wie die Bereitschaft, Anregungen von Mitarbeitern aufzugreifen, ist ein entscheidendes Element zur Förderung von Employability im Unternehmen. Im Sinne einer lernenden Organisation wird die Fähigkeit des Lernens zu lernen so zu einem zentralen Erfolgskriterium für ein Unternehmen, welches Employability fördert. Durch diese Fähigkeit der Reflexion können mögliche Konflikte antizipiert, in ihren Folgen bewertet und für interne Korrekturen ausgewertet werden. «Prozesslernen ist die Einsicht über den Ablauf der Lernprozesse, in dem Lernen zu lernen der zentrale Bezugspunkt ist.»[71] Erst die Erkenntnis der Systemzusammenhänge und der Situationsbetrachtung ermöglicht die Transformation des Unternehmens.

– *Kurze und effiziente Informationskanäle und Entscheidungswege*

Als weiteres Kriterium eines nach den Prinzipien der Employability agierenden Unternehmens gelten kurze, gut funktionierende Informations- und Entscheidungswege. Eigenverantwortliches Handeln im Sinne der Unternehmensvision ist nur möglich, wenn die relevanten Informationen anspruchsgruppengerecht verfügbar sind und Entscheidungsprozesse nicht unnötig verzögert werden. Kurze Informations- und Entscheidwege lassen sich idealerweise in flachen Hierarchien mit überwiegend dezentralen Strukturen umsetzen. Diese Strukturen sollten durchlässig und flexibel sein, was wiederum eine Reduktion der Schnittstellen auf das Wesentliche mit sich bringt. Kurze Wege um jeden Preis bergen jedoch die Gefahr, informellen Prozessen und dem sozialen Geflecht den Raum zu nehmen, der für ein vertrauensvolles und offenes Miteinander unerlässlich ist. Hier gilt es, die richtige Balance zu finden und durch transparente Abläufe und Job-Designs Glaubwürdigkeit zu schaffen.

– *Die richtige Entwicklungsgeschwindigkeit*

Entwicklung kann auch zu schnell gehen. Organisationen, welche Employability fordern und fördern, bauen den Faktor Zeit bewusst in ihre Unternehmensentwicklung ein. Sie haben gelernt, dass Veränderungen Zeit brau-

---

70   Vgl. Wolff et al. = 2001 = 26 f.
71   Probst & Büchel = 1994 = 39.

chen, und sind sich bewusst, dass es keinen Sinn macht, sich zu ambitiöse Ziele zu setzen. Damit Bewegungskompetenz entsteht, müssen Menschen in der Lage sein, Fehler zu machen und daraus zu lernen. Sie müssen erfahren, was es bedeutet, Freiräume in der Arbeit zu nutzen und Räume auszufüllen. Dies funktioniert nicht, wenn Wandlungsprozesse im Halbjahrestakt verordnet werden. Organisationsentwicklung nach den Kriterien der Employability *entschleunigt* bewusst. Hilfreich für zielgerichtete Entschleunigung hat sich der bewusste Einbezug älterer Mitarbeiter in Entscheidungsprozesse erwiesen. Sie haben in ihrem Leben erfahren, dass Entwicklung nicht nur linear ist, sondern durchaus auch mit Rückschritten verbunden sein kann. Ihre Erfahrung ist enorm wichtig, wenn es darum geht, Wichtiges von Unwichtigem zu trennen und Entwicklung effektiv werden zu lassen.

5.2   Organisationsgrundsätze für Employability

Welches sind nun die konkreten Grundsätze für die Gestaltung einer Organisation nach den Prinzipien der Employability? Die Organisationsentwicklung aus strategischer Sicht konzentriert sich auf die Frage, welche Rahmenbedingungen in der Organisation dazu beitragen, Bewegungsfreundlichkeit bei der Belegschaft zu fördern. Bewegungsfreundlichkeit kommt dann zustande, wenn sie den Menschen eine lebensbegleitende Kompetenzentwicklung erlaubt.[72]

Betrachtet man vertikale Karrieremodelle vor dem Hintergrund der Employability, so zeigt sich, dass sie nicht der Förderung der Arbeitsmarktfähigkeit dienen, sondern diese eher einschränken. Ein klassischer Karrierepfad, der von der Gruppenleitung über die Abteilungsverantwortung schließlich in die Geschäftsleitung führt, lässt dem Einzelnen wenig Raum für den Blick über den Tellerrand hinaus. Hierarchie entmündigt. Sie steht im Gegensatz zu den Prinzipien selbstverantwortlicher Mitarbeiter.[73] Ein wichtiges Element scheint deshalb die Abkehr von ausschließlicher Hierarchieorientierung von Karrieren zu sein. Employability entfaltet sich dann am besten in Unternehmen, wenn neben klassischen Linienkarrieren auch horizontale oder alternative Karrieremuster nicht nur ermöglicht, sondern

---

72   Vgl. Wolff et al. = 2001 = 26 ff.
73   Zum Employability-gerechten Management vgl. Kap. 4.

auch ausdrücklich erwünscht sind. Hierzu bietet sich eine konsequente Umsetzung von drei gleichberechtigten Karrierewegen an:[74]

Fachkarriere	Führungskarriere	Projektkarriere
– Hoher Anteil an fachlichen Themen	– Aufgaben mit Führungsverantwortung und Entscheidungsbefugnis angesiedelt oberhalb der ausführenden Mitarbeiterebene	– Übernahme komplexer und interdisziplinärer Aufgabenstellungen in zeitlich befristeten Projekten
– Geringer Umfang an Personalführungs- und Verwaltungsaufgaben	– Geringer Umfang an Personalführungs- und Verwaltungsaufgaben	– Stufenweise Übertragung von Fach- und Führungsaufgaben
– Weiterentwicklung über Fachaufgabe	– Weiterentwicklung über Qualifikations- und Leistungsvorgaben	– Weiterentwicklung sowohl vertikal als auch horizontal möglich
– Karriereschritte beruhen auf nachgewiesener Kompetenz und äußern sich in erweiterten Handlungsspielräumen und Übernahme steigender Fachkompetenz	– Karriereschritte beruhen auf Zunahme von Autorität und Verantwortung	

In der Praxis allerdings sind alternative Karriereformen noch nicht wirklich verbreitet. Dabei würden gerade vor dem Hintergrund der demografischen Entwicklung die systematische Planung und Eingliederung horizontaler Laufbahnen wesentlich dazu beitragen, ältere Mitarbeiter ohne Statusverlust im Unternehmen zu behalten. Doch auch altersunabhängig entsprechen individualisierte Karrieremuster einem Bedürfnis. Wenn es jemandem ermöglicht wird, gemäß seiner Veranlagung und Begabung die von ihm gewünschte Karriere zu machen, entsteht eher ein gleichwertiger Vertrag als mit einer Person, welche in einer Führungsposition verharren muss, obwohl sie eigentlich viel lieber Projektarbeit verrichten würde. Dies bedingt kontinuierliche Laufbahnplanung, welche ihrerseits wiederum nur möglich ist, falls systematisch alternative Karrieremuster im Unternehmen nicht nur angeboten, sondern als solche akzeptiert und honoriert werden.[75] Ein erster Grundsatz für die Gestaltung einer Organisation nach den Kriterien der Employability ist somit:

---

74 Vgl. Friedli = 2002 = 29 f.
75 Zur Frage der Honorierung nach den Prinzipien der Employability vgl. Kapitel 6.3.

Alternative Karriereformen

Unternehmen, welche Employability systematisch fördern, garantieren die Gleichwertigkeit alternativer Karrieren für sämtliche Mitarbeiter.

Wichtig bei der Einführung alternativer Karrieremodelle im Unternehmen haben sich drei Elemente erwiesen:[76]

– ein eindeutiges Commitment der Unternehmensleitung zur Gleichwertigkeit aller Karrierepfade sowie deren Integration in das Geschäftsmodell;
– eine gezielte Förderung von Mitarbeitern im Sinne ihrer Qualifikation für Fach-, Führungs- und Projektkarrieren;
– ein Vergütungs- und Anreizsystem in einer Unternehmenskultur, die Projekterfolge und fachliche Kompetenz ebenso honorieren wie eine definierte Führungsspanne.

Neben alternativen Karriere*formen* spielt für eine Employability-gerechte Organisation auch deren *Inhalt* eine große Rolle. Entscheidend für die Förderung der Arbeitsmarktfähigkeit hat sich die *rechtzeitige Vermengung von Tätigkeiten,* also die Kombination unterschiedlicher Aufgaben und Funktionen im Zeitverlauf, erwiesen. Gegen diesen Grundsatz wird in der Praxis am häufigsten verstoßen. Personen werden jahrelang in Tätigkeiten belassen, welche sich voraussehbar als Sackgassen erweisen. Es ist schwierig, Menschen für Veränderungen zu gewinnen, die sich lange ausschließlich einer Tätigkeit oder einer Stelle gewidmet haben. Dennoch bringen nur wenige Unternehmen das Phänomen der rechtzeitigen Vermengung von Tätigkeiten mit der Innovationsfähigkeit ihrer Mitarbeiter in Verbindung. Beide sind jedoch eng miteinander verflochten. Innovationsfähig können Mitarbeiter nur bleiben, wenn sie ihre sich wandelnden Qualifikationsprofile möglichst umfassend erfassen und nutzen können. Dies setzt jedoch die Beobachtung von Qualifikationsveränderungen im Zeitverlauf voraus. Dabei geht es nicht darum, sich auf einmal eingereichte Zeugnisse und Bewerbungsunterlagen abzustützen. Vielmehr interessiert die aktuelle und zukünftige Leistungsfähigkeit der Mitarbeiter. Dies erfordert jedoch eine Aufbereitung und Weiterführung der Personalunterlagen

---

76   Vgl. Rump & Eilers = 2006 = 54.

nicht nur nach formalen Kriterien, wie der Art der Tätigkeit, des Status, Verantwortung, Ausbildung und Alter, sondern auch unter Aspekten, die Risiken durch einseitige Tätigkeiten oder Spezialisierungen sowie durch nicht benötigte oder veraltete Qualifikationen erkennen lassen. Gefährlich aus dieser Optik sind Spezialisierungen in veraltendes Wissen. Investitionen in Spezialisierungen wirken wie ein Mangel an Weiterentwicklung, wenn sie in Wissen erfolgen, dessen Lebensdauer beschränkt ist. Typisch hierfür sind Systemspezialisten für bestimmte EDV-Programme. Sie werden als Spezialisten gefördert und anerkannt. Wird nun das System ersetzt, falls etwa z.B. eine Umstellung von Oracle zu SAP erfolgt, wird das Wissen des Systemspezialisten entwertet. Die rechtzeitige Vermengung von Tätigkeiten erleichtert den Umgang mit begrenzter Tätigkeitsdauer, weil Mischungsverhältnisse von Tätigkeiten sich leichter ändern lassen als abrupte Wechsel. Ein Montagearbeiter, der gleichzeitig in der Administration bewandert ist, wird es einfacher haben, eine neue Herausforderung anzunehmen, wenn sein Montagejob wegfällt, als jemand, der nur einseitig spezialisiert ist. Als weiterer Grundsatz für eine Organisation, welche Employability lebt, lässt sich somit ableiten:

> **Rechtzeitige Vermengung von Tätigkeiten**
> Ein Unternehmen, welches Employability fördert und fordert, schreibt die systematische inhaltliche Anreicherung von Aufgaben (Job-Enrichment) und den regelmäßigen Wechsel von Tätigkeiten (Job-Rotation) für sämtliche Mitarbeiter vor.

Ein weiteres Phänomen, welches uns in der Praxis regelmäßig begegnet und welches sich auf Employability limitierend auswirkt, ist die beschränkte Tätigkeitsdauer. Es ist in fast allen Branchen und Unternehmen anzutreffen. Das Prinzip der *beschränkten Tätigkeitsdauer* besagt, dass mit zunehmender Dauer einer Tätigkeit deren Routinecharakter zunimmt und somit die Bereitschaft, weiterhin zu lernen, sinkt. Verschiedene wissenschaftliche Untersuchungen haben bestätigt, dass die Arbeitsmarktfähigkeit sowohl nach einer gewissen Anzahl Jahre in zweierlei Hinsicht abnimmt: Zum einen erweist es sich offensichtlich als kontraproduktiv, zu lange in der selben Funktion zu verbleiben. Zum anderen wird die Arbeitsmarktfitness auch durch eine lange Firmenzugehörigkeit eingeschränkt.[77] Arbeitnehmer

---

77   Vgl. Rossier = 2005.

verlieren im Laufe der Zeit ihre Leistungsfähigkeit, wenn sie ihre Fähigkeiten und Qualifikationen nur einseitig für bestimmte Tätigkeiten nutzen können. Einseitige Beanspruchungen am Arbeitsplatz können sich darüber hinaus zu physiologischen und psychologischen Belastungen kumulieren, welche sich wiederum im Verlust der Leistungsfähigkeit niederschlagen. Die Folgen sind weitreichend: Eine geringe Beteiligung an betrieblichen Weiterbildungsmaßnahmen, das Veralten der beruflichen Qualifikationen, Lernentwöhnung, sinkende Flexibilität und Innovationsfähigkeit.

Wir schlagen deshalb vor, die Verweildauer an sämtlichen Positionen im Unternehmen systematisch zu beschränken. Als Faustregel kann gelten: Mit steigender Verantwortung kann die Verweildauer erhöht werden, sie sollte jedoch auf keinen Fall sieben Jahre überschreiten. Wir betrachten dies als einen weiteren, wesentlichen Grundsatz für eine Organisation, welche Employability fordert und fördert:

Prinzip der beschränkten Verweildauer

Ein Unternehmen, welches Employability fördert und fordert, schränkt die Tätigkeitsdauer seiner Mitarbeiter je nach Verantwortungsbereich systematisch ein.

Die systematische Verknüpfung von Fach-, Führungs- und Projektkarrieren mit den Prinzipien der rechtzeitigen Vermengung der Tätigkeiten und der beschränkten Verweildauer bedingt die *Verknüpfung des Personalmanagements mit Innovationsmanagement*. Nach den Grundregeln von Employability wird die Rolle des Personalmanagements nicht als administrative Unterstützung, sondern als strategischer Partner und Berater für Management, Linie und Mitarbeiter verstanden. Unternehmen, welche Employability ernst nehmen, stellen sicher, dass Vertreter des Personalmanagements so früh als möglich in die Entscheidungsfindung zur Schaffung neuer Stellen, aber auch von Produkten und Dienstleistungen einbezogen werden. Dieser Gedanke ist vielen Unternehmen neu. Er ist jedoch zur Gestaltung eines Unternehmens nach den Prinzipien der Employability unumgänglich. Wie sollen Mitarbeiter Verantwortung übernehmen, wenn ihnen Aufgaben erst in dem Moment übertragen werden, wenn es nurmehr um deren Ausführung geht? Die Mitarbeiter müssen näher an den Ursprung des Geschehens. Erinnern wir uns an Abbildung 2-II. Der Prozess, wie eine Stelle entsteht, lässt sich auch für die Entwicklung von Produkten und Dienstleistungen anwenden. Auch hier steht am Anfang ein Bedürfnis oder ein Problem, das gelöst werden muss. Daraufhin erfolgt die interne Suche nach geeigneten Mitarbeitern. Warum sollen die Betroffenen nicht selbst entsprechende Prozesse in Gang setzen? Warum sollen Bedürfniserkennung und Problemerfassung nicht direkt bei Fach- oder Projektspezialisten erfolgen? Die Übernahme von Verantwortung beginnt bereits hier. Mitarbeiter sollen dazu angehalten werden, für gesamte Prozesse Verantwortung zu übernehmen, damit sie sich der Tragweite ihrer Entscheide und Aktivitäten bewusst werden. Sie müssen – gemäß den Kompetenzen, welche für Employability maßgeblich sind – antizipieren lernen. So kommen Entwicklung und Innovation zustande. Gerade bei älteren Mitarbeitern erweist sich dieser Grundsatz als besonders wichtig. Die Entwicklung neuer Marktfelder, in denen älter werdende Mitarbeiter ihr betriebsintern gewachsenes Know-how zum Vorteil des Unternehmens nutzen können, bedingt, dass ältere Mitarbeiter systematisch in Clustern überbetrieblicher Kooperationen und Innovationsnetzwerke eingebaut werden. So kann ein hohes Niveau and Lern- und Innovationsbereitschaft auch mit alternden Belegschaften erreicht werden. Ganz nebenbei fördert dieses Vorgehen auch das Bewusstsein für alternative Karrieren, indem durch Inhalte und Herausforderungen die Innovationsbereitschaft der Belegschaft gesteigert wird, unabhängig von Statussymbolen und Macht.[78] Somit lässt sich ein vierter Grundsatz für die Organisationsentwicklung nach den Prinzipien der Employability festhalten:

Personalmanagement als Querschnittfunktion

Unternehmen, welche das Prinzip Employability einführen wollen, betrachten das Personalmanagement als Querschnittfunktion, welche möglichst früh in Entscheidungsprozesse zur Entwicklung von Stellen, Produkten oder Dienstleistungen mit einbezogen werden sollte.

Ein weiterer Gesichtspunkt für Arbeitsmodelle, welche Employability-fördernd wirken, betrifft die aktive Gestaltung von Laufbahnen. Laufbahnen müssen so gestaltet sein, dass sie die Arbeitsmarktfähigkeit ihrer Träger jederzeit sicherstellen. Innovationsfördernde Personalentwicklung sollte alles vermeiden, was zu beruflichen Sackgassen führt und die Chancengleichheit im Betrieb verhindert. Aus diesem Grund ist auch die spezifische

---

78   Vgl. Nefiodow = 1999 = 37.

Schaffung von eigenen Arbeitsplätzen zur Förderung älterer Mitarbeiter wenig geeignet. Beobachtungen in der Praxis lassen den Schluss zu: Alle Maßnahmen, die ältere Mitarbeiter als Problemgruppe identifizieren, stigmatisieren diese.[79] Hinter solchen Überlegungen steht implizit das traditionelle Defizitmodell: Ältere Menschen bedürfen der Schonung, weil ihre Leistungsfähigkeit mit zunehmendem Alter sinkt. Unbeachtet bleibt, dass sich Leistungspotenziale mit zunehmendem Alter teilweise im Verborgenen entwickeln, die es zum Vorteil des Unternehmens zu nutzen gilt. Bei einer Entkoppelung von Erfahrungswissen vom Firmengeschehen kann dieses schlecht weiterhin genutzt werden.

Die Laufbahngestaltung wird dadurch zu einem unverzichtbaren Bestandteil jeder vorausschauenden Personalpolitik. Laufbahngestaltung verbessert – wegen der Mischung von Tätigkeiten – nicht nur die Beschäftigungschance im jeweiligen Betrieb, sondern darüber hinaus auch beim Betriebswechsel. Die traditionelle Laufbahnplanung, in welcher die Unternehmen bislang die hauptsächliche Verantwortung trugen, verliert in diesem Zusammenhang an Bedeutung. Sie wird in Zukunft ersetzt werden durch *Entwicklungsberatung*, welche zwar vom Personalmanagement angeboten wird, deren Verantwortung jedoch vermehrt beim Mitarbeiter selbst liegt. Das Personalmanagement wird zunehmend zum Berater für Potenzialentwicklung, welche bei den Mitarbeitern Eigenverantwortung fördert und diese für arbeitsmarktgerechte Eigenentwicklung sensibilisiert. Im Laufe unserer Beratertätigkeit haben wir immer wieder festgestellt, dass diejenigen Menschen die interessantesten neuen Berufschancen wahrnehmen konnten, die ihre Verantwortung für die eigene Erwerbsbiografie ernst nahmen. Bei ihnen lässt sich ein Trend erkennen: Sie streben bei einer beruflichen Neuorientierung immer erst nach einer Erweiterung ihrer horizontalen Handlungsoptionen statt auf einen raschen hierarchischen Aufstieg. Ein Unternehmen, welches Employability fordert und fördert, trägt dieser Tatsache aktiv Rechnung. Eine faire Entwicklungsberatung macht an der Unternehmensgrenze nicht Halt. Sie zeigt den Mitarbeitern persönliche und ganzheitliche Entwicklungspotenziale auch außerhalb des eigenen Unternehmens auf. Sie erklärt den Mitarbeitern die Bedeutung einer Kombination von Erfahrung und gezielter Weiterbildung am Markt.

---

79   Kres = 2006.

Welches Interesse haben Unternehmen, ihre Mitarbeiter für den externen Markt fit zu machen? Der liegt nicht nur in der optimierten Ausschöpfung der verfügbaren Humanressourcen. Der Nutzen liegt vielmehr im Image als ehrlichem und fairem Arbeitgeber, einem Image, das wiederum entsprechend motivierte Leute auf dem Arbeitsmarkt anzieht. Der Nutzen für die Mitarbeiter selbst ist offensichtlich: Er besteht in flexibleren Entwicklungsmöglichkeiten, je nach individueller Bedürfnislage, und somit in einer höheren Employability.

Fallbeispiel: Persönliche Entwicklungsplanung und Laufbahngestaltung

In einem Automobilunternehmen wurde eine Betriebsvereinbarung mit dem Titel «Persönliche Entwicklungsplanung – qualifizierte Personalbewertung» abgeschlossen. Darin ist die Leitlinie festgeschrieben, dass «jede/r Werksangehörige die grundsätzliche Möglichkeit eines qualifikationsgerechten, leistungsgerechten und altersadäquaten Einsatzes innerhalb der Fabrik bekommen» soll.

Dazu führen die betrieblichen Vorgesetzten einmal im Jahr ein persönliches Beratungsgespräch mit ihren Mitarbeitern durch. Aufgrund der bisherigen Qualifikation und Einsatzbreite, des Alters und der persönlichen Wünsche wird gemeinsam ein persönlicher Entwicklungsplan aufgestellt, der die individuellen beruflichen Entwicklungsmöglichkeiten und Aufstiegschancen aufzeigt. In der Betriebsvereinbarung wird zugleich berücksichtigt, dass innerbetriebliche Versetzungen und Positionswechsel an eine entsprechende Qualifizierung gebunden sind. Im Sinne einer langfristig angelegten vorausschauenden Personalpolitik werden deshalb die Weiterbildungsmöglichkeiten und -angebote für die einzelnen Werksangehörigen im Entwicklungsplan festgehalten.

Um altersgerechte Laufbahnen zu ermöglichen, wurden neue Karrieremuster gestaltet. Positionswechsel etwa sind für Beschäftigte vorgesehen, welche unter Belastungs- und Qualifizierungsgesichtspunkten als sinnvoll erscheinen. So wurden etwa für erfahrene Arbeitskräfte aus der Produktion gezielt neue Einsatzmöglichkeiten im Rahmen der Produktionsvorbereitung und Prototypenfertigung für ein neues Automodell geschaffen. Dabei handelt es sich um qualifizierte Arbeitsaufgaben, die periodisch zu Zeiten von Modellwechseln entstehen und die sich auf einen Zeitraum von bis zu eineinhalb Jahren erstrecken. Im Anschluss arbeiten die Betreffenden in der umstrukturierten Fertigung – aufgrund ihrer erworbenen Kenntnisse zu vorher allerdings auf einem höheren Qualifikationsniveau. Zugleich sind sie diejenigen, welche ihr Wissen beim Serienlauf an die Kollegen weiterleiten.

Die Karrieremuster in diesem Automobilunternehmen sichern die Arbeitsmarktfähigkeit ihrer Mitarbeiter in mehrfacher Hinsicht:

– *Kontinuierliche Qualifizierung*
Durch den permanenten Zwang zur Weiterentwicklung – die Einführung neuer Modelle ist der Überlebenszweck des Unternehmens – wird sichergestellt, dass beständig zusätzliche Qualifikationen erworben und Spezialisierungsfallen vermieden werden.

– *Betriebsinterne Tätigkeitswechsel*
Mitarbeiter werden regelmäßig in neue Arbeitsgruppen eingeteilt. Sie erweitern somit die Kenntnis des Betriebs und können das so erworbene Know-how zur individuellen Weiterentwicklung und Anpassung ihrer Aufgaben an die eigene Leistungsfähigkeit nutzen.

– *Externe Wechsel*
Das System bringt die Arbeitskräfte auf ein Ausbildungsniveau, wo sie auch einen Wechsel des Arbeitgebers in Betracht ziehen könnten. Trotzdem tun sie es nicht und die Fluktuation bleibt tief. Die internen Entwicklungsperspektiven im Betrieb scheinen für sie genügend Alternativen zur Sicherung ihrer Arbeitsmarktfähigkeit darzustellen.

– *Außerberufliche Kompensation*
Zusätzlich zu den internen Maßnahmen hat der Betrieb ein Wahlarbeitszeitmodell eingeführt, welches es den Mitarbeitern erlaubt, auch außerberufliche Aktivitäten wahrzunehmen und somit ihr persönliches Gleichgewicht zwischen Beruf und Privatleben zu wahren.

Insofern lässt sich ein fünfter Grundsatz für eine Organisationsentwicklung nach den Kriterien der Employability formulieren:

Personalmanagement als Entwicklungsberatung
Die Rolle des Personalmanagements hat sich von einer gestaltenden Managementfunktion hin zu einer unterstützenden und beratenden Supportfunktion zu bewegen.

Der Erhalt und die erfolgreiche Entwicklung von Employability stehen in engem Zusammenhang mit der *Gesundheit* und dem körperlichen Wohlbefinden.[80] Erst das Zusammenspiel von beruflich verwertbarer Kompetenz und Gesundheit führt zu einer nachhaltigen Beschäftigungsfähigkeit. Verfügt ein Mitarbeiter zwar über exzellente berufsrelevante Kompetenzen, achtet jedoch nicht auf seine Gesundheit, ist er ebenso wenig beschäfti-

---

[80]   Vgl. Hierzu Rossier = 2005, Ilmarinen & Tempel = 2002.

gungsfähig wie derjenige, der gesundheitsbewusst handelt, dafür aber seinen beruflichen Anforderungen nicht genügt.[81]

Grundsätzlich ist festzustellen, dass die Anzahl der Arbeitsplätze mit hoher physischer Belastung aufgrund moderner Produktions- und Fertigungsmethoden in westlichen Industrienationen abnimmt. Gleichzeitig nimmt jedoch die psychische Beanspruchung am Arbeitsplatz zu, insbesondere aufgrund steigender Veränderungsgeschwindigkeit und der zunehmenden Komplexität.[82] Für die Erhaltung der Employability gilt es jedoch beides, physische und psychische Leistungsfähigkeit, zu bewahren. Die physische und psychische Leistungsfähigkeit bleibt dann erhalten, wenn körperliches und geistiges Training über die gesamte Erwerbsspanne stattfindet. Verschleiß, begrenzte Tätigkeitsdauer und Arbeitsunfähigkeit werden vorrangig durch langfristige einseitige Belastungen im körperlichen wie im geistigen Bereich hervorgerufen. Die Symptome für einen Verlust der Arbeitsmarktfähigkeit lassen sich dabei altersunabhängig erkennen. Sie gleichen in ihrer Ausprägung auffallend bekannten Stressindikatoren:[83]

-   individuelle Verhaltensweisen wie hohe oder steigende Anspannung, Nervosität;
-   schlechtes Zeitmanagement, Ungeduld gegenüber Abläufen und Kollegen;
-   blinder Aktionismus, Tendenz zur Selbstausbeutung;
-   Wunsch nach mehr Kontinuität;
-   Klagen über schlechte Arbeitsorganisation;
-   Wunsch nach Arbeitsplatzwechsel;
-   Dienst nach Vorschrift;
-   häufiges unbegründetes Verlassen des Arbeitsplatzes;
-   innere Kündigung, Resignation, Burn-out.

Die Symptome lassen sich auch in *gesundheitlichen Problemen* erkennen:

-   häufiger leichte Beschwerden und Unpässlichkeiten;
-   persönlich bedingte Unterbrechungen im Arbeitsablauf;
-   Krankmeldungen während der Arbeit;

---

81 Vgl. Kriegesmann = 2005 = 24.
82 Vgl. Bertelsmann Stiftung und Bundesvereinigung der Deutschen Arbeitgeberverbände = 2003 = 95 f.
83 Vgl. Wolff et al. = 2001 = 162 f.

- Häufung konkreter Symptome oder Krankheitsbilder (Allergien, Kopfschmerz, Gehör, Flüssigkeitsbedarf etc.);
- Klagen über Schlaflosigkeit;
- Sucht- oder Alkoholprobleme.

Ebenso sind *Signale aus der Arbeitsgruppe* ernst zu nehmen:

- Gereiztheiten im Umgangston während der Arbeit;
- Reibereien zwischen Mitarbeitern, keine außerbetrieblichen Kontakte unter Kollegen;
- kaum Zusammenarbeit zwischen den Mitarbeitern;
- Informationszurückhaltung und Kommunikationsblockaden.

Schließlich wirkt sich die Abnahme von Arbeitsmarktfähigkeit ganz konkret auf *Leistungskennziffern* aus:

- häufige Beschwerden über Vorgesetzte;
- häufige Fehlzeiten;
- hohe Fluktuationsraten;
- Nichteinhaltung von Zeitvorgaben bzw. Projektlaufzeiten;
- Zunahme von Störfällen in den Abläufen;
- hoher oder steigender Materialverschleiß;
- zunehmende Qualitätsmängel bei Produkten;
- zunehmend Beschwerden von Kunden oder nachgelagerten Stellen;
- Verschieben wichtiger Entscheide.

Ein Auftreten dieser Symptome lässt annehmen, dass die Produktivität der Menschen und somit die Leistungsfähigkeit des Systems als Ganzes beeinträchtigt werden. Innerlich gekündigte Mitarbeiter, die ihre eigentliche Wertschöpfung außerhalb des Unternehmens erbringen, senken die Produktivität im Unternehmen. Falls es nicht gelingt, sie für mehr Einsatz in der Firma zu gewinnen, führt das zu messbaren Effizienz- und Effektivitätseinbußen. Arbeitsmedizinische Erkenntnisse können Abhilfe schaffen. Die Anwendung moderner arbeitsmedizinischer Erkenntnisse bei der Ausgestaltung von Arbeitsplätzen und beim Einsatz der Mitarbeiter erlaubt, dass sich physische und psychische Belastungen nicht kumulieren und den Betrieben und den Mitarbeitern Leid durch Krankheit oder gesundheitlich erzwungene Umsetzungen erspart bleibt. Dabei muss der Fokus nicht auf einer reaktiven, sondern auf einer proaktiven und präventiven Gesundheitsförderung liegen. Getreu dem Motto: «Vorbeugen ist besser als heilen» sollte das Unternehmen präventiv wirken und es bei den Mitarbeitern gar nicht erst zu einem Verlust an Arbeitsfähigkeit kommen lassen. Über den gesetzlich verlangten Arbeits- und Gesundheitsschutz gewinnt also die ergebnisorientierte Prävention an Bedeutung: Die Bereitschaft des Unternehmens, Fragen des Arbeits- und Gesundheitsschutzes in die Entwicklungsplanung und die Produktions- bzw. Investitionsentscheide einzubeziehen.

Die traditionellen präventiven Maßnahmen der Gesundheitsförderung haben vor allem die Erhaltung der körperlichen Leistungsfähigkeit im Blick. Sie orientieren sich dabei vor allem an drei komplementären Ansätzen:[84]

– Abbau von Belastungen am Arbeitsplatz und in der Arbeitsumgebung etwa durch ergonomische Maßnahmen und Arbeitsschutz;
– Reduzierung und Bewältigung auftretender Belastungen etwa durch systematischen Belastungswechsel, Job-Rotation, erholungswirksame Pausengestaltung oder die Unterstützung durch Gesundheitsprogramme;
– Begrenzung der Verweildauer bei belastungsintensiven Arbeitsplätzen und -bereichen. Als Faustregel kann gelten: Mit steigender Verantwortung kann die Verweildauer erhöht werden, sie sollte jedoch auf keinen Fall sieben Jahre überschreiten.

Traditionelle präventive Maßnahmen zur Gesundheitsförderung sind für die Förderung und Erhaltung der Employability zwar wünschenswert, jedoch nicht ausreichend. Zu einer Employability-relevanten Gesundheitsstrategie gehört auch die Begrenzung von negativ wahrgenommen Stresssituationen in der Arbeit, wie sie etwa durch die kontinuierliche Angst des Stellenverlusts auftauchen. Dass Sorgen um den Arbeitsplatz allgemeine krankheitsverursachende (pathogene) Wirkungen haben können, wurde mittlerweile in unterschiedlichen Studien nachgewiesen.[85]

Bei der Prävention sind die Beschäftigten zu einer aktiven Mitwirkung verpflichtet. Erwiesenermaßen bleiben die Mitarbeiter auch unter hohen

---

84 Vgl. Bertelsmann Stiftung und Bundesvereinigung der Deutschen Arbeitgeberverbände = 2003 = 101 ff.
85 Vgl. hierzu ausführlich Ilmarinen & Tempel = 2002 = 55 ff.

Belastungen eher gesund, wenn die Kriterien Transparenz, Einflussnahme und Nutzen erfüllt sind:

– *Transparenz*

Falls Mitarbeiter die Anforderungen und Belastungen, mit denen sie konfrontiert werden, rechtzeitig einschätzen und einordnen können, sind sie besser in der Lage, auch mit starkem Arbeitsüberhang fertig zu werden.

– *Einflussnahme*

Mitarbeiter, welche selbst darauf Einfluss haben, wie sie sich diesen Anforderungen stellen und sie zu bewältigen vermögen, scheinen besser mit Stress umgehen zu können. Interessant sind in diesem Zusammenhang Studien aus Schweden: Am wenigsten pathogene Wirkungen auf ihre Mitarbeiter weisen offensichtlich Menschen in denjenigen Organisationsformen auf, in denen hohe Entscheidungsspielräume herrschen bei gleichzeitig niedrigen psychischen Anforderungen.[86] Aufschlussreich sind die Einteilungen unterschiedlicher Berufsgruppen: Während beispielsweise Architekten oder Programmierer nach dieser Studie wenig belastet sein müssten, steht etwa ein Call-Center-Agent unter starkem Druck.

– *Nutzen*

Mitarbeiter, welche Anforderungen und Belastungen als notwendig und vielleicht sogar als für sie persönlich vorteilhaft zu akzeptieren vermögen, also den unmittelbaren Nutzen aus ihrem Tun erkennen, sind besser in der Lage, mit Stress umzugehen.

Das Spektrum präventiven Gesundheitsmanagements zur Förderung der Employability ist also sehr viel umfangreicher, als es traditionell von den meisten Arbeitsschutzbeauftragten in Unternehmen dargestellt wird. Das folgende Schema schafft einen Überblick.

---

86 Vgl. Kasarek & Theorell = 1990 = 6 ff.

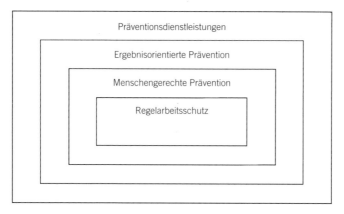

Abbildung 5-II: Das Spektrum gesundheitsrelevanter Maßnahmen im Unternehmen
(in Anlehnung an Köchling = 1996–2000)

Der *Regelarbeitsschutz* bildet das gesetzliche Minimum einer Gesundheits-strategie. Darauf aufbauend, stellt eine umfassende Prävention viel stärker als bisher den einzelnen Menschen mit seinem Arbeitsumfeld in den Mittelpunkt der Betrachtung.

Einen Schritt weiter geht die *menschengerechte Prävention*. Dabei handelt es sich um Präventionsleistungen, die deutlich über den gesetzlichen Mindestanforderungen des Regel-Arbeitsschutzes liegen. Hierzu gehören etwa der Abbau von konkreten, am Arbeitsplatz vorfindbaren Belastungen (z.B. ungesunde Körperhaltung) und Beanspruchungen (z.B. Rückenschmerzen) unter verstärkter Nutzung moderner, arbeitswissenschaftlicher Erkenntnisse. Berücksichtigt werden dabei nicht nur objektive Arbeitsbedingungen, sondern auch subjektive Arbeitsgewohnheiten, Verhaltensweisen und Einstellungen von Arbeitnehmenden.

Schließlich geht es um eine *ergebnisorientierte Prävention*. Im Rahmen eines integrierten Projektmanagementsystems werden Präventionsmaßnahmen in allen Phasen der Planung, Durchführung und Erfolgskontrolle bei unternehmerischen Projekten gesteuert und verfolgt. Der Wirkungsgrad von betrieblich realisierten Präventionsmaßnahmen wird über Indikatoren erfasst und gegebenenfalls nachgebessert. Die Ermittlung kann über arbeitsmedizinische Untersuchungen, Mitarbeiterbefragungen, Gesundheits- und Sicherheitszirkel, Gruppendiskussionen im Rahmen einer Teamarbeit, aber auch etwa im Rahmen von Arbeitsunfallstatistiken oder Arbeitsunfähigkeitsanalysen erfolgen. Ergebnisorientierte Prävention ist relativ aufwands-intensiv, hat allerdings den Vorteil, dass sich eindeutige Zahlen direkt mit dem Unternehmensergebnis verknüpfen lassen.

Gekrönt werden kann die Gesundheitsstrategie durch *Präventions-dienstleistungen.*

Dazu gehören etwa das Anbieten von Erholungsaufenthalten, sport-lichen Veranstaltungen, Fortbildungskursen ohne Altersbegrenzung, Qua-lifizierungsmaßnahmen auch für Ältere und vor allem die Motivation zur Teilnahme.[87] Ein unserer Meinung nach geglücktes Beispiel integrativen Gesundheitsmanagements stellt die Firma Fors Bruk dar.

Fallbeispiel: Gesundheitsmanagement

Ein Unternehmen, welches sich die Gesundheitsvorsorge seiner Mitarbeiter besonders zu Herzen genommen hat, ist die Firma Fors Bruk in Avesta, Schweden. Fors Bruk beschäftigt 850 Mitarbeiter und stellt Pappe und Kartons her. Das Management hatte erkannt, dass viele Probleme am Arbeitsplatz – und somit viele kostspielige Absenzen – dadurch zustande kamen, dass die Mitarbeiter gestresst waren. Es hatte sich vorge-nommen, eine Gesundheitspolitik zu gestalten, welche durch erhöhtes Wohlbefinden der Mitarbeiter die Produktivität im Unternehmen steigern sollte.

Als Erstes erhielten die Führungskräfte aller Unternehmensbereiche Übungsmöglich-keiten und Anleitungen in Themenstellungen, die die Gesundheitsvorsorge und Fitness betrafen. Die Themen umfassten: Bewegung, Übergewicht und Kochkurse, Ausflüge und kulturelle Aktivitäten. Das Unternehmen sponserte Ski- und Angelausflüge, Bowling, Laufen, Fußball, Golf, Gymnastik etc. Andere Aktivitäten beinhalteten Nichtraucherkam-pagnen, Radfahren zur Arbeit, gesundes Essen etc.

Ein allgemeines Problem in vielen Unternehmen ist das Burn-out-Syndrom. Bei Fors Bruk existiert es nicht mehr. Viele Arbeitnehmer haben ihren Lebensstil komplett verän-dert, andere haben punktuell Berichtigungen vorgenommen. Der Raucheranteil hat sich mehr als halbiert. Der langfristige Krankenstand ist dramatisch gesunken. Heute kehren 80% von Langzeitkranken zur Arbeit zurück. Der nationale Durchschnitt in Schweden liegt bei 3%. Dies führte für das Unternehmen zu Einsparungen in der Höhe von 12 Mio. E. Der Erfolg des Projektes kann auf die Integration von Gesundheit, Effizienzverbes-serungen und Bewusstsein für das relevante Arbeitsumfeld zurückgeführt werden und darauf, dass Personalführung und Mitarbeiter der Gesundheitsvorsorge eng zusammen-gearbeitet haben.

---

87   Vgl. Baldin = 2004 = 281.

Aufgrund dieser Erkenntnisse möchten wir einen letzten Grundsatz für die Organisationsentwicklung in einem Unternehmen nach den Prinzipien der Employability formulieren:

Gesundheit + Kompetenz = Leistung
Ein Unternehmen, welches Employability fordert und fördert, betreibt ein systematisches Gesundheitsmanagement für sämtliche Mitarbeiter.

Die Entfaltung positiver Energie für die Leistungserbringung bedingt einen gesunden Körper, einen gesunden Geist und eine gesunde Seele. Das bedeutet, dass Gesundheitspolitik von zentraler Bedeutung ist, ja geradezu als eine Basisinnovation das Unternehmen als Ganzes erfasst und zu tief greifenden Veränderungsprozessen im Beziehungsnetz der einzelnen Akteure führt.[88]

5.3 Organisatorische Maßnahmen zur Gestaltung von Employability

Welches sind die Methoden, die an Employabilityorientierte Unternehmen im Umfeld der Organisationsentwicklung ansetzen? Ein «lernorientierter» Arbeitseinsatz, betriebliche und persönliche Qualifizierung, Tätigkeits- und Betriebswechsel sowie die altersunabhängige Rekrutierung der jeweils «passenden» Mitarbeiter werden zu den Instrumenten, die den Betrieben motivierte und gesündere Mitarbeiter, die nötige Flexibilität und Innovationskraft und den Arbeitnehmern die Erhaltung und Entwicklung ihrer Arbeitsfähigkeit im Laufe ihres Erwerbslebens sichern helfen.»[89] Der folgende Absatz beschreibt einige Maßnahmen aus der Praxis, welche sich zur Annäherung an dieses ambitiöse Ziel als sinnvoll erwiesen haben.

– *Arbeits-Systembewertung*

Ein Erfolg versprechender Ansatz in der Praxis ist die Arbeitssystembewertung, wie sie etwa in der Automobil-Industrie eingesetzt wird. Die Arbeitssystembewertung geht im Unterschied zur Arbeitsplatzbewertung vom kon-

---

88 Vgl. Baldin = 2004 = 277.
89 Wolff et al. = 2001 = 182.

kreten Arbeitszusammenhang aus, etwa von den wöchentlichen Aufgaben. Die einzelnen Tätigkeiten werden nach ihren körperlichen Anforderungen ebenso wie nach ihren potenziellen psychischen Belastungen – Monotonie, psychische Sättigung oder Ermüdung – oder den geforderten Qualifikationen überprüft. Der Analyse zugrunde liegt ein Tätigkeitsbewertungssystem, das die Anforderungen in einzelne Bereiche unterteilt:

– die organisatorischen und technischen Bedingungen, d.h. die Schnittstellen Mensch und Maschine sowie die Arbeitsteilung zwischen den beteiligten Menschen;
– die dafür notwendigen Kooperations- und Kommunikationsbeziehungen;
– die daraus resultierende Verantwortung;
– die erforderlichen geistigen Leistungen sowie
– die resultierenden Qualifikations- und Lernerfordernisse.[90]

Die Arbeitssystembewertung ist ein Gestaltungsinstrument für zukunftsorientierte Arbeitsmodelle. Auf ihrer Basis lässt sich erkennen, wo Leistungspotenzial brachliegt.

Sie erlaubt kreative Vorschläge zur Entwicklung von Arbeitsformen und -zeiten, um die wechselnden Anforderungen des Betriebs an seine Mitarbeiter mit deren individuellen Leistungspotenzialen, Bedürfnissen für Erholungsphasen und privaten Arbeitswünschen in Einklang zu bringen. So können etwa durch die Integration verschiedener Arbeitsschritte in eine Gruppenarbeit in Kombination mit einem Arbeitsplatzwechsel Arbeitsprofile entstehen, welche nicht nur eine höhere Produktivität durch bessere Nutzung der vorhandenen Qualifikationen erlauben, sondern darüber hinaus durch deren Erhaltung und Weiterentwicklung zur Lernfähigkeit der Mitarbeiter beitragen.

– *Teilautonome Arbeitsgruppen*

Unsere hoch arbeitsteilige Gesellschaft hat uns den Blick aufs Wesentliche verlieren lassen. Wir gehen nicht mehr einen gemeinsamen Weg, sondern versuchen ein hochgestecktes Gesamtziel in seine Einzelteile zu zerlegen, damit es im Sinne eines Management by Objectives kontrollier- und

---

90   Vgl. Wolff et al. = 2001 = 132.

steuerbar wird. Wir tendieren dazu, zu vergessen, was jeder gute Handwerksmeister oder erfolgreiche Leiter eines Dienstleistungsbetriebs intuitiv macht: Er schafft teilautonome, oft altersgemischte Gruppen, die für die Durchführung eines Auftrags verantwortlich sind und die sich ihre Arbeit situationsgerecht organisieren. Diese teilautonomen Arbeitsgruppen, auch *communities of practice* genannt, zeichnen sich aus durch Abwechslungsreichtum in der Arbeit, Einsatz von breiten Fähigkeiten und Kenntnissen, Übernahme von Verantwortung, selbstständige Arbeitsgestaltung und oft auch direkten Kundenkontakt. Teilautonome Arbeitsgruppen sind zeitlich befristete Zweckgemeinschaften in der Clusterorganisation. Damit sie sich entfalten können, brauchen sie zweierlei: möglichst klare Zielvorstellungen gepaart mit großen Freiheitsräumen bei der Gestaltung ihrer Arbeit. Je einleuchtender das Ziel ist, desto leichter fällt die Abstimmung, und je größer die Gestaltungsfreiräume sind, umso leichter lassen sich mit dem Wechsel von Arbeitsschwerpunkten ein natürlicher Wissens- und Erfahrungsaustausch zwischen Mitarbeitern und damit Lernprozesse realisieren. Einfache Fragen können dazu beitragen, bei den Menschen den Wissenstransfer in Gang zu bringen und Eigenverantwortung zu unterstützen:

– An welche Alternativen haben Sie bisher gedacht?
– Wo liegen aus Ihrer Sicht Vorteile und Nachteile?
– Welche weiteren Informationen brauchen Sie, um das Problem zu lösen?
– Was ist Ihr Vorschlag?
– Was geschieht, wenn Sie nichts tun?

– *Einsatz moderner Arbeitszeitmodelle*

In den letzten Jahren ist in die Arbeitszeitgestaltung erhebliche Bewegung gekommen. Je länger, je weniger Menschen arbeiten tatsächlich noch im Rhythmus der Normalarbeitszeit. Viele können ihren Arbeitsbeginn und ihr Arbeitspensum individuell variieren, andere sind teilzeitbeschäftigt, kumulieren Zeitkonten oder befinden sich gerade in einem Sabbatical. Der Trend zur Verkürzung der Arbeitszeit bei gleichzeitigem Anstieg der Produktivität wäre ohne eine flexible Gestaltung des zeitlichen Arbeitseinsatzes unvorstellbar. Nur so lassen sich Phasen der Anspannung und der Erholung im Tages- und Lebensrhythmus sinnvoll abwechseln, private Erfahrungen nutzbringend in den Beruf einbringen und gleichzeitig die hohe Leistungsdichte ertragen. Die Entwicklung und Nutzung von Zeitsouveränität ist sowohl für Arbeitgeber wie Arbeitnehmer zu einem Instrument der Arbeits- und Lebensgestaltung geworden. Wenngleich zugegeben werden muss, dass vor allem Erstere von dieser Flexibilisierung profitieren, da sich Mitarbeiter nun quasi auf Abruf einstellen lassen. Dennoch: Unternehmen stellen fest, dass Arbeitskräfte mit größerer Zeitsouveränität konzentrierter und produktiver arbeiten. Dazu kommt, dass Zeitarbeiter – zumindest wenn es sich um freiwillige Teilzeitarbeit und nicht um erzwungene handelt – in vielen Belangen flexibler sind. Gemäß Sennett haben Zeitarbeiter «eine große Toleranz für weniger eindeutige Situationen»,[91] eine Fähigkeit, welche hinsichtlich ihrer Employability förderlich ist. Die gängigen Arbeitszeitmodelle können unterschieden werden zwischen Zeitsparmodellen oder Wahlarbeitszeitmodellen.

Bei *Zeitsparmodellen* handelt es sich um langfristige Übereinkünfte, in denen Arbeitgeber und Arbeitnehmer vereinbaren, Arbeitszeit über einen längeren Zeitraum auf einem Zeitkonto anzusparen. Die Entnahme erfolgt in Form bezahlter Ferien. Der Verhandlungsspielraum wird dabei durch das lokal geltende Arbeitsgesetz eingeschränkt. Zeitsparmodelle orientieren sich an ihrer Grundstruktur an traditionellen Formen der Vollzeittätigkeit. Sie eignen sich vor allem dazu, relativ kurzfristige Schwankungen im Arbeitsanfall aus Sicht der Arbeitgeber, aber auch im privaten Zeitbedarf aus Sicht des Arbeitnehmers auszugleichen. Der Arbeitnehmer behält sein normales Gehalt, während sich die schwankenden Arbeitszeiten im Mittel ausgleichen. Zeitsparmodelle werden besonders für Altersteilzeitregelungen genutzt, um den gleitenden Ausstieg aus dem Erwerbsprozess zu erleichtern. Der Aufbau von Langzeitkonten erfolgt durch Mehrarbeitsleistungen. Der Zeitausgleich beschränkt sich in der Regel auf wenige Jahre, in denen der Mitarbeiter voll angestellt bleibt. Gerade für Menschen, welche Anfang fünfzig in ein Unternehmen eintreten, sind derartige Modelle sinnvoll, weil bei ihnen die Wahrscheinlichkeit, beim selben Arbeitgeber bis zur tariflich festgelegten Pension zu bleiben, recht hoch ist. Dem Mehraufwand für Zeiterfassung und Einsatzplanung im Unternehmen stehen weniger Überstundenzuschläge, niedrigere Einstellungs- und Einarbeitungskosten für kurzfristig benötigte Arbeitskräfte – diese werden nun aus den eigenen Reihen rekrutiert – und weniger Leerzeiten gegenüber. Für die höhere Zeit-

---

91   Sennett = 2005 = 43.

souveränität verzichtet der Arbeitnehmer seinerseits auf potenzielle Lohn-zuschläge.

Bei *Wahlarbeitszeitmodellen* wird jeweils über Umfang und Lage von Mitarbeit und Arbeitszeit, meist im Zusammenhang mit konkreten Aufträgen und Projekten, neu verhandelt. Die Arbeitnehmer werden nur für die effektiv geleistete Arbeit bezahlt und haben im Rahmen der betrieblichen Erfordernisse einen großen Gestaltungsfreiraum. Grenzen ergeben sich jedoch auch hier im Rahmen der tariflichen, gesetzlichen oder sozialversicherungsrechtlichen Normen. In Wahlarbeitszeitmodellen ist das Einkommen an die effektiv geleistete Arbeitszeit geknüpft. Je nach Vereinbarung kann es so zwischen Arbeitnehmer und -geber zu einem fast unbeschränkten Vollzeit-Teilzeit-Wechsel kommen. Ein zwischenzeitlicher Sabbatical oder ein vorzeitiger Ausstieg muss von den Arbeitnehmern selbst aufgefangen werden. Die Arbeitnehmer sind weniger ins Betriebsgeschehen integriert als bei klassischen Vertragsverhältnissen.[92] Andererseits sind Wahlarbeitszeitmodelle bei der erwerbsbiografischen Vermengung von Arbeit und Freizeit allen anderen Arbeitszeitmodellen überlegen, indem sie Portfolio-Karrieren einfacher zulassen als Vertragsformen mit jederzeitigem Zugriffsrecht der Arbeitgeber auf die Lohnempfänger. Allerdings müssen sich bei Wahlarbeitszeitmodellen alternde Arbeitnehmer im Falle eines vorzeitigen Ausscheidens selbst um die soziale Absicherung kümmern. Dies fällt naturgemäß besser verdienenden Spezialisten und Führungskräften leichter als ihren Arbeitskollegen in niedrigeren Gehaltsstufen.

Die Vor- und Nachteile flexibler Arbeitszeitmodelle sind jeweils aus individueller Perspektive zu betrachten. Dabei wird das Urteil eines Betroffenen im Verlaufe seines Erwerbs- und Familienlebens unterschiedlich ausfallen. Es ist stets abhängig von den sich ändernden individuellen Wünschen und Möglichkeiten. Damit wird die Dauer, Lage und Verteilung der Arbeitszeit zu einer andauernden Frage der optimalen Abstimmung zwischen Privatleben und Arbeit. Ein regelmäßiges Abgleichen macht Sinn: Von der lebensphasengerechten Gestaltung der Arbeitszeit hängen die individuellen Regenerationsmöglichkeiten ab. Diese wiederum bestimmen, ob eine jeweilige Tätigkeit die jeweilige Leistungskraft zu einem bestimmten

---

92   Dies muss nicht zwangsläufig eintreten. So etwa wird dem dänischen System „Préface", welches eine Umwandlung der akkumulierten Zeitkonti in Ausbildungskonti vorsieht, neben einer Steigerung der Arbeitsmarktfähigkeit auch eine höhere Firmenbindung attestiert.

Zeitpunkt oder dauerhaft über- oder unterfordert und somit die Arbeitsmarktfähigkeit gewährleistet bleibt. Allerdings darf es nicht bei einer Selbsteinschätzung der eigenen Situation bleiben. Diese ist zwar wichtig. Wie Erfahrungen aus Rehabilitationsmaßnahmen immer wieder aufzeigen, fällt es Menschen schwer, zwischen dem zu differenzieren, was sie jetzt noch und vielleicht sogar noch besser können als früher, und dem, auf das sie lieber verzichten sollten.[93] Wer seine nachlassende Leistungsfähigkeit, ob im Lager oder in der Montage, im Kundendienst oder der Führungsetage nicht wahrnehmen will oder kann, überfordert sich schnell und gleitet in die Lernungewohnheit ab. Wer umgekehrt Angst vor Überforderung hat, verkauft sich gerne unter Wert. Beides ist der Arbeitsmarktfähigkeit abkömmlich. Insofern drängt sich eine regelmäßige, neutrale Drittmeinung etwa von Kollegen oder Vorgesetzten auf.

Arbeitszeitmodelle sollten verschiedenen Anforderungen genügen. Aus Sicht der Arbeitnehmenden sollten sie:[94]

- hohe Flexibilität aufweisen;
- die Lebensqualität erhöhen;
- die angebotene Arbeit nicht wesentlich verschlechtern;
- den Status im Betrieb nicht verschlechtern und
- reversibel sein.

Aus Sicht der Arbeitgeber sollten sie:

- in die Betriebsabläufe passen;
- keinen zusätzlichen organisatorischen und führungsmäßigen Aufwand erzeugen;
- dazu beitragen, dass wichtiges Know-how im Betrieb bleiben und übertragen werden kann und
- flexibel sein.

- *Verkleinerung der Einheiten*

Je mehr Menschen an einem Ort oder in einer Institution anwesend sind, desto mehr wird das individuelle Verantwortungsgefühl durch andere

---

93 Vgl. Wolff et al. = 2001 = 205 f.
94 Vgl. Winkler = 2005 = 207.

Menschen herabgesetzt.[95] «Wenn Verantwortung diffundiert, also sich zerstreut, fällt subjektiv nur ein Teil der Gesamtverantwortung auf den Einzelnen», schreibt die Berliner Psychologin Ann Elisabeth Auhagen in ihrem Buch «Die Realität der Verantwortung».[96] Oft wird der subjektive Teil der Verantwortung an der Gesamtverantwortung dann als so klein empfunden, dass das Individuum die Schwelle zum Handeln nicht überwindet und passiv bleibt. Wissenschaftliche Erkenntnisse aus Gehirnforschung, Soziologie und Psychologie zeigen, dass es eine unverrückbare Obergrenze für die Größe verantwortungsbewusster Gruppen bei maximal 150 Mitgliedern gibt.

Bei größeren Einheiten ist eine persönliche Identifikation mit seinen Kollegen nicht mehr möglich, weil man sie gar nicht mehr kennt. Identifikation ist jedoch eine Grundvoraussetzung von Verantwortung. Wenn man nicht mehr weiß, wer wofür zuständig ist, so ist die Wahrscheinlichkeit groß, die Verantwortung an das «System» abzuschieben. Bei kleinen Einheiten ist dies anders: Je kleiner und spezialisierter eine Einheit ist, desto weniger Ausflüchte gibt es für die Mitarbeiter, sich aus der Verantwortung zu stehlen. Je kleiner also die Einheit, desto größer ist also die Eigenverantwortung jedes Einzelnen. Die Organisationsentwicklung muss somit konsequent auf die Schaffung *verkleinerter, übersichtlicher Strukturen* hinarbeiten, in denen die Entwicklung von Verantwortung einfacher möglich ist.

– *Überbetriebliche Vernetzung*

Kleinere Einheiten haben den Nachteil, dass sie selbst nur begrenzt Employability fördern können. Aus diesem Grund empfiehlt sich eine überbetriebliche Vernetzung. Gemeinsame Aus- und Weiterbildungen, betriebsübergreifende Entwicklungsplanungen, Job-Allianzen oder überbetriebliche Pool-Bildung von Experten sind nur einige Schlagworte, welche in diese Richtung zielen. Unternehmen haben ein vitales Interesse daran, ihre Betriebsgrenzen für Karrieren durchlässiger zu machen, da so Arbeitsmarktfähigkeit in gegenseitigem Ergänzen mit Partnerfirmen, Lieferanten, Kunden oder Einkaufsverbünden entstehen kann. Dies wirkt sich nicht nur positiv auf das Image des eigenen Unternehmens aus, son-

---

95   Vgl. Keese = 2006 = 33.
96   Auhagen = 1999.

dern senkt darüber hinaus das Risiko, Employability alleine fördern zu müssen, beträchtlich.

Fallbeispiel: Unternehmenskooperation

Was für kleine Unternehmen überlebenswichtig ist, lässt sich natürlich auch für Groß-unternehmen erreichen. Ein gutes Beispiel ist die «Job-Allianz: Berufswelt transparent», ein Gemeinschaftsprojekt, zu dem sich in der Region Rhein-Main fünf bekannte Unternehmen im Interesse ihrer Mitarbeiter zusammengefunden haben. Degussa, Deutsche Bank, Lufthansa, FES Frankfurter Entsorgungs- und Service GmbH und Fraport wollen mit dem Projekt für mehr Transparenz über Anforderungen der moderner Arbeitswelt sorgen und ihre Beschäftigten bei der eigenverantwortlichen Gestaltung der beruflichen Zukunft unterstützen. Mit der Job-Allianz gehen die fünf Unternehmen seit September 2001 gemeinsam neue Wege in der Mitarbeiterentwicklung. Durch die Kooperation soll die Förderung der Arbeitsmarktfähigkeit der Mitarbeiter intensiviert und ausgeweitet werden. Die Angebote stehen allen Mitarbeitergruppen offen. Sie richten sich an vier Ziel-feldern aus:

– *Mitarbeiter sensibilisieren*

Es zeigt sich immer wieder, dass die Notwendigkeit, seine Arbeitsmarktfähigkeit eigen-verantwortlich zu pflegen, von vielen Arbeitnehmenden noch nicht erkannt wird. In ihren Erwartungen lebt der alte Kontrakt fort, bei dem der Arbeitgeber für Beschäftigungssi-cherheit sorgt und den beruflichen Weg bestimmt. Um hier ein Umdenken zu erreichen, wird das Thema über einen längeren Zeitraum in unternehmensübergreifenden Work-shops platziert.

– *Mitarbeiter informieren*

Zum Angebot der Job-Allianz gehören Informationen über Veränderungen in der Arbeits-welt und verschiedene Austauschmöglichkeiten mit Mitarbeitern der Partnerunterneh-men, wie z.B. im Rahmen gemeinsamer, themenbezogener Großveranstaltungen und entsprechender Themenhefte.

– *Kompetenzen analysieren*

Um die eigenen Kompetenzen bewerten und allenfalls zielgerichtet ausbauen zu können, brauchen Mitarbeiter Klarheit über den eigenen Standort. Hierzu bietet die Job-Allianz verschiedene Dienstleistungen an. Kerninstrument ist ein umfasser Test zu überfach-lichen Kompetenzen.

– Kompetenzen ausbauen

Um zu erkennen, welche Weiterbildung nötig ist, sind oft Impulse von außen nötig. Die Job-Allianz bietet für diesen Blick über den Tellerrand vielfältige Möglichkeiten. Unternehmensführungen und ein Business-Praktikum, bei dem Mitarbeiter bis zu vier Wochen in einem Partnerunternehmen hospitieren können, ermöglichen einen Einblick in Strukturen und Abläufe anderer Unternehmen. Seminare und Beratungsangebote helfen den Mitarbeitern, ihre Kompetenzen gezielt im Kreise Gleichgesinnter aus den Partnerunternehmen weiterzuentwickeln.

Die Mitarbeiter finden alle Informationen zu Zielen und Angeboten sowie Aktuelles rund um die Job-Allianz auf der gemeinsamen Intranethomepage bzw. im regelmäßig erscheinenden Newsletter. Natürlich stehen auch die Ansprechpartner in den Unternehmen sowie eine neutrale Koordinationsstelle für Fragen zur Verfügung. Wichtige Multiplikatoren sind zunehmend auch begeisterte «Stammnutzer» in den einzelnen Unternehmen.

6. Konsequenzen von Employability für die Human Resources

Zukunftstaugliche Lösungswege für den Umgang mit Employability erfordern eine integrierte Personalpolitik, welche die Arbeitnehmenden so fordert und fördert, dass ihr eigenverantwortliches Handeln dazu beiträgt, die Wertschöpfung des gesamten Unternehmens zu erhöhen.

Hierzu gibt es keine Standardlösungen. Im Zuge vieler Diskussionen mit Direktionsmitgliedern, Personalverantwortlichen und Mitarbeitern sind wir zum Schluss gekommen, dass das Konzept «*Employability*» im Wesentlichen auf den Wertedispositionen der beteiligten Menschen fußt. Und da die Erfahrungen und Interessen der beteiligten Akteure so unterschiedlich sind, wie Menschen eben sein können, macht ein Standardansatz zur Implementierung keinen Sinn. Im Zuge unserer Arbeit haben wir dennoch erfolgreiche Gemeinsamkeiten feststellen können. Von diesen Gemeinsamkeiten handelt das folgende Kapitel.

Employability im Unternehmen ist nur möglich, wenn Personalmanagement integriert betrachtet wird. Wir verstehen unter integriertem Personalmanagement mit Hilb:

> die Gesamtheit aller Ziele, Strategien und Instrumente, die das Verhalten der Führungskräfte und der Mitarbeiter prägen.[97]

Ein integrierter Personalmanagement-Ansatz umfasst diejenigen Teilfunktionen, welche langfristig und nachhaltig das Unternehmensgeschehen prägen. Wir erachten hierzu den Michigan-Ansatz[98] als sinnvoll, weil er die Unternehmensrealität umfassend darstellt:

- Personalgewinnung und -freisetzung
- Personalbeurteilung
- Personalhonorierung und
- Personalentwicklung.

Das integrierte Personalmanagement ergibt einen Regelkreis, wie ihn folgende Abbildung darstellt. Als zentrale und ausschlaggebende Variable, welche sämtliche Teilfunktionen durchdringt, ist die erbrachte *Leistung*, also die erzielte Wirkung, zu sehen. «Leistung ist in diesem System die abhängige Variable, auf die hin die einzelnen Teilfunktionen ausgerichtet

---

97 Hilb = 2002 = 12.
98 Vgl. Devanna, Fombrun & Tichy = 1984 = 41.

sind.»[99] Leistung ist auch die Variable, welche vom Markt honoriert wird. Wird durch das Prinzip Employability am Markt keine positive Wirkung erzielt, so macht dessen Einführung keinen Sinn. Leistung ist somit die zentrale Orientierungsgröße für die Ausgestaltung von Employability im Unternehmen.

Abbildung 6-I: Integriertes Personalmanagement
(in Anlehnung an Devanna, Fombrun & Tichy = 1984)

Mit der Personalgewinnung werden diejenigen Personen ausgewählt, deren Profile am besten zu den zukünftigen Herausforderungen des Unternehmens passen. Im anderen Fall dient die Freisetzung dazu, Prozesse korrekt zu definieren und durchzuführen, falls das Profil einer Person mit den Anforderungen an eine Aufgabe im Unternehmen nicht mehr stimmig ist. Die Beurteilungsergebnisse dienen zur leistungsgerechten Entlohnung und Anreizgestaltung. Die Personalentwicklung greift die Ergebnisse der Beurteilung auf, «um durch gezielte Entwicklungsmaßnahmen sowohl die gegenwärtige wie auch die zukünftige Leistung der Mitarbeiter zu steigern».[100]

Personalmanagement ist somit – im Gegensatz zur Führung – indirekte Systemgestaltung, indem es Konzepte zur Förderung und Forderung von Employability entwickelt, einführt und deren Erfolg evaluiert. Hier liegt auch die Hauptverantwortung der Personalfunktion: Komplexe Modelle, welche sich auf das individuelle Leistungspotenzial der Mitarbeiter abstützen, überfordern selbst Vorgesetzte. Das Personalmanagement muss also unterstützend und beratend wirken. Personalmanagement in diesem Sinn

---

99   Elsik = 1992 = 130.
100   Elsik = 1992 = 130.

erhält somit folgerichtig eine Rolle im Unternehmen, welche sich *von der Verwaltung hin zum strategischen Partner der Geschäftsleitung* entwickelt.

Abbildung 6-II: Personalmanagement als strategischer Partner für die Geschäftsleitung (vgl. Hilb = 2002)

Partner sind gleichwertig. In der Praxis jedoch herrscht zwischen Management und Personalverantwortlichen oft ein widersprüchliches Rollenverständnis bezüglich der Personalaufgaben. Die Geschäftsleitung sieht in der Personalabteilung nicht den strategischen Partner, den diese zu sein beansprucht. Über die beiden Sichtweisen wird hinreichend debattiert – vor allem unter Personalverantwortlichen selbst. Gemäß unserer Beobachtung rührt die Positionierungsdiskussion der Human Resources daher, dass die Aussagen von Direktion und Personalverantwortlichen oft nicht auf der gleichen Managementebene anzusiedeln sind. Solange jedoch nicht beide Parteien gleichzeitig entweder den normativen, den strategischen oder den operativen Blickwinkel ansetzen, können die Akteure nicht gleichwertige Partner sein. Lassen Sie uns dies anhand einiger zentraler Aussagen zum Thema Employability verdeutlichen:[101]

---

101 Vgl. Panzcuk = 2005b.

Zentrale Aussagen zur betrieblichen Realität des Personalmanagements	Zentrale Aussagen zur Arbeitsmarktfähigkeit
– Unternehmenszentriert	– Unternehmensübergreifend
– Performance-orientiert	– Kompetenzorientiert
– «Business Partner»	– Integriert das Leben außerhalb des eigenen «Businesses»
– Aufs tägliche Geschäft fokussiert	– Zukunftsorientiert
– Erzogen nach Stabilitätsgrundsätzen	– Orientiert sich am Wandel
– Die Population der HR-Manager ist selbst relativ stabil	– Markt mit ständig wechselnden Akteuren
– Mentalität, andere unterstützen zu wollen	– Individuen helfen sich selbst, Personalmanagement baut Rahmenbedingungen

Vergleicht man diese Aussagen miteinander, ergibt sich ein breites Spannungsfeld: Zum einen soll das Personalmanagement im Unternehmen dazu beitragen, leistungsorientiert als Partner der Linie aufzutreten und sich aufs tägliche Geschäft zu fokussieren: Bewerbungsgespräche führen, die alljährliche Lohnrunde durchführen, Mitarbeiterbeurteilungen vornehmen – Aufgaben mit operativem Charakter. Zum anderen soll das Personalmanagement dazu beitragen, die richtigen Rahmenbedingungen für den Wandel zu gestalten – Aufgaben mit strategischem Charakter.

Das ist ein breiter Spannungsbogen mit vielen Widersprüchen. Die Widersprüche bestehen jedoch nur auf den ersten Blick. Sie existieren, wenn sich Human Resources selbst als operative «Macher», als entscheidende Instanz betrachten, welche dem Management und den Mitarbeitern Instrumente vorgeben, Erfolge messen und Leute dazu animieren wollen, ihre eigene Arbeitsmarktfähigkeit zu erhöhen. Ein Personalmanagement, welches sich als treibende Instanz zur Förderung der Arbeitsmarktfähigkeit sieht, trägt jedoch der strategischen Dimension des Konzepts nicht Rechnung. Geht man zu diesem Rollenverständnis etwas auf Distanz und akzeptiert die Tatsache, dass Arbeitsmarktfähigkeit eine Eigenleistung der Mitarbeiter sein muss, so lassen sich die widersprüchlichen Ansprüche von Management und Personalabteilung durchaus auflösen. Aus dieser Sicht werden die Human Resources zum *Brückenbauer*, welche dem Management und den Mitarbeitern durch die Schaffung entsprechender Rahmenbedingungen helfen, mit existierenden Widersprüchen zu leben. Bei

Employability steht nicht die Personalabteilung im Zentrum von Human-Resources-Modellen, sondern das betroffene Individuum. Es ist gut, sich für die Mitarbeiter in hohem Maße verantwortlich zu fühlen. Besser ist es jedoch, in gleichem Maße vom Einzelnen die Bereitschaft zu fordern, durch Eigeninitiative, Flexibilität und Eigenverantwortung dafür zu sorgen, dass er seine Arbeitsmarktfähigkeit erhält. Das Personalmanagement in einem Unternehmen, das Employability ernst nimmt, baut Leitplanken, innerhalb derer sich die Menschen eigenverantwortlich selbst steuern und organisieren, anhand derer sie sich im Unternehmen integrieren können, ohne ihre eigene Identität aufzugeben und mittels derer sie sich aus innerer Überzeugung engagieren können.[102] Das Personalmanagement trifft niemals Entscheidungen, sondern schafft bewusstseinsbildende Maßnahmen, welche es den Menschen situativ erlauben:

– sich anstelle eines stabilen Umfeldes fortan im und mit dem Wandel zurechtzufinden;
– vom Auftragsempfänger zum Leistungserbringer zu werden;
– von der Abhängigkeit zur Unabhängigkeit und zur Autonomie zu finden.

Die zentrale Frage hinsichtlich eines dergestalteten Personalmanagements ist: «Wie gehen unsere Leute mit Unsicherheit um?» Es ist falsch anzunehmen, Rahmenbedingungen in Form strategischer Vorgaben und transparenter Spielregeln reichten aus, um den Mitarbeitern ausreichend Sicherheit zu bieten. Mitarbeiter orientieren sich nicht nach Strategien, sie wollen Taten sehen. Rahmenbedingungen bilden jedoch das Lernfeld, in dem das Personalmanagement operativ tätig werden kann und in dem Menschen relativ gefahrlos lernen, mit Unsicherheit umzugehen. Selbst unternehmerisch denkende Menschen zeigen wenig Risiko- und Lernbereitschaft ohne ein Mindestmaß an Erwartungssicherheit. Sie werden sich nicht ausreichend selbst bewegen. Hier liegt die zentrale Aufgabe des Personalmanagements: für Erwartungssicherheit und gleichzeitig für *genügende Bewegungsfreundlichkeit* zu sorgen. In diesem Kontext werden die Human Resources zum strategischen Partner des Managements, da die Ziele nun gleichwertig auf strategischer Ebene angesiedelt werden können.

---

102 Vgl. Weber & Thiele = 2004 = 109.

Nun ist es für eine Personalpolitik, welche sich die Förderung von Arbeitsmarktfähigkeit auf die Fahne geschrieben hat – entgegen der landläufigen Meinung – nicht entscheidend, wie die Personalabteilung organisatorisch ins Unternehmen eingebettet wird. Entscheidend sind das *Selbstverständnis* der Menschen in der Personalabteilung und die *Wirkung*, welche durch das Personalmanagement im Unternehmen erreicht wird. Wir hören beständig die Diskussionen um Einflussnahme, Machtausübung und dadurch eingeschränkten Handlungsspielraum der Personalabteilungen. Wie breit der Handlungsspielraum jedes Einzelnen ist, bestimmen jedoch die Menschen selbst. Alles andere ist eine Ausrede. Jeder Mitarbeiter muss – unabhängig von seiner organisatorischen Einordnung – seine spezifische Wertschöpfung erbringen. Dies gilt auch für die Personalabteilung. Wenn die Wertschöpfung konkret in Leistung sichtbar wird, erübrigen sich unseres Erachtens auch die Diskussionen über die korrekte Struktur.

Dies impliziert ein neues Selbstverständnis bei den Personalverantwortlichen. Das Selbstverständnis bezieht sich zum einen auf die Qualität des Denkens und Handelns, also auf die zu erfüllenden Aufgaben, zum anderen auf die Rolle des Personalmanagements selbst. Die Aufgaben des Personalmanagements in einem integrierten Employability-Management verlangen eine neue Qualität des Denkens und Handelns. «Viel stärker als bisher wird ein prozessorientiertes Vorgehen und ein entsprechendes Rollenverständnis, das diesen dynamischen Aspekten Rechnung trägt, gefordert. Die zumeist statischen, überwiegend von rationalem Verstandesdenken geprägten Personalkonzeptionen vermögen den dynamischen Ansprüchen der sich rasch verändernden Umwelt nicht mehr hinreichend gerecht zu werden.»[103] Kurz: Personalverantwortliche sollten sich nicht hinter ihren Konzepten verstecken, sondern sich um die Mitarbeiter in ihrem Unternehmen kümmern. In gewisser Hinsicht also eine Rückkehr zu den Wurzeln, zu den eigentlichen Anfängen der Personalarbeit, und ein Aufruf zu mehr Menschlichkeit.

Personalverantwortliche müssen lernen, in den Hintergrund zu treten. Bei einer gelebten Employability im Unternehmen werden die Mitarbeiter im Zeitverlauf von den Personalabteilungen unabhängiger und autonomer werden. Im Gegenzug wird sich die Güte der Dienstleistungen der Personalabteilung erhöhen. Sie werden weniger administrative Aufgaben zu erfüllen haben, sondern betreuerische, begleitende und individualisierte Unterstüt-

---

103 Oertig = 1993 = 2 ff.

zungsleistungen. Der Anspruch an die Personalverantwortlichen wird mit Employability steigen. Auch für sie gilt deswegen: lernen zu lernen.

Wie lässt sich nun eine Personalpolitik aufbauen, welche Employability fordert und fördert? Starten wir mit einer Entwicklungsidee: dem Rahmenprogramm mit Eigeninitiative[104]. Dieses Programm kann aus den folgenden fünf Elementen bestehen:

1. In der Personalpolitik und in der Personalstrategie müssen die Logik der *Spieler ohne Stammplatzgarantie* sowie das Prinzip der Employability explizit verankert werden.

Das bedeutet radikales Entmüllen der Personalstrategien von überholten «Gute-Laune-Phrasen» und die Besinnung auf eine neue Ehrlichkeit. Ein solches Entmüllen setzt aber kritisches Hinterfragen lieb gewonnener Mythen voraus und bedarf im Regelfall eines strategischen Anstoßes: Nur wenn klar ist, dass es sich hierbei nicht um Beschäftigungstherapien für Personalverantwortliche und Berater handelt, kann tatsächlich etwas bewegt werden.

2. Alle personalwirtschaftlichen Systeme sind auf die Kombination aus Employability und *Spieler ohne Stammplatzgarantie* abzustimmen.

Nicht die gesamte Personalstrategie muss über den Haufen geworfen werden. Die bestehenden Elemente sind nur auf ihre Verträglichkeit mit Employability zu durchleuchten. Es geht darum, Mechanismen zu etablieren, die beim Aufbau eines echten Darwiportismus[105] helfen. So müssen Führungskräfte für die Durchführung eines sinnvollen Mitarbeitergesprächs beispielsweise lernen, darwiportistische Spielregeln offensiv und fair zu vertreten, wollen sie nicht die Vertrauensbasis zu ihren Mitarbeitern gefährden.

3. Die Mitarbeiter müssen die Spielregeln verstehen.

Die Mitarbeiter müssen verstehen, was Employability bedeutet. Hierzu ist erst einmal Bewusstsein für Dimensionen wie «Unternehmenswert», «Markt» «Selbstwert» und «Eigenmarketing» zu schaffen. Die meisten Mitarbeiter haben wenig Ahnung davon, welchen Wert sie wirklich erbringen und warum das Unternehmen eigentlich mit ihnen arbeitet. Es empfiehlt

---

104 Vgl. Scholz = 2004 = 229 ff.
105 Vgl. Kap. 1.5.

sich eine Sensibilisierung in Form einzelner Workshops. Die Erfahrung zeigt, dass diese Workshops durchaus unabhängig von Status, hierarchischer Zugehörigkeit oder Qualifikation dieselbe Wirkung entfalten: Employability ist eine Einstellungsfrage und die gilt für alle Menschen.

4. Die Mitarbeiter müssen den Nutzen von Darwiportismus für sich erkennen.
Employability eröffnet Perspektiven für jeden Einzelnen. Diese Optik theoretisch zu vermitteln, reicht nicht. Erst wenn die Belegschaft vom Nutzen von Employability auch emotional überzeugt ist, kann das Konzept Wirkung erzielen.

5. Thematisierung des neuen, psychologischen Kontrakts
Die bewusste Durchdringung der neuen, darwiportistischen Spielregeln von Arbeits- und Berufswelt schärft den Blick für die Realisierbarkeit einer neuen, mitarbeitergetriebenen Employability. Die Personalpolitik baut hier bewusst Spannungsfelder auf. Die folgenden Achsen haben sich zur Thematisierung des neuen, psychologischen Kontrakts als sinnvoll erwiesen:

Alter Kontrakt	Neuer Kontrakt
Ausführende	Dienstleister
Sicherheit	Unsicherheit
Fremdverantwortung	Eigenverantwortung
Loyalität	Distanzierte Identifikation
Risikodelegation	Risikobeherrschung
Bewährtes	Neues
Streben nach Gleichheit	Akzeptanz der Andersartigkeit
Alt	Jung

Zwischen diesen Polen können die Spannungen erzeugt werden, aus welchen die Energie für ein integriertes Personalmanagement fließt.

Das Personalmanagement steht vor einem reizvollen Spannungsbogen, einerseits sich selbst zu wandeln, andererseits Spannungsfelder für das Unternehmen zu erstellen, in denen sich die Führung wie die Mitarbeiter selbst entwickeln können. Übertragen wir nun das Gesagte auf die einzelnen Teilfunktionen des Personalmanagements, indem wir konsequent die Auswirkungen von Employability auf die normative, strategische und operative Dimension des Personalmanagements untersuchen.

6.1 Employability bei Personalgewinnung und -freisetzung

6.1.1 Gewinnung: Vom Optimum zur Passung

Die erste Teilfunktion des Personalmanagements ist die *Personalgewinnung*. Aus normativer Sicht besteht das Hauptziel der Personalgewinnung darin, «Mit-Unternehmer mit anforderungsgerechter Qualifikation, Motivation und Team-Rolle für eine jeweils visionsgerecht gestaltete und eingeordnete Position, zur richtigen Zeit am richtigen Ort zu nutzengerechten Kosten auszuwählen.»[106] Weder nicht zu garantierende Arbeitsplatzsicherheit noch «Hire-Fire-Hire»-Strategien bewirken die für Unternehmen überlebensnotwendige Innovationskraft, welche ein Mindestmaß an Kontinuität, aber ebenso eine wohl dosierte Spannung aufweisen muss. Für eine bessere Einbindung von Menschen in den Arbeitsprozess braucht es eine differenzielle, aber zugleich auch nachhaltige Personalpolitik. Sie kombiniert individuelle Flexibilität mit institutioneller Verlässlichkeit und ermöglicht dadurch eine neue, dynamische Form der Personalbindung, welche sich durch eine hohe intrinsische Motivation und somit durch freiwillige Loyalität der Menschen auszeichnet.[107] Dies kann nur gelingen, wenn Unternehmen auch bei der Einstellung darauf achten, dass ihre zukünftigen Mitarbeiter «employable» sind. «Employable» sind Mitarbeiter dann am ehesten, wenn sie «Multipreneure» sind. Multipreneure zeichnen sich durch multiple Fähigkeiten aus, sodass sie verschiedene Einkommensquellen und Karriereformen entwickeln können, entweder simultan oder nacheinander.

Suchen wir also die eierlegende Wollmilchsau? Wohl kaum. Während in der Vergangenheit nach dem besten Bewerber gesucht wurde, wird heute und in Zukunft nach dem *passenden* Bewerber gesucht. Um dies zu erreichen, gehen Rekrutierungsstrategien nach den Prinzipien der Employability

---

106 Hilb = 2002 = 61.
107 Hablützel = 2004 = 81.

nicht von standardisierten Anforderungsprofilen aus, sondern von aufgaben- und personenorientierten Profilen. Diese Profile beantworten nicht die Frage: «Welche Kompetenzen braucht es, um die Stelle optimal auszufüllen?», sondern «Welcher Mensch kann optimal in die Stelle hineinwachsen?». Eine Stelle, welche nach den Kriterien der Employability geschaffen wird, muss es einem Menschen ermöglichen, zu wachsen. Wer an einer Herausforderung wächst, bewegt sich. Um somit den Prinzipien der Employability bei der Personalgewinnung gerecht zu werden, lohnt es sich, darüber nachzudenken, welche Passung erwünscht ist. Wir plädieren darauf, bei Stellen stets Freiraum zu schaffen, damit Menschen wachsen können und Bewegung stattfinden kann.

6.1.2 Grundsätze für die Personalgewinnung

Wie können die Vorgaben auf strategischer Ebene umgesetzt werden? Korrekte Gewinnung ersetzt einen Großteil des Marketingbudgets. Wenn wir die richtigen Personen für unser Unternehmen gewinnen, dann strahlt dies nach innen und nach außen aus: «Ein Unternehmen ist dann auf dem richtigen Weg, wenn seine Mitarbeiter begriffen haben, dass ihre Verantwortung weiter reicht als ihre Zuständigkeit. Jeder muss sich dem Kunden gegenüber als Vertreter des gesamten Unternehmens fühlen und verhalten.»[108] Wie lässt sich erkunden, ob ein Mitarbeiter diese Einstellung mitbringt? Sehen wir uns die Unterfunktionen der Personalgewinnung etwas genauer an:

– Personal-Bedarfsermittlung;
– Personal-Werbung;
– Personal-Auswahl;
– Personal-Anstellung und
– Personal-Einführung.

---

108 Henzler = 2005 = 139.

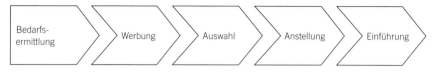

Bedarfs-
ermittlung   Werbung   Auswahl   Anstellung   Einführung

Abbildung 6-III: Die Teilfunktionen der Personalgewinnung
(in Anlehnung an Hilb = 2002 = 63 ff.)

Gemäß unseren Erfahrungen ist die Gewinnung von bewegungsfreund-lichen Menschen heute die wichtigste Funktion des Personalmanagements überhaupt. Personalgewinnung in einem integrierten Employability-Kon-zept ist allerdings nur dann machbar, wenn das Personalmanagement als strategischer Partner der Geschäftsleitung bereits zu Beginn der Überle-gungen zur Neugestaltung einer Stelle mitwirken und gestalten kann. Der Prozess der Stellengenerierung besteht aus den Schritten Bedürfnisevalua-tion, interne Abklärung, Budget, Networking und schließlich der exter-nen Veröffentlichung des Stelleninserats.[109] In diesem Prozess ist das Per-sonalmanagement im Idealfall also bereits bei der ersten Unterfunktion der Personalgewinnung, der *Bedürfnisevaluation* oder der *Problemerkennung,* involviert. Leider wird diesem Grundsatz in der Praxis kaum entsprochen: Der Prozess, wie eine Stelle entsteht, ist vielerorts praxisfern standardi-siert worden. Jobs entstehen als vermeintlich notwendige Reaktion auf vorhergehende Lücken in der Wertschöpfung: Jemand hat gekündigt, es sind nicht genügend Leute für eine wachsende Nachfrage da, eine Person passt nicht zum Job und Ähnliches. Automatisch gehen viele Linienma-nager davon aus, dass eine externe Person eingestellt werden soll. Hierzu wird einfach der bestehende Stellenbeschrieb übernommen, allenfalls mar-ginal angepasst, und sodann nach einer neuen Person mit einem passenden Profil gesucht. Kaum je macht man sich Gedanken, ob dieser Job wirklich gebraucht wird und ob er in die Strategie passt. Vor allem in Großunter-nehmen sind die auf diese Art entstehenden Schein-Jobs gang und gäbe. Je größer das Unternehmen, desto größer die Wahrscheinlichkeit, dass Jobs ohne richtige Wertschöpfung bestehen können, ohne aufzufallen und grö-ßeren Schaden anzurichten.

Aus der Sicht eines Individuums ist ein derartiges Vorgehen verhee-rend: Anstatt dass ein Mensch seine Aufgabe organisieren und gestalten

---

109 Vgl. Abbildung 2-II.

kann, organisiert die Aufgabe ihn. So ist keine Verbesserung der eigenen Arbeitsmarktfähigkeit möglich.

Personalmanager müssen hier eine entschiedenere Rolle spielen. Bei der Personalgewinnung ist die Phase der Bedürfnisermittlung die eigentliche Wertschöpfung. Personalverantwortliche müssen wissen, warum welcher Job im Unternehmen geschaffen wird. Sie müssen als beratendes Organ *rechtzeitig* abklären, ob die Stelle *in der vorgesehenen Art* überhaupt strategieverträglich ist. Personalmanagement nach den Grundlagen der Employability stellt die Frage: «Ist diese Stelle gemäß der Unternehmensstrategie wirklich nötig?» Falls die Antwort Nein lautet, muss die anfallende Arbeit – getreu dem Prinzip der Konzentration aufs Wesentliche – so rasch als möglich erledigt und das Aufgabenfeld sodann gänzlich abgebaut werden. Falls ja, ist die Frage zu stellen: «Umfasst die Position interessante Tätigkeiten, um die herum anfallende monotone Tätigkeiten gruppiert werden können?» Nur in diesem Fall lohnt sich die Schaffung einer neuen Stelle wirklich. Sollten ausschließlich monotone Tätigkeiten betroffen sein, so ist die Position grundsätzlich nicht bewegungsfreundlich. Sie bietet keine Perspektiven und entspricht somit nicht dem Kriterium, wonach eine Person an einer Position wachsen können muss. Sind solche Tätigkeiten zu besetzen, versuchen Sie sie zu automatisieren. Sollten ausschließlich interessante Tätigkeiten betroffen sein, ohne dass sich Routineaufgaben dazugesellen, so gilt im Sinne der Employability das Gebot des *Job-Enrichment*: Interessante Aufgaben werden zu autonomen Einheiten gebündelt und in das Job-Design bestehender Mitarbeiter integriert. Ein Mitarbeiter muss hierbei nicht unbedingt die Funktion wechseln, seine bestehenden Aufgaben können jedoch ergänzt werden, was auch bei ihm dazu führt, dass Routinetätigkeiten wegrationalisiert werden können. So können Menschen an neuen Aufgaben kontinuierlich wachsen, was ihre Bewegungsfreundlichkeit kontinuierlich erhöht.

Arbeitsstellen werden nach dem Prinzip also nur dann geschaffen, wenn sie mit der Strategie konform gehen. Ein wichtiger Grundsatz für Personalgewinnung im Sinne von Employability lautet:

Strategieverträglichkeit

Bevor eine Stelle neu besetzt wird, wird ihr Inhalt auf die Konformität mit der Firmenstrategie überprüft. Dabei werden nur Jobs geschaffen, die eine Kombination von interessanten und monotonen Tätigkeiten bedingen.

Die *Personalwerbung* ist die nächste Unterfunktion der Personalgewinnung. Gute Personalwerbung ist die beste Imagewerbung für das Unternehmen. Eine Firma, welche Employability ernst nimmt, signalisiert am Markt, dass sie im permanenten Fluss ist. Jemand, der stabile Strukturen sucht, fühlt sich von einem dynamischen Unternehmen nicht angezogen. Jemand, der sich jedoch nach Bewegung sehnt, wird mit dem Fluss mitschwimmen können und sich wohl fühlen wie ein Fisch im Wasser. Ein Unternehmen, welches die Prinzipien der Employability lebt, zieht somit automatisch bewegungsfreundliche Menschen an.

Was ist jedoch zu tun, wenn das Unternehmen am Markt noch kein bewegungsfreundliches Image hat? Dann liegt es am Unternehmen, aktives *Networking* zu betreiben. Unsere Erfahrung hat gezeigt, dass Bewegungsfreundlichkeit eng mit Networking zusammenhängt: Über zwei Drittel der Menschen, mit denen wir in den vergangenen Jahren zusammengearbeitet haben, haben ihre berufliche Neuorientierung durch aktives Networking erreicht. Sie sind Unternehmen nicht über die offiziellen Kanäle wie etwa über Inserate oder die Human Resources angegangen, sondern haben sich aktiv an Entscheider in der Linie gewandt. Damit dies gelingen konnte, mussten Unternehmen gegenüber diesem Vorgehen *offen* sein. Gehen wir doch noch einen Schritt weiter. Statt Networking zu akzeptieren, schlagen wir vor, dass ein Unternehmen Networking in der Personalgewinnung *aktiv betreibt*. Networking in diesem Sinn bedeutet, dass ein Unternehmen kontinuierlich und systematisch den internen und externen Markt nach potenziell bewegungsfreundlichen Menschen absucht. Diese Menschen zeichnen sich nicht durch spezifische Fachkenntnisse aus, sondern dadurch, dass sie in der Lage sind, Wandel aktiv zu gestalten. Auf diese Weise entstehen Kontakte rechtzeitig und bestehen bereits, wenn der Prozess der Stellenschaffung beginnt. Ein weiterer wichtiger Grundsatz für die Personalwerbung in einem integrierten Employability-Modell lautet somit:

Proaktives Networking

Bei der Personalgewinnung tritt systematisches, proaktives und unternehmensgesteuertes Networking an die Stelle von punktuellem, reaktivem und bewerbergesteuertem Networking.

Es folgt die *Personalauswahl* als nächste Unterfunktion der Personalgewinnung. Eine derartige Selektion geht weit über die klassische Kompetenzanalyse hinaus. Sie beinhaltet neben einer individuellen Abklärung von wünschbaren oder für eine spezifische Aufgabe notwendigen Persönlichkeits- oder Verhaltensmerkmalen auch die Abklärung der Bewegungsfreundlichkeit einer Person.

Für Wirkung und Erfolg sind zwei Dinge im Unternehmen wichtig. Das eine ist die Person mit ihren spezifischen Stärken; das andere ist die spezielle Aufgabe, die zu erfüllen ist. Wenn man Menschen zu Leistung bringen und Ergebnisse für das Unternehmen erreichen will, dann müssen die Stärken der Menschen mit den Aufgaben in Einklang gebracht werden. Das ist nicht einfach. Doch es ist wesentlich leichter, Aufgaben zu verändern, als Menschen.[110] Durch die Fixierung auf den Menschen vergisst man fast das zweite Element, die Aufgabe. Gut geführte Unternehmen legen den Schwerpunkt auf Aufgaben. Sie fragen: «Was muss in Zukunft...?» Damit erzielen sie durchschlagende Erfolge, und zwar mit ganz gewöhnlichen Leuten, denn niemand hat Universalgenies als Mitarbeiter. Employability bei der Personalauswahl erlaubt, beide Dimensionen, sich wandelnde Aufgaben und bewegungsfreundliche Menschen, zusammenzubringen. Nach den Kriterien der Employability wird bei der Personalauswahl die Optik umgedreht: Wir suchen keine Person, die zu einem Profil passt, *sondern ein Profil, dass zu einer Person passt.* Konkret heißt das, dass wir uns bei der Personalauswahl nicht auf das Stellenprofil konzentrieren, sondern auf die Fähigkeit des Bewerbers, die Aufgabe auf- und auszufüllen. Wir richten unseren Fokus also darauf, inwiefern sich der Bewerber bewegen will und kann, um in die Position hineinzuwachsen. Um dieses Bild zu verdeutlichen, benutze ich in unseren Seminaren immer die Allegorie des Bilderrahmens: In einem Bilderrahmen ist auf einem Blatt ein Stellenbeschrieb eingerahmt. Es handelt sich – je nach Zielpublikum – ausnahmslos um zu große Stellen, wo die Erwartungen an einen Bewerber sehr umfangreich sind. Wir bitten daraufhin die Bewerber, sich auf die ausgeschriebene Stelle zu bewerben. Alle beginnen nun, ein Bewerbungsschreiben zu verfassen und ihre Lebensläufe so zu gestalten, dass sie möglichst auf den Beschrieb passen. Nach einer Weile sammeln wir die Arbeiten ein. Wir nehmen nun den Stellenbeschrieb aus dem Rahmen heraus und bitten die Teilnehmenden, sich erneut

---

110   Vgl. Malik = 2005 = 19.

auf die Stelle zu bewerben. Nun entsteht meist eine heftige Diskussion: Die einen beschweren sich, es sei ja kein Beschrieb mehr da, woran man sich orientieren könne. Die anderen anerkennen, dass der Rahmen ja weiterhin derselbe sei. Wir lassen die Diskussion eine Weile laufen und bitten dann die Teilnehmenden, sich *vorzustellen*, auf welche Art von Stelle denn ihr Profil passen könne. Was dann passiert, überrascht alle: Die Bewerbungen, die auf diese Weise entstehen, sind durchs Band besser und individueller als jene, welche sich konkret auf das Stellenprofil stützen. Die Menschen bleiben die gleichen, der *Denkrahmen* wird jedoch ein anderer. Ein wichtiger Grundsatz für die Personalauswahl nach den Prinzipien der Employability lautet somit:

Passung statt Profil
Wir suchen keine Person, die in ein Profil passt,
sondern schaffen ein Profil, das zur Person passt.

An dieser Stelle möchte ich mit einem weiteren Vorurteil ausräumen, welches ständig durch die Führungsetagen geistert: Wer arbeitsmarktfähig sein will, sollte möglichst viele Diplome erwerben. Wir begleiten zunehmend überqualifizierte, mit Ausbildungen und Diplomen überhäufte Menschen auf ihrem Weg zu einer beruflichen Neuorientierung. Alle ihre Diplome haben diesen Menschen offensichtlich nicht dabei geholfen, eine neue Anstellung zu finden. Dies deshalb, weil Diplome wenig über die Arbeitsmarktfähigkeit einer Person aussagen. Sie sind einzig Zeugnis einer fachlichen Auseinandersetzung mit einem Thema. Oder, wie wir es immer wieder feststellen: «Le *savoir faire* prédomine sur le *savoir être*.» – Das Wissen dominiert über das Wesen.

Insofern muss sich die Personalauswahl in Unternehmen nach den Prinzipien der Employability an anderen Marksteinen orientieren. Während sich klassische Wege in der Personalbeschaffung im Wesentlichen an Hochschulabsolventen oder an olympiareife Rekrutierungspotenziale richten, sind zur Förderung von Employability neue Wege zu beschreiten. Auswahlmethoden der Zukunft bewegen sich von den eigentlichen Fachqualifikationen hin zu Persönlichkeitsmerkmalen. Eine entsprechende Auslegung von Personalbeschaffung ist Teil einer gesunden Unternehmenskultur und hat eine enorme Modell- und Vorbildwirkung für das gesamte Unternehmen: Bei einer Betonung von Persönlichkeits- oder Verhaltensmerkmalen appelliert jeder an sich selbst. Es werden zunehmend Kriterien berücksichtigt, für die jeder selbst verantwortlich ist und zu denen jeder einen aktiven Beitrag leisten kann. Ein weiterer Grundsatz für die Personalauswahl nach den Prinzipien der Employability ist somit:

Weg von Diplomen

Diplome sagen nichts über effektives Verhalten im Wandel aus. Personalauswahl nach den Kriterien der Employability orientiert sich nicht an Diplomen, sondern an der Persönlichkeit und der Bewegungsfreundlichkeit der Menschen.

Ein Unternehmen, das Employability ernst nimmt, akzeptiert die *Vielfalt*. Nur Unterschiedliches kann sich ergänzen und befruchten. Das Prinzip der Andersartigkeit umfasst auch die Vielfalt der Meinungen und Charaktere. Motor und Bremse haben einen gegensätzlichen Charakter. Dennoch sind beide nötig, um schnell und sicher ans Ziel zu kommen. Oder anders ausgedrückt: Wenn zwei immer die gleiche Meinung haben, ist einer überflüssig. Analysieren Sie, welche Eigenschaften im Umfeld des Teams, in dem der neue Mitarbeiter seine hauptsächlichen Aufgaben erfüllen soll, fehlen. Komplementäre Aufgaben tragen mehr zur Teamentwicklung bei als ähnliche Charaktere. Ob jemand einen Mehrwert im Team zu leisten imstande ist, hat nur wenig mit dem Team zu tun, eher mit der Qualität des Inhalts der Leistung des Einzelnen. «Erst der Individualismus hat das Bewusstsein geschaffen, dass jeder Mensch einen Wert an sich darstellt und in seinem Streben nach Glück zu respektieren ist. Und es ist klar, dass die Interessen des Einzelnen sich viel besser in die Gemeinschaft integrieren lassen, wenn sie offen angesprochen und zugelassen werden.»[111] Nutzen Sie Stärken von Individuen und versuchen Sie nicht, ein Team von homogenen Leistungsträgern zu erhalten. Das ist wenig effektiv. Streben Sie stattdessen, wie Martin Hilb es treffend ausdrückt, von einem *Team of stars* zu einem *Starteam*.[112] Personalmanager können hier wirklichen Mehrwert für die Linie erarbeiten, indem sie diesen Gedanken im Unternehmen verankern.

---

111 Sprenger = 2005 = 222.
112 Hilb = 2002 = 135.

Das Prinzip der Akzeptanz der Andersartigkeit bezieht sich auch auf eine *ausgewogene Alterspolitik*. Wir haben es gesehen: Arbeitsmarktfähigkeit ist keine Frage des Alters, sondern eine Frage der Einstellung. Überdenken Sie Ihre Alterslimiten. Abgesehen davon, dass sie in den wenigsten Fällen Sinn machen, sind sie im Zuge der europäischen Nicht-Diskriminierungsgesetze ohnehin unstatthaft. Entscheidend ist bei der Rekrutierung älterer Mitarbeiter allerdings, dass auch ältere Entscheider am Tisch sitzen. Es geht nicht an, dass eine 25-jährige Personalassistentin im Alleinverfahren einen 55-jährigen Kandidaten aus dem Rennen wirft, weil sich die beiden verständlicherweise recht wenig zu sagen haben. Sollte in der Personalabteilung kein entsprechender Generationskollege vorhanden sein, so versuchen Sie, jemanden aus dem Linienmanagement für das Gespräch zu gewinnen. Bewusst ältere Mitarbeiter einzustellen, hat auch Vorbildwirkung. Modelle, welche die Persönlichkeitsmerkmale und die Expertenpotenziale älterer Mitarbeiter berücksichtigen, haben eine nicht zu unterschätzende Modellwirkung im Sinne einer Chancengleichheit über die Generationen hinweg. Und dass dabei ganz nebenbei auch Werbung für das Unternehmen am Arbeitsmarkt betrieben wird, versteht sich von selbst.

Akzeptanz der Andersartigkeit wird so zu einem nächsten Grundsatz für die Personalauswahl nach den Prinzipien der Employability.[113]

> **Akzeptanz der Andersartigkeit**
> Wenn alle das Gleiche tun, kommt keiner voran.

Die nächste Teilfunktion der Personalgewinnung ist die *Personalanstellung*. Damit die richtigen Leute an Bord geholt werden können, welche sich bewegen und die ihnen gebotenen Freiräume im Sinne des Unternehmens nutzen, müssen die auszuführenden Tätigkeiten einer Herausforderung für die Person gleichkommen. Menschen, welche sich nicht behaupten müssen, die nicht wachsen können, bewegen sich nicht. Es gilt hier, Menschen nicht komfortable Lösungen anzubieten, sondern Eigenverantwortung zu fördern. Ein Einstellungsgespräch aus dieser Optik sollte immer mit dem Satz beginnen: «Sie erhalten von uns keine Aufgaben. Sie müssen sie sich selbst erarbeiten.» Mitarbeiter, welche diesen Satz nicht verstehen, sind nicht gemacht für ein Unternehmen, welches Employability lebt. Es nützt

---

113 Weber & Thiele = 2004 = 110.

nichts, Kandidaten Versprechungen zu machen, die Sie nicht halten können. Arbeitsmarktfähige Mitarbeiter können sich selbst behaupten und brauchen keine Komfortlösungen. Für sie gilt die Regel: «Never take a job you can't afford to lose».» – Akzeptiere nie einen Job, von dem du es dir nicht leisten kannst, ihn zu verlieren. Der Grundsatz aus diesen Überlegungen für die Personalanstellung lautet:

Minimale, nicht maximale Employability bieten
Bewegungsfreundliche Mitarbeiter erarbeiten sich ihre Employability selbst, sie muss weder vom Unternehmen versprochen noch geboten werden.

Interessant haben sich in diesem Zusammenhang Modelle erwiesen, in denen den Mitarbeitern keine 100%-Jobs angeboten werden, sondern maximal 80%.[114] Den Rest der Arbeitszeit müssen sie sich – insofern sie dies wollten – selbst im oder außerhalb des Unternehmens erarbeiten. Dieses Modell schlägt zwei Fliegen mit einer Klappe: Zum einen ist der Mitarbeiter verpflichtet, sich einen zweiten – internen oder externen Markt – zu erarbeiten. Zum anderen lernt er die Gepflogenheiten dieses erweiterten Marktes kennen, was wiederum seine Arbeitsmarktfähigkeit erhöht.

Die letzte Teilfunktion der Personalgewinnung ist die *Personaleinführung*. Durch eine richtige Einführung lernt der neue Mitarbeiter möglichst schnell, seinen realistischen Verhaltens- und Handlungsspielraum einzuschätzen. Employability als Führungsmodell ist vielen Mitarbeitern fremd. Es ist entscheidend, sie gleich zu Beginn ihrer neuen Tätigkeit mit den Eigenheiten des Modells bekannt zu machen, sie Freiräume nutzen zu lassen und gleichzeitig früh mit Eigenverantwortung zu konfrontieren. Bereichernd haben sich in diesem Zusammenhang Mentoren erwiesen, welche für die Neuen einerseits die Brücke zum unbekannten sozialen Umfeld bauen, zum anderen die Vision, Kultur und Struktur glaubhaft darstellen können und somit die Geschichte, Produkte und Märkte des Unternehmens für die Neuen greifbar machen. Mentoring ist für die Ausgestaltung eines integrierten Employability-Modells aus doppelter Hinsicht sinnvoll: Es dient Menschen mit einer langen Firmenzugehörigkeit zu einem willkommenen Job-Enrichment und schafft gleichzeitig rasch Identität für Neue.

---

114 Gemäß Erfahrungen aus Beratungsprojekten des Autors.

Wir betrachten Mentoring als wesentlichen Grundsatz für eine erfolgreiche Personaleinführung nach Employability-Kriterien:

Mentoring durch Seniors

Einführungsprogramme sollten systematisch von bewegungsfreundlichen Seniors erarbeitet werden. Diese haben keine Weisungsbefugnis, dienen jedoch dem Neuen als Vertrauensperson und Ansprechpartner.

Nützlich bei der Ausgestaltung der strategischen Ebene des Personalmanagements hat sich folgende Überlegung erwiesen: Employability ist eine gleichwertige Partnerschaft zwischen Arbeitnehmer und Arbeitgeber. Gleichwertigkeit bedingt gleichwertige Rahmenbedingungen. Beide Seiten, das Unternehmen und der Mitarbeiter, haben ihren Teil zu liefern. Wir haben in der Praxis oft erlebt, dass von den Mitarbeitern zwar eigenverantwortliches Verhalten verlangt wird, dieses in der Praxis jedoch dann nicht gelebt wird. Employability als Führungsprinzip definiert nicht nur Verantwortlichkeiten, sondern verlangt auch klare Regeln und Pflichten für alle Beteiligten. Will man diesen Gedankengang systematisch für alle Teilfunktionen des integrierten Personalmanagements anwenden, so erweist sich das Employability-Trapez in der folgenden Darstellung als wertvolle Unterstützung.

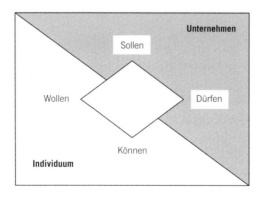

Abbildung 6-III: Das Employability-Trapez des Personalmanagements (promove TM)

Die Ecken *Sollen* und *Dürfen* beschreiben die Pflichten des *Unternehmens*. Ist Employability wirklich im Unternehmen gewollt? Dürfen die Mitarbeiter Arbeitsmarktfähigkeit entwickeln?

Die Ecken *Können* und *Wollen* hingegen beschreiben die Verpflichtungen des *Individuums*. Sind die Menschen in der Lage, employabilityrelevantes Verhalten an den Tag zu legen? Wollen sie sich überhaupt bewegen?

Betrachten wir die Teilfunktion der Personalgewinnung nach diesem Muster.

– Vision des Unternehmens (*Sollen*)

Inwiefern soll jemand für die Aufgabe, für die er rekrutiert wird, wirklich bewegungsfreundlich sein? Diese Frage ist begründend für die Personalgewinnung. Es bringt nichts, Menschen einzustellen, die Eigenverantwortung möchten und bereit sind, auch die entsprechenden Konsequenzen zu tragen, wenn man sie nicht Verantwortung übernehmen lässt. Will das Unternehmen gleichwertige Partner oder will dies das Unternehmen nicht? Employability als purer Marketinggag, um gute Leute auf dem Markt für das Unternehmen zu gewinnen, ist wertlos.

– Lebens- und Arbeitssituation der Mitarbeiter (*Dürfen*)

Darf die Person zur Erfüllung dieser Aufgabe Eigeninitiative entwickeln? Gibt es anstelle eines starren Stellenbeschriebs einen Aufgabenbeschrieb, der Freiraum lässt und an dem die Person wachsen kann? Delegiert die Linie neben der Verantwortung auch die Kompetenz an die Person, damit sie die gestellten Aufgaben in Eigenverantwortung wahrnehmen darf?

– Fähigkeiten der Mitarbeiter (*Können*)

Diese Dimension stellt das Wissen und die Fertigkeiten dar, welche das Individuum mitbringen muss, um die ihm gestellte Aufgabe eigenverantwortlich zu lösen. Bringt die Person genügend ausgewiesene Erfahrung mit? Kann sie den ihr gebotenen Spielraum nutzen? Will sie nicht nur Verantwortung, sondern ist sie auch bereit, die damit verbundenen Konsequenzen zu tragen? Ist das Individuum aufgrund seiner persönlichen Situation in der Lage, gewisse Beschäftigungsrisiken einzugehen? Entscheidend aus Sicht der Personalgewinnung ist es festzustellen, ob die Person ausgewiesene Erfahrung in der Übernahme von Eigenverantwortung hat oder nicht.

– Motivation der Mitarbeiter (*Wollen*)

Diese Ecke des Employability-Trapezes zeigt die Motivation des zu Rekrutierenden, sich den sich ihm bietenden Freiraum auch wirklich nutzen zu wollen. Warum möchte die Person die Aufgabe übernehmen? Welche Herausforderung stellt sie für sie dar? Wie kann die Person daran wachsen? Es nutzt nichts, ein Spielfeld abzustecken, wenn sich die Spieler weigern, darauf zu spielen. Hier geht es darum, festzustellen, ob das Individuum über die nötige Energie verfügt, sich zu bewegen, ob ein Motor da ist, aktiv Veränderungen zu bewirken oder nicht.

6.1.3 Methoden in der Personalgewinnung zur Gestaltung von Employability

Auf der operativen Ebene werden die Methoden bestimmt, anhand derer festgestellt werden kann, ob eine zu rekrutierende Person arbeitsmarktfähig ist oder nicht. Es geht hier nicht darum, die klassischen Kompetenzen einer Person zu messen, sondern zu erfahren, wie jemand seine Kompetenzen im Wandel einsetzen kann. Wie lässt sich erfahren, ob eine Person die zu einem Unternehmen im Wandel passenden Einstellungen wirklich verinnerlicht hat, ob sie verstanden hat, welche Konsequenzen die Entwicklung von einer Organisational- zu einer Individualkarriere mit sich bringt? Wie lässt sich erfahren, ob jemand wirklich bewegungsfreundlich ist? Zu oft haben wir in der Praxis Menschen getroffen, deren Fach-, Führungs-, Sozial- und gar Persönlichkeitskompetenz sehr breit ausgeprägt waren. Sie waren gut ausgebildet und kannten jede Menge Techniken zur Erhöhung ihrer einzelnen Kompetenzen. Dennoch haben die Menschen kaum etwas *bewirkt*. Sie haben kaum aktiv zum Wandel in Organisationen beigetragen, geschweige denn selbst an ihrer Einstellung gearbeitet. Sie wussten zwar theoretisch, wie Wandel zu bewerkstelligen ist, der Wandel sollte jedoch primär bei den anderen erfolgen.

Wir sind diesen Fragen während Jahren nachgegangen und haben viele Methoden und Instrumente evaluiert. Keine Methode jedoch maß, was wir zur Entwicklung von Employability brauchten: die Bewegungskompetenz eines Individuums. Einige Instrumente kamen den von uns gesuchten Kriterien sehr nahe. Andere benutzten das Schlagwort «Employability», indem sie klassischen Methoden ein neues Gesicht verpassten. Schließlich entschieden wir uns, unsere über die Jahre gemachten Erfahrungen mit bewegungsfreundlichen Menschen selbst in ein für uns handhabbares Modell zu bringen. Über Jahre trugen wir unsere Erfahrungen zusammen, stellten fest, welche Indikatoren sich fördernd und hemmend für beruflichen Wandel auswirkten, und versuchten, eine Logik in unsere Überlegungen zu bringen. Entstanden ist ProPosition©. ProPosition© bildet sämtliche Kompetenzen ab, welche für die Bewegungsfreundlichkeit relevant sind[115], und beantwortet die Frage: «Wie ist ein Individuum, im Verhältnis zu anderen, auf eine berufliche Veränderung vorbereitet?» Die Methode besteht aus einem dreistufigen, von der Universität Lausanne validierten[116], Verfahren. In einem ersten Schritt füllen interessierte Klienten über das Internet einen persönlichen Fragebogen aus. Man erhält so eine erste Einschätzung der Selbstbeurteilung des Klienten in Bezug auf die Arbeitsmarktfähigkeit relevante Dimensionen. In einem zweiten Schritt wird der Fragebogen – die Selbstbeurteilung – mit einem zertifizierten Coach validiert. In einem persönlichen Gespräch erfolgt eine gemeinsame Auswertung mit dem Ziel eines *individuellen Aktionsplans* für den Klienten. Besteht in der Umsetzung des Aktionsplans noch Klärungsbedarf, so kann der Klient in einem dritten Schritt ein persönliches Employability-Coaching durchlaufen, welches neben einer persönlichen Betreuung auch kollektive User Groups vorsieht. ProPosition© misst die folgenden Dimensionen.

Dimensionen von ProPosition©

a) Arbeitsmarktfähigkeit
aa) Kompetenzen und Karriere
Dieser Indikator bildet die erste Achse der Arbeitsmarktfähigkeit. Er misst die Übereinstimmung der Kompetenzen in Bezug auf die Entwicklung der effektiven Marktbedürfnisse. Berücksichtigt wird neben den Kriterien, welche der Proband selbst für seine Karriere als wichtig erachtet, auch seine Einschätzung, in Bezug auf die Erreichung seiner Ziele zum heutigen Zeitpunkt. In diesem Indikator finden sich Beobachtungen zu den Themen *Verantwortung, Eigeninitiative, Belastbarkeit, Ausdauer, Reflexionsfähigkeit, Vertrauen* und *Lernwille.*

---

115 Vgl. Kap. 3.2.
116 Vgl. Rossier = 2005.

Er gliedert sich in die folgenden drei Subindikatoren:

aaa) Marktrelevanz

Die Marktrelevanz der Kompetenzen wird auf zwei Ebenen gemessen: Zum einen wird festgestellt, ob die Kompetenzen wirklich einem Marktbedürfnis entsprechen, ob sie als solche anerkannt und wertgeschätzt werden. Zum anderen wird aufgezeigt, inwiefern der Proband die nötige Energie einsetzt, um seine Kompetenzen aktuell zu halten und möglichen Entwicklungen vorzugreifen. Dieser Indikator stellt im Wesentlichen die *Verantwortung* des Probanden dar.

aab) Streben nach Erfolg

Das Streben nach Erfolg stellt die Fähigkeit und die Motivation des Probanden dar, klare Ziele für seinen Berufsweg zu definieren und diese mit Ausdauer zu verfolgen. Seine Ausdauer basiert auf einem hohen Anspruchsniveau an sich selbst, auf seinen unablässigen Anstrengungen zur Erreichung seines Ziels, aber auch auf der Fähigkeit, sich von Niederlagen oder Schwierigkeiten nicht unterkriegen zu lassen. Dieser Subindikator hat sich für die Darstellung der Arbeitsmarktfähigkeit als entscheidend erwiesen. Er ist der *Motor*, von dem die Energie für die Neuorientierung stammt. Jeder gesunde Mensch strebt – explizit oder implizit – nach einem erfüllten Leben. Allerdings garantieren den Menschen weder Bedürfnisbefriedigung noch Konzentration auf ausschließlich egoistische Ziele die anvisierte Erfüllung.[117] Der Mensch muss offensichtlich immer wieder erfahren, dass sich jeder nur in dem Maße verwirklichen kann, in dem er einen Sinn erfüllt, der über sich selbst herausreicht. Mit steigendem Alter wächst der Wunsch, seiner Arbeit einen tieferen Sinn zu geben. Einen Beitrag zu etwas Sinnvollem leisten zu können, löst laut Bailom et al. jene Primärmotivation beim Menschen aus, die ungeahnte Kräfte freisetzt. Das Erkennen dieses Beitrags – eine entsprechende Zieldefinition – hat sich für die Steigerung der Arbeitsmarktfähigkeit als zentral erwiesen: Wer kein Ziel hat, kann auch nicht darauf hinarbeiten. In diesem Indikator finden sich die Dimensionen *Eigeninitiative, Belastbarkeit* und *Ausdauer*.

aac) Karrieredynamik

Die Karrieredynamik zeigt auf, welche Sicht ein Proband zum heutigen Zeitpunkt auf seine Karriere hat. Entscheidend ist neben der Zufriedenheit mit dem Erreichten auch die Einschätzung des Probanden, wie sich sein Berufsweg in den letzten Jahren entwickelt hat. Dieser Indikator misst die Dimensionen *Reflexionsfähigkeit, Lernwille* und *Vertrauen*.

ab) Marketing der Kompetenzen

Der Indikator *Marketing der Kompetenzen* bildet die zweite Achse der Arbeitsmarktfähigkeit. Er misst, wie der Proband seine Kompetenzen am Markt darstellt, wie er sich «verkauft». Entscheidend hierbei sind seine Kommunikationsfähigkeit, seine Fähigkeit, ein Netzwerk aufzubauen und zu pflegen, sowie die Kenntnis des für ihn relevanten Marktes. Gemessen werden hier die Dimensionen *Stärkenorientierung, Netzwerkpflege, Kommunikationsfähigkeit, Konfliktfähigkeit* und *Teamfähigkeit, Unternehmer in eigener Sache*

---

117 Vgl. Bailom et al. = 2004 = 215.

und *Antizipationsfähigkeit*. Der Indikator lässt sich wiederum in drei Subindikatoren aufteilen:

aba) Wirkung

Der Subindikator Wirkung hält die Fähigkeit eines Probanden fest, sein Umfeld – ob schriftlich oder mündlich – zu seinen Gunsten zu beeinflussen. Ausschlaggebend ist seine Fähigkeit, andere dafür zu interessieren, mit ihm in Interaktion zu treten, jemanden dafür zu gewinnen, seine Ideen und Projekte aufzunehmen, aber auch effektiv darzustellen, wer er ist und was er erreicht hat. Abgebildet werden hier die Dimensionen *Stärkenorientierung, Kommunikationsfähigkeit, Konfliktfähigkeit* und *Teamfähigkeit*.

abb) Netzwerk

Der Subindikator Netzwerk misst die Fähigkeit des Probanden, mit anderen Menschen ein tragfähiges Kontaktnetz aufzubauen. Diese Eigenschaft hilft, bei Bedarf Informationen oder Unterstützungsleistungen auszutauschen. Der Indikator stellt ferner dar, welchen Stellenwert der Proband der Entwicklung und dem Unterhalt seines Kontaktnetzes zugesteht. Dieser Indikator bezieht sich natürlich auf die Dimension *Netzwerken*.

abc) Marktkenntnis

Der Subindikator Marktkenntnis beschreibt die Art und Weise, wie ein Proband seinen relevanten Arbeitsmarkt beobachtet. Man kann sich dadurch rechtzeitig ein Bild verschaffen von dem, was passiert, um allfällige reelle Chancen und Gefahren für sich zu erkennen oder mit Bestimmtheit Möglichkeiten abzulehnen, welche nicht seriös sind oder nicht den eigenen Zielen entsprechen. Hier werden die Kompetenzen *Unternehmer in eigener Sache* und *Antizipationsfähigkeit* abgebildet.

b) Dynamische Arbeitsmarktfähigkeit

Es ist schwierig, sich auf dem internen oder externen Arbeitsmarkt ohne ein Mindestmaß an Arbeitsmarktfähigkeit zu positionieren. Aber auch eine hohe Ausprägung an Arbeitsmarktfähigkeit alleine genügt noch nicht, falls der Proband nicht über genügend Flexibilität verfügt. Der Indikator *Flexibilität* bildet, zusammen mit der *Arbeitsmarktfähigkeit*, die dynamische Arbeitsmarktfähigkeit. Eine tiefe Flexibilität mag aus einer gewissen Angst vor Wandel resultieren oder aus Mangel an Offenheit gegenüber anderen Karrieremöglichkeiten etwa in anderen Branchen oder anderen Berufsfeldern. Die Flexibilität wird auch durch die Einstellung bezüglich anderer Arbeitsformen wie beispielsweise der Selbstständigkeit, einer Freelance-Tätigkeit oder einer Portfolio-Karriere beeinflusst. Schließlich wirkt sich die Bereitschaft, an einem anderen Ort mit einem längeren Arbeitsweg zu arbeiten, ja allenfalls auch einen Umzug in Kauf zu nehmen oder in einer anderen Sprachregion zu arbeiten, ebenfalls auf die Flexibilität und somit die dynamische Arbeitsmarktfähigkeit aus. Daher werden in diesem Abschnitt die Kompetenzen *Offenheit für Neues, professionelle Mobilität* und *kontextuelle Mobilität* gesondert dargestellt.

ba) Gesundheit

ProPosition© ist eine Selbstbeurteilung zu einem gewissen Zeitpunkt. Menschen geben oft nicht zu, dass sie sich nicht wohl fühlen – oder aber sie setzen ihre Wohlfühlgrenze tiefer an, als sie dies sollten. Dies jedoch beeinflusst ihre Arbeitsmarktfähigkeit. Eine gute physische und psychische Verfassung ist die Basis für die Arbeitsfähigkeit eines Individuums. Arbeitsfähigkeit wiederum ist die Grundlage für Employability.[118] Insofern ist die Erfassung des Gesundheitszustandes zwingend für die Erfassung der Employability. Der Indikator *Gesundheit* zeigt die aktuelle gesundheitliche Verfassung des Probanden aus physischer und psychischer Hinsicht auf. Für die Ausgestaltung dieses Indikators haben sich die Untersuchungen von Ilmarinen und Tempel als sehr hilfreich erwiesen. Professor Ilmarinen hat Anfang der Neunzigerjahre einen *Arbeitsfähigkeitsindex* entwickelt.[119] Der Index umfasst sieben Indikatoren, u.a. eine Gegenüberstellung der derzeitigen Arbeitsfähigkeit zum höchsten je erreichten Spitzenwert, die Arbeitsfähigkeit in Relation zu den jeweiligen Arbeitsanforderungen, den Krankenstand im Vorjahr oder die psychischen Leistungsreserven. Einbezogen wird neben objektiv messbaren Kriterien auch die subjektive Einschätzung durch den Arbeitnehmer selbst.

baa) Physische Gesundheit

Dieser Subindikator stellt die physische Gesundheit eines Probanden dar. Er spiegelt also sein Energieniveau, zeigt, ob er sich fit fühlt, ob er regelmäßig Sport treibt oder – ganz generell – ob es körperliche Gebrechen gibt, welche den persönlichen Energiehaushalt stören könnten.

bab) Psychische Gesundheit

Dieser Subindikator stellt die psychische Verfassung eines Probanden dar. Er zeigt auf, ob eine Person sich wohl fühlt in ihrer Haut und ob sie eher eine negative oder positive Grundeinstellung gegenüber dem Leben vertritt.

bb) Flexibilität

Der Indikator *Flexibilität* stellt die Arbeitsmarktfähigkeit im Zeitverlauf dar. Mit ihm kann festgehalten werden, wie sich das effektive *Verhalten* einer Person wirklich verändert. Flexibilität lässt sich in drei Subindikatoren aufteilen:

bba) Offenheit für Neues

Offenheit für Neues zeigt die grundlegende Haltung eines Probanden gegenüber Wandel auf. Ist der Proband jemand, der neugierig ist oder gar Freude hat am Neuen? Wie steht es um seine Anpassungsfähigkeit? Sieht er im Wandel eher eine Chance oder eine Bedrohung? Der Subindikator erhellt nicht nur die *Einstellung* des Probanden, er geht darüber hinaus. Er erlaubt es, bei der Auswertung mit dem Probanden einen fundierten Einblick zu erhalten, ob bei ihm allenfalls Ängste und Blockaden existieren, welche ihn in seinem persönlichen Veränderungsprozess blockieren.

---

118 Vgl. Ilmarinen und Tempel = 2002 = 169.
119 Vgl. Ilmarinen und Tempel = 2002 = 169 ff.

bbb) Professionelle Mobilität

Die professionelle Mobilität misst die Flexibilität eines Probanden hinsichtlich anderer beruflicher Funktionen, anderer Berufe oder auch einer Selbstständigkeit.

bbc) Kontextuelle Mobilität

Die kontextuelle Mobilität bezieht sich auf die Flexibilität in Bezug auf die Arbeitsbedingungen. Ist der Proband bereit, Konzessionen zu machen und Veränderungen zu akzeptieren (z.B. geografisch, Arbeitszeit, Entlohnung), um sein Berufsprojekt zu realisieren?

c) Risikofaktoren

Dieser Abschnitt stellt das Risiko-Profil des Probanden dar. Er klärt ab, ob für den Probanden zum aktuellen Zeitpunkt die Gefahr besteht, nicht genügend auf eine berufliche Veränderung vorbereitet zu sein, indem potenzielle Störfaktoren im Arbeitsumfeld des Probanden aufgezeigt werden. Die Erfahrung zeigt, dass Menschen besser mit Veränderungen umgehen können, wenn sie mit sich selbst in Einklang stehen. Insofern ist es uns wichtig, an dieser Stelle – sozusagen als Kontrollgröße zu den bisher gemessenen Indikatoren – die *Work-Life-Balance* des Probanden darzustellen. Der Indikator setzt sich wiederum aus zwei Subindikatoren zusammen:

ca) Arbeitszufriedenheit

Die Arbeitszufriedenheit misst zum einen den Grad der Verbundenheit des Probanden mit seinem Arbeitgeber, zum anderen das Geflecht seiner Arbeitsbeziehungen. Ein relativ tiefes Niveau von Arbeitszufriedenheit kann zu einem Bedürfnis nach einem Wechsel des Berufsumfelds führen.

cb) Stabilität

Die Stabilität misst, wie sich in den Augen des Probanden dessen Unternehmen, Branche oder Berufsfeld verändern werden. Hierbei ist entscheidend, ob größere Veränderungen anstehen, ob die Branche allenfalls von technologischen Entwicklungen, der Konkurrenz oder einfach von der konjunkturellen Lage bedroht wird.

Aus der Optik der Personalgewinnung ist es nun entscheidend, diejenigen Dimensionen zu evaluieren, welche für die auszufüllende Aufgabe begründend sind. Wenn wir Kandidaten einstellen möchten, welche arbeitsmarktfähig sind, dann eignet sich ProPosition© hierzu ausgezeichnet, indem uns die Auswertung des Fragebogens erlaubt, uns auf diejenigen Elemente zu konzentrieren, wo bei den Aussagen Unstimmigkeiten bestehen. Dies erleichtert die Gesprächsvorbereitung enorm. Wir nutzen hierzu die Technik des *strukturierten Interviews*. Mit Hilfe des strukturierten Interviews können prognostische Validitäten erreicht werden, wie sie sonst nur mit kostspieligen Assessment-Center-Verfahren möglich sind.[120]. Das strukturierte Interview hat zum Ziel, mittels gezielter Fragen eine vollständige Verhaltensstichprobe des Kandidaten zu erhalten. Dabei hilft dem Interviewer ein einfaches Schema, das Verhaltensdreieck.[121]

– *Situation/Aufgabe/Problemstellung*

Diese Komponente liefert wichtige Hinweise zur Bewertung einer Verhaltensweise. Nur wenn die Situation – also die Rahmenbedingungen – bekannt sind, unter welchen eine bestimmte Leistung erbracht wurde, lässt sich die Leistung richtig einordnen. Welche Zielsetzung lag einem Verhalten zugrunde? Wie war der Schwierigkeitsgrad? Wie war die konjunkturelle Situation? Was leistete ein vergleichbarer Mitarbeiter? Alles Fragen, die uns einen Maßstab an die Hand geben, mit dem wir die Antworten des Bewerbers besser gewichten können.

– *Beitrag*

Häufig erzählen Bewerber nur sehr vage, wie sie in einer konkreten Situation vorgegangen sind. Sie verwenden gerne «man»-Formulierungen, die letztlich wenig über die Eigenleistung des Bewerbers aussagen. Deshalb ist es wichtig, konkrete Verhaltensweisen anhand von Beispielen zu verlangen und sich nicht mit Allgemeinplätzen zufrieden zu geben.

Abbildung 6-IV: Das Verhaltensdreieck des strukturierten Interviews
(in Anlehnung an Jetter = 2003 = 165)

---

120 Vgl. Jetter = 2003 = 90.
121 Vgl. Jetter = 2003 = 165.

– *Ergebnis*

Erst das erzielte Ergebnis erlaubt, eine Handlung zu bewerten. Es gilt dabei nicht nur, Erfolge herauszustreichen, sondern auch, was der Bewerber daraus gelernt hat. Insofern kann auch ein Misserfolg aufschlussreich sein. Aussagen wie «Ich habe daraus gelernt, dass...» ergeben oftmals einen tieferen Einblick in das Verhalten eines Bewerbers als «Die Software wird heute noch genutzt, so wie ich sie damals entwickelt habe.»

Mit dem Verhaltensdreieck erhält der Interviewer eine einfache, aber wirkungsvolle Steuerungshilfe für die Personalgewinnung. Er pickt sich diejenigen Elemente der ProPosition©-Berichte heraus, welche er im Interview validieren will. Er braucht nur darauf zu achten, aus welcher der Perspektiven im Verhaltensdreieck der Bewerber auf die gestellte Frage antwortet, und kann dann mit Zusatzfragen die fehlenden Elemente ergänzen.

Das Verhaltensdreieck ist auch dann nützlich, falls kein ProPosition©-Bericht vorliegt, etwa im Falle von externen Bewerbungen auf eine Stelle. Wie kann trotzdem festgestellt werden, wie hoch die Bewegungskompetenz einer Person ist? Wir haben gute Erfahrungen mit *Blitzinterviews* gemacht. Blitzinterviews haben ebenfalls zum Ziel, vom Bewerber ein Verhaltensdreieck hinsichtlich seiner Bewegungsfreundlichkeit zu erhalten. Als Basis für die Fragestellung dienen die Bewerbungsunterlagen der Kandidaten. Um den für die Personal-Auswahl gültigen Prinzipien *Passung statt Profil, Weg von Diplomen* und *Akzeptanz der Andersartigkeit* gerecht zu werden, ist es wichtig, *sämtliche* Bewerbungsunterlagen *systematisch auf Erfolge oder Misserfolge während Wandlungsprozessen* durchzusehen. Dieses Vorgehen entscheidet sich fundamental von der klassischen Auswahl nach Checklisten, wo primär nach Ausbildung und Erfahrung gesucht wird, was jedoch zur Folge hat, dass passende Menschen mit einem unterschiedlichen Erfahrungs- und Verhaltenshintergrund kaum je in eine engere Auswahl geraten. Falls Erfolge oder Misserfolge in Wandlungsprozessen aus den Unterlagen nicht erkennbar sind, kann auch folgende Frage nach dem Muster des Verhaltensdreiecks dienen: «Auf welchen Erfolg sind Sie am meisten stolz? Was konkret war die Ausgangslage? Welches war Ihr Beitrag zum Erfolg? Was war das Resultat?» Rufen Sie nun systematisch die Bewerber an. Sie investieren Zeit, die sich lohnt. Sie werden überrascht sein, wie viele Bewerber Ihnen nicht sagen können, was Sie konkret geleistet haben, während andere, denen es auf Basis der Unterlagen überhaupt nicht zuzutrauen gewesen wäre, über erstaunliche Leistungen berichten können. Sie haben daraufhin immer noch die Wahl, jemanden zu einem Interview einzuladen oder nicht. Auf jeden Fall wird Ihre Vorselektion breiter und vielfältiger, was sich ganz im Sinne der Employability Ihres Unternehmens auswirkt.

6.1.4 Freisetzung: Das Prinzip der temporären Auszeit

Die andere Seite der Personalgewinnung im integrierten Personalmanagement ist die *Freisetzung* von Mitarbeitern. Auch in arbeitsmarktfähigen Unternehmen gibt es Trennungen. Aus normativer Sicht endet Personalmanagement jedoch nicht an der Unternehmensgrenze. Der Lebenszyklus des gleichwertigen Vertrages sollte mit der Kündigung – grobes Fehlverhalten des Betroffenen ausgenommen – nicht definitiv aufhören, sondern primär einmal als temporär unterbrochen betrachtet werden. Auch im Falle von wirtschaftlich begründeten Kündigungen ergibt sich ja hoffentlich eines Tages die Möglichkeit, dass es der Firma wieder besser geht und sie unter Umständen wieder Personal einstellt. Da macht es doch Sinn, auf bestehende Erfahrung zurückgreifen zu können. Einer unserer Kunden meinte, als wir mit ihm über die Trennung von einigen Mitarbeitern sprachen: «Wissen Sie, ich möchte, dass die Leute trotz dieser Erfahrung wieder zu uns zurückkommen, wenn sich die Möglichkeit bietet.»

Ein Management, das seine Mitarbeiter so behandelt, wie es möchte, dass diese Mitarbeiter die Kunden des Unternehmens behandeln, könnte einen Großteil seiner Marketingaktivitäten einsparen. Denn ausgeschiedene Mitarbeiter erzählen, wie man mit ihnen in der Phase der Freisetzung umgegangen ist. Überwiegen in dieser Schilderung negative Elemente, so dürfte sich dies kaum positiv auf das Unternehmensimage auswirken. Wenn nicht nur die aktuellen, sondern auch die ehemaligen Mitarbeiter einem potenziellen Bewerber ein Unternehmen als Arbeitgeber empfehlen, so ist dies sicher ein guter Indikator für die Qualität der Firma. Freisetzungen sind so unausweichlich wie Einstellungen. Es ist allerdings schon fraglich, warum so viel Energie in die richtigen Personaleinstellungen investiert wird, während Trennungen in der Regel einfach bürokratisch und so sozialverträglich wie möglich umgesetzt werden wollen. Freisetzungen sollten – Fehlverhalten der Person ausgeschlossen – nur dann zustande kommen, wenn sie sich wirtschaftlich nicht vermeiden lassen, wenn die Person nicht zur

Firma passt oder – selbstverständlich – falls die Person aus eigenen Gründen aus dem Unternehmen auszuscheiden gedenkt. Die heute am weitesten verbreitete Praxis des Managements bei der Freisetzung von Mitarbeitern ist die Kündigung, bei älteren Semestern wird eine Frühpensionierung ins Auge gefasst. Oftmals wird auch die professionelle Hilfe von internen oder externen Outplacement-Beratungen beansprucht oder andere allenfalls in Sozialplänen definierte Trennungsmodalitäten. Eine solche Freisetzung basiert immer auf dem Präjudiz eines Defizitmodells: Man sucht nach Gründen, warum eine Weiterbeschäftigung *nicht* weiter möglich sein sollte. Dabei hat eine Trennung weitreichende Folgen: Mit der ausscheidenden Person verschwindet deren Know-how, aber auch ein Teil der gewachsenen Kultur aus dem Unternehmen. Man hat in der Vergangenheit zur Genüge gesehen, wohin Hauruckentlassungen führen können: Die Produktivität der verbliebenen Mitarbeiter nimmt ab, Kunden werden unzufrieden und wandern ab, Know-how muss wieder teuer extern eingekauft werden.

Bei Trennungen nach dem Prinzip der Employability wählt man den umgekehrten Ansatz. Nach diesem Ansatz sollte eine Weiterbeschäftigung *nach einer temporären Auszeit prinzipiell möglich* sein. Entsprechend sind Trennungsprozesse so zu gestalten, dass es auch nach dem Ausscheiden eine konstruktive Beziehung mit den Betroffenen geben könnte. Die besten Mitarbeiter sind die, welche zu uns zurückkehren würden. Falls Sie sich also von Leuten trennen müssen, trennen Sie sich von denjenigen, die ihren Job lieben, niemals jedoch von denen, die ihre Arbeit lieben.[122]

6.1.5   Grundsätze für die Personalfreisetzung

Auf der strategischen Ebene stellt sich die Frage, wie derartige Trennungen durchgefuhrt werden können. Erstaunlicherweise werden Trennungen in einem Unternehmen, welches nach einem integrierten Employability-Modell lebt, als weniger schmerzlich empfunden als dort, wo entsprechende Kriterien nicht angewandt werden. Warum? Weil in einem arbeitsmarktfähigen Unternehmen die Leute selbst für ihren Job verantwortlich sind. Dadurch erfahren sie im Idealfall selbst, wann ihre Leistung keinen Mehrwert mehr stiftet, und erleben, wie ihr Job entweder eine andere Form annehmen muss

---

122 Vgl. Sprenger = 1999 = 83.

oder bald nicht mehr gefragt ist. Menschen verstehen in einem Unternehmen, welches auf Arbeitsmarktfitness setzt, dass Erfolg keine unternehmerische Konstante ist, sondern auf der kontinuierlichen, marktgerechten Neuausrichtung jedes einzelnen Mitarbeiters beruht. Wir sehen es in unserer Praxis täglich: Sobald Menschen das Prinzip Verantwortung verstanden haben, wird eine Kündigung etwas Verständliches, Alltägliches – sozusagen die logische Kehrseite zur Personal-Einstellung – und verliert somit auch an Bedrohungspotenzial bei zukünftigen Arbeitgebern.

Dennoch sind gewisse Elemente zur Bildung dieser Grundhaltung nützlich. Employabilityfördernd ist eine gelebte Trennungskultur, wobei sich diese bereits auf Veränderungen *innerhalb* der Firma bezieht. Unternehmen, die Employability ernst nehmen, bieten ihren Mitarbeitern nicht maximale, sondern *minimale* Arbeitsplatzsicherheit. Und dies beständig, über die gesamte Beschäftigungsdauer hinweg. Damit dieser Zustand nicht zu nervenaufreibend wird, bietet das Unternehmen im Gegenzug eine gelebte Trennungskultur an: Jeder Mitarbeiter kann jederzeit den Arbeitsplatz wechseln, ob von sich oder vom Management angeregt, wobei der Wechsel sowohl intern wie auch extern und wieder zurück erfolgen kann. Ein erster Grundsatz für eine gelebte Trennungskultur ist also auch hier:

> **Minimale, nicht maximale Employability bieten**
> Wenn Mitarbeiter wissen, dass ihnen ihr Unternehmen zwar eine Aufgabe bieten kann, nicht jedoch eine Arbeitsplatzgarantie, so werden sie mit Kündigungen besser umgehen können.

Wenn schließlich Mitarbeitern trotzdem gekündigt werden muss, dann sollte dies ausschließlich nach spezifischen Kriterien erfolgen. Die Erfahrung zeigt, dass in einem Unternehmen nach den Prinzipien der Employability im Wesentlichen zwei Überlegungen die Frage beeinflussen, wer entlassen werden muss.

Das erste Kriterium ist die *demografische Entwicklung*. Die Strategie einer gezielten Frühpensionierung, sei es auf einen Schlag oder als flexible Frühpensionierung getarnt, erweist sich angesichts der demografischen Alterung der Erwerbsbevölkerung als Eigentor. Zu oft wurde durch diese Maßnahme in der Vergangenheit äußerst wertvolles Know-how aus dem unternehmerischen Geschehen ausgeschlossen. Zudem zeigt sich gerade bei

Dienstleistungsunternehmen, dass eine gute Kombination von Innovation und breiter Erfahrung langfristig die höchste Leistungsfähigkeit erlaubt. Sehen Sie also zu, dass durch Freisetzungsmaßnahmen die Altersstruktur im Unternehmen positiv in Richtung einer ausgewogenen, durchmischten Altersstruktur verändert wird. Es ist in jeder Hinsicht falsch, langjährige Mitarbeiter in die wie auch immer gestaltete Frühpension zu senden. Flexible Pensionierung ist in einer weiteren Hinsicht einer nachhaltigen Unternehmensentwicklung abträglich: Sie grenzt automatisch eine Altersgruppe vom Unternehmensgeschehen aus. Dies widerspricht klar dem Prinzip der Gleichbehandlung von Know-how-Trägern. In einem Unternehmen, das eine Kultur der Arbeitsmarktfähigkeit pflegt, dürfen somit ältere Fach- und Führungskräfte nicht anders behandelt werden als ihre jüngeren Kollegen. Entsprechend sind beide Gruppen von Abbaumaßnahmen gleichermaßen betroffen.

Schließlich – auch das ist nichts Neues – geht es bei Entlassungen ja nicht nur um die Gegenwart, sondern auch um die Zukunft. Der Stil, durch den Mitarbeiter entlassen worden sind, beeinflusst das Verhalten der Verbliebenen. Alle diese Mitarbeiter werden älter und malen sich aus, dass es ein nächstes Mal sie trifft, sobald sie eine bestimmte Altersgrenze überschritten haben. Das in diesem Zusammenhang genannte *Survivors Syndrom* beschreibt, mit welchen Problemen und Gefühlen die nach Restrukturierungen im Unternehmen Verbleibenden zu kämpfen haben.[123] Die Beobachtungen der Reaktionen von Verbleibenden stehen regelmäßig in Zusammenhang mit Fragen der Fairness, Gerechtigkeit, Humanität und der Ethik. Es scheint so, als ob die Art und Weise des Trennungsprozesses durch die Verbleibenden hindurch geradezu wie in einem Spiegel reflektiert wird. Im Hinblick auf die Wahrnehmung von Kündigungen und Personalabbau spielt das *Gerechtigkeitsempfinden* der Mitarbeiter eine besondere Rolle. Die Mitarbeiter verspüren Gerechtigkeit auf unterschiedlichen Ebenen:[124]

---

123 Vgl. Andrzejewski = 2002 = 178 ff.
124 Vgl. Kieselbach = 2001.

– Inhaltsgerechtigkeit

Werden die Aussagen über die Gründe der Kündigung oder des Personalabbaus als wahrheitsgemäß empfunden oder gibt es Widersprüche? Stimmen die angeführten Argumente mit der Realität überein?

– Verfahrensgerechtigkeit

Wird der Prozess als professionell und ausgewogen empfunden? Werden die Kriterien für die Auswahl der vom Abbau betroffenen Kandidaten als fair oder willkürlich wahrgenommen? Gibt es eine Kongruenz der Vorgehensweise oder gibt es Priviligiertere unter den Priviligierten?

– Verteilungsgerechtigkeit

Wie werden die Verteilung der anstehenden und «ererbten» Aufgaben und die Verteilung der Arbeit empfunden? Werden die verfügbaren Planstellen nach Proporz oder nach strategiekonformen Überlegungen besetzt? Was denken die Verbleibenden über die Entschädigung oder den Verlust des Arbeitsplatzes der Gekündigten?

– Führungsgerechtigkeit

Wie verhält sich der direkte Vorgesetzte? Ist sein Umgang mit den Gekündigten und Verbleibenden geprägt von Achtung und Respekt? Behandelt die Unternehmensleitung alle Mitarbeiter gleichwertig? Geht das Management bezüglich Umgangsformen und Manieren mit gutem Beispiel voraus?

Verbliebene beklagen, dass Chefs keine Zeit haben für notwendige Gespräche, dass sie kaum oder viel zu spät Informationen erhalten – und dass sie sich allein gelassen fühlen. Das Coaching der Verbleibenden ist also ein essentieller Bestandteil eines professionellen Trennungsmanagements. Bitten Sie Ihre Leistungsträger – das sind nun *alle* Verbliebenen – um ihre Loyalität und Unterstützung. Sagen Sie ihnen klar und deutlich, *dass Sie auf sie zählen*. Leider wird das allzu oft vergessen. Nutzen Sie die Potenziale Ihrer Mitarbeiter und damit die «Chance der Erneuerung von innen».[125] Die Menschen brauchen gerade in dieser Situation jemanden, der da ist und zuhört. Nehmen Sie sich die Zeit, mit Ihren Mitarbeitern zu reden.

---

125 Andrejewski = 2002 = 188.

Fügt man sämtliche Aussagen zur demografischen Entwicklung zusammen, so ergibt sich für Freisetzungen nach dem Prinzip der Employability folgender Grundsatz:

Keine altersabhängigen Entlassungen

Der Schnitt hat quer durch die Alterspyramide zu erfolgen und nicht alleine die Spitze zu betreffen.

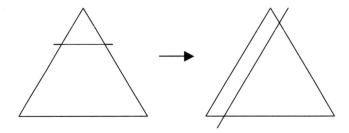

Abbildung 6-V: Vom horizontalen zum vertikalen Schnitt durch die Alterspyramide (promove TM)

Die zweite Überlegung zielt auf die *Lebensfähigkeit des Unternehmens* im Wandel ab. Wandel ist kontinuierlich. Wenn ein Unternehmen im Wandel bestehen will, muss es sich wandeln. Nur wer sich wandelt, kann sich treu bleiben. Dies gilt auch für die Mitarbeiter. Ohne Wandel ist Employability nicht möglich. Ein Unternehmen, welches die Trennung von Mitarbeitern nach den Prinzipien der Employability versteht, betrachtet Trennungsmanagement als Teil eines *kontinuierlichen Change-Projekts*. Eine Trennung ist aus dieser Optik nichts anderes als die logische Konsequenz einer Anstellung. Wenn Trennungsmanagement so verstanden wird, dann kann bei Trennungsprozessen eine ganze Menge an negativer Energie vermieden werden, wie die folgende Abbildung aufzeigt.

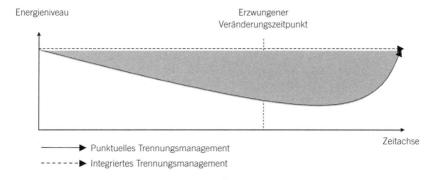

Abbildung 6-VI: Energiekurve bei integriertem oder punktuellem Trennungsmanagement (promove TM)

Werden Umstrukturierungen nicht thematisiert, so haben Mitarbeiter die Tendenz, sich ihre eigenen Zukunftsszenarien auszumalen. Meist sind diese Szenarien von Unsicherheit geprägt. Sie wissen, dass früher oder später ein erzwungener Veränderungszeitpunkt kommen wird. Sie glauben, keine Chance zu haben, sich auf diesen Zeitpunkt aktiv vorzubereiten, und sehen sich als Betroffene. Auf ihren Einsatz im Unternehmen hat dies Folgen. Sie sind unmotiviert, ihre Produktivität sinkt. Im Generellen sinkt ihre Energiekurve ab. Wir haben in der Praxis festgestellt, dass die meisten Menschen, welche wir in Trennungsprozessen begleitet haben, eigentlich gar nicht zu uns hätten kommen müssen. Sie wären durchaus in der Lage gewesen, selbstständig für sich einen Weg zu finden, falls Freisetzungen *rechtzeitig* im Unternehmen thematisiert worden wären. Weil dies nicht der Fall war, konnten sich während der Zeit der Unsicherheit Blockaden und Ängste aufbauen, die wir dann in mühsamer Arbeit erst wieder abbauen müssen, um Bereitschaft für Wandel bei den Betroffenen zu schaffen – um sie *von Betroffenen zu Beteiligten* zu machen. Anders sieht es aus, wenn Veränderungen und Trennungsprozesse im Unternehmen regelmäßig thematisiert werden. Durch die Enttabuisierung und die Diskussion von Freisetzungen und ihren Auswirkungen auf den Einzelnen schwindet beim Individuum die Angst vor der Ohnmacht gegenüber solchen in der Regel als unbeeinflussbar geltenden Entscheiden. Der Einzelne wird sich bewusst, dass er durch Eigenverantwortung sein Schicksal selbst in die Hand nehmen kann, dass er konkrete Maßnahmen in die Wege leiten kann, um proaktiv einer Freisetzung entgegenzuwirken oder dann zum richtigen Zeitpunkt eine Alternative zu haben. Dadurch fällt seine Energiekurve nicht ab. Für das Unternehmen bedeutet dies trotz Unsicherheit gleich bleibende Motivation und Produktivität der Mitarbeiter: Ein Gewinn, welcher sich ohne Zweifel auch monetär niederschlägt. Offenheit, Klarheit und Verbindlichkeit des Vorgehens sind allerdings die Bedingung dafür, dass bei den Menschen Bewusstsein für Wandel entsteht. Als nächster Grundsatz für Trennungsentscheide nach den Regeln der Employability kann somit gelten:

> **Trennungsmanagement als kontinuierlichen Change-Prozess verstehen**
> Trennungen müssen im Unternehmen thematisiert werden. Da ein Unternehmen keine Arbeitsplatzgarantie mehr bieten kann, sind sie die logische Konsequenz von Einstellungen. Nur durch eine Thematisierung kann Sensibilisierung erfolgen, was den Umgang mit Unsicherheit bei den Betroffenen erhöht und sich positiv auf das Unternehmensergebnis auswirkt.

Auch bei der Personaltrennung lässt sich das Employability-Trapez verwenden.

– Vision des Unternehmens (*Sollen*)

Passt die Person mit ihren Kompetenzen in Zukunft zumindest teilweise zur Ausrichtung unseres Unternehmens? In diesem Fall ist primär von einer vollkommenen Trennung abzusehen. Alternativen wie etwa Teilzeitarbeit, Integration der Person bei einem Lieferanten, Kunden etc. können sinnvoll sein. Nur falls keine der Kompetenzen in Zukunft zum Unternehmen passt, ist eine vollständige, dauerhafte Trennung in Kauf zu nehmen.

– Lebens- und Arbeitssituation der Mitarbeiter (*Dürfen*)

Können die Kompetenzen der Person für das Unternehmen *in der bestehenden organisatorischen Eingliederung* weiterhin einen Wert im Sinne der Vision des Unternehmens schaffen? Gibt es Möglichkeiten, die Fähigkeiten der Person an anderer Stelle besser einzusetzen? Besteht aus Sicht der Firma Interesse an einem befristeten Angebot? Kaum ein Mitarbeiter wird von sich aus begeistert sein, einen weniger gut bezahlten Job innerhalb oder außerhalb der Firma anzunehmen. Wer einer Versetzung des Arbeitsplatzes nicht zustimmt, selbst allerdings keine andere Lösung aufzuzeigen vermag, der wird sich in der Folge entweder mit der neuen Situation arrangieren oder dann selbst eine neue Lösung erarbeiten. Sowohl für Arbeitgebende als auch für das Individuum ist das eine befreiende Lösung.

– Fähigkeiten der Mitarbeiter (*Können*)
Die Person hat in der Vergangenheit nicht das nötige Tempo entwickeln können, um mit dem Wandel Schritt halten zu können. Was sind die Blockaden für die Auseinandersetzung für den Wandel? Hat sich eine Person mit ihrem Verhalten auseinandergesetzt? Zeigt sie sich hierzu willens? Nur wenn festgestellt wird, dass die Person sich weder ändern kann, noch Einsicht dazu zeigt, sind die Voraussetzungen für eine endgültige Trennung gegeben.

– Motivation der Mitarbeiter (*Wollen*)
Ist die Person genügend mobil, allenfalls andere Funktionen oder Aufgaben an einem anderen Ort anzunehmen? Wäre sie bereit für andere Arbeitsformen wie etwa Teilzeitarbeit oder eine zeitlich befristete Auszeit? Ist sie bereit, auch selbst in ihre Bewegungsfreundlichkeit zu investieren? Nur bei Menschen, bei denen diese Voraussetzungen nicht gegeben sind, ist eine endgültige Trennung ins Auge zu fassen.

6.1.6 Methoden in der Personalfreisetzung zur Gestaltung von Employability

Welche Methoden sind geeignet, um die Grundsätze der Personalfreisetzung umzusetzen?

Als Grundsatz für Trennungen nach den Prinzipien der Employability haben wir den vertikalen Schnitt durch die Alterspyramide definiert. Altersabhängige Entlassungen können durch den Einsatz einer *qualitativen Altersstrukturanalyse* vermieden werden. Sie zeigt auf, wo das Unternehmen hinsichtlich der demografischen Entwicklung wirklich steht und welche Konsequenzen diese Situation auf das weitere Wachstum hat.[126] Mittels einer qualitativen Altersstrukturanalyse kann sich die Geschäftsleitung ein Bild verschaffen, wie empfindlich die demografische Entwicklung die Geschäftstätigkeit der Firma in Zukunft trifft und wie sich durch entspre-

---

126 Es ist wichtig, zwischen einer quantitativen und einer qualitativen Altersstrukturanalyse zu unterscheiden. Während die quantitative Altersstrukturanalyse quantifizierbare Prognosen hinsichtlich Kostenentwicklung, Wachstum, Produktivitätsentwicklung etc. zulässt, dient die qualitative Altersstrukturanalyse einer Verknüpfung dieser Aussagen mit verfügbaren Kompetenzen und ihrem Abgleich mit der Unternehmensstrategie. Vgl. hierzu Kres & Schletz = 2006.

chende demografieverträgliche Abbaumaßnahmen die Produktivität erhalten lässt.

Eine Maßnahme, welche Freisetzungen in einem konstanten Change-Prozess verankert lassen, ist *fluides Job Design*. Wir haben bei der Personalgewinnung das Prinzip der Passung auf einen Job kennengelernt: Aufgaben sind so anzupassen, dass Sie den entwickelbaren Fähigkeiten eines Individuums optimal entsprechen. Dasselbe Prinzip lässt sich auch bei der Personaltrennung anwenden. Lassen Sie uns diese Aussage anhand des Beispiels einer alternden Belegschaft darlegen: Ältere Mitarbeiter haben andere Interessen als jüngere. Im Verlauf des Lebens verändern sich die privaten wie beruflichen Wünsche, Hoffnungen oder Träume. Die individuellen Bedürfnisse verlagern sich von der Suche nach dem eigenen Weg über die Familiengründung bzw. die eigenständige Etablierung in der Gesellschaft bis hin zur Einschränkung des physischen Handlungsspielraums im Alter. Erreichte Ziele verlieren an Motivationskraft. Wie wäre es, wenn man diesen Entwicklungen auch anhand neuer Aufgaben Rechnung tragen würde? Wir sprechen von fluiden Job-Designs, wenn sich die zu erfüllenden Aufgaben den Entwicklungen der Menschen anpassen. Während Freisetzungsprozessen gilt dabei: Die Aufgaben werden nicht nach oben, sondern *nach unten* angepasst. Der Job wird willentlich kleiner, was eine Gehaltsreduktion mit sich zieht oder die Reduktion des Pensums auf ein *Teilzeitpensum*. Diese Möglichkeit muss durchaus nicht nur auf ältere Mitarbeiter beschränkt bleiben. Es gibt eine steigende Anzahl jüngerer Menschen, welche sehr wohl bereit wären, im Sinne ihrer *Work-Life-Balance* ihre Arbeitszeit zumindest temporär zu reduzieren, falls dies ohne Statusverlust und mit intelligenten Arbeitsmodellen möglich wäre.[127] In einer Trennung von Funktionen oder Aufgaben auf Zeit für Jüngere – und dadurch die Bereitstellung dieser Aufgabe auf einem *internen Arbeitsmarkt* – oder einem dauerhaften Loslassen von Aufgaben durch Ältere liegt in Unternehmen ungeheures Potenzial brach, welches Freisetzungsprozesse für die Betroffenen als Chance erscheinen lässt.

Auch in Freisetzungsprozessen kann *ProPosition*© eingesetzt werden. Allerdings wäre es falsch, die Methode dazu zu verwenden, Menschen auszuwählen, welche schließlich entlassen werden sollen. *ProPosition*© sollte nicht während, sondern *nach* einer Restrukturierung eingesetzt werden,

---

127 Vgl. hierzu Kap. 5.

um ihnen die Angst vor einer möglichen weiteren Abbauaktion zu nehmen. Um die Logik der Abbildung 6-VI zu übernehmen, muss ProPosition© somit möglichst frühzeitig im Unternehmen eingesetzt werden. In diesem Fall eignet sich die Methode vorzüglich, Zukunftsängste abzubauen, Vertrauen wiederherzustellen und neue Energien freizusetzen.

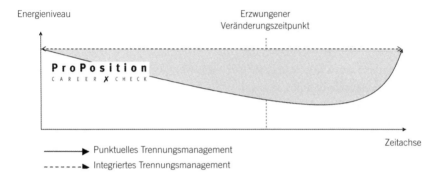

Abbildung 6-VII: Der Einsatz von ProPosition© im Freisetzungsprozess (promove TM)

6.2 Employability bei der Personalbeurteilung

6.2.1 Vom Handeln und Wirken

Die zweite Teilfunktion im integrierten Personalmanagement ist die *Personalbeurteilung*. Eigentlich kommt ihr bei einer konsequenten Umsetzung des Prinzips der Selbstverantwortung nur eine untergeordnete Rolle zu. Jede Beurteilung illustriert Eigenschaften und Perspektiven des Beurteilenden und ist somit eine subjektive Fremdsicht auf objektive Tatbestände. Eine Beurteilung sagt also mehr über die Wertewelt des Beurteilenden selbst aus als über den zu Beurteilenden, dessen Eigenverantwortung ja gefragt ist. Trotzdem wäre falsch, das Prinzip «Employability» ohne Beurteilungen umsetzen zu wollen. Jeder Mensch braucht eine regelmäßige Bestandesaufnahme, auf deren Basis er sich verändern kann. Das Ziel der Beurteilung aus normativer Sicht muss es jedoch sein, durch die Beurteilung die Arbeitsmarktfähigkeit des Individuums zu fördern und nicht – wie es in der Praxis oft geschieht – sie einfach zu *messen*. Es ist entscheidend, die Methode nicht zum Sklaven ihrer selbst zu machen, sondern sie dazu zu nutzen, die effektiv gewünschten Resultate zu erzielen. Dabei ist es wichtig, zu akzeptieren, dass Menschen individuell auf eine gleiche Ausgangssituation reagieren. Denk- und Handlungsmuster eines Einzelnen sind geleitet von individuellen Überzeugungen, die auf einer Abfolge innerer Vorgänge beruhen, wie sie Chris Argyris in seiner *Leiter der Schlussfolgerungen* beschreibt.[128] Dieses – zugegebenerweise abstrakte – Modell zeigt die unsichtbaren Schritte auf, welche zwischen Erfahrungshintergrund und zukünftigen Handlungen und Resultaten stehen.

---

128 Vgl. Argyris = 1997.

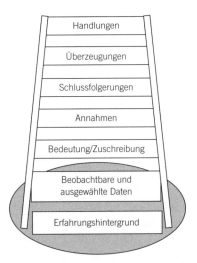

Abbildung 6-VIII: Die Leiter der Schlussfolgerungen (Argyris = 1997)

Die unterste Leitersprosse stellt den Erfahrungshintergrund jedes Menschen dar.

In einem ersten Schritt filtert der Mensch diejenigen Daten aus, welche sich mit seinen bisherigen Erfahrungen decken. Es findet eine individuelle Selektion in der Wahrnehmung statt. Diesen ausgewählten Daten werden Bedeutungen zugeschrieben, auf deren Basis wiederum Annahmen und Hypothesen gebildet werden. Die daraus gewonnenen Schlussfolgerungen führen beim Individuum zu Überzeugungen, welche sich schließlich in bewussten oder weniger bewussten Handlungen äußern. Außer den wahrnehmbaren Daten am Fuß der Leiter und den Handlungen an deren Spitze sind die vollzogenen Schritte für andere nicht sichtbar und auch häufig dem zu Beurteilenden nicht bewusst.[129] Nicht selten werden somit die entwickelten Annahmen, Schlussfolgerungen und Überzeugungen nicht in Frage gestellt. Viele glauben, dass ihre Überzeugungen der Wahrheit entsprechen und diese Wahrheit offensichtlich sei. Damit wird zwangsläufig die Bereitschaft, sich auf Veränderungen einzulassen und sich neuen Denk- und Handlungsmustern gegenüber zu öffnen, eingeschränkt. Wenn durch die Personalbeurteilung wirklich Bewegungskompetenz erreicht werden

---

129 Vgl. Senge = 1997 = 280 f.

soll, ist es also entscheidend, die zugrunde liegenden Blockaden zu kennen und das Beurteilungssystem auf den effektiven Wirkungskriterien aufzubauen.

6.2.2 Grundsätze für die Personalbeurteilung

Klassische Beurteilungssysteme fokussieren auf die Wirkung, nicht jedoch auf die zugrunde liegende Bewegung. Sie messen Resultate, ohne zu fragen, wie diese Resultate zustande kommen. Unsere Erfahrung zeigt, dass in der Ursachenforschung in der Praxis oft geschlampt wird. Das ist verständlich: Wer möchte schon einem langjährigen Mitarbeiter mitteilen, dass er sich gefälligst wieder einmal am Riemen reißen soll? Um Konflikten aus dem Weg zu gehen, werden Ursachen nicht besprochen und ausschließlich auf Leistungen abgestimmt. Allerdings hat dieser Ansatz einen Haken: Wenn die Leistungen nicht mehr stimmen, ist es für Ursachenforschung zu spät.

Arbeitsmarktfähigkeit beruht primär auf persönlichen Einstellungen und persönlichem Verhalten des Individuums, welche wiederum Ausdruck sind persönlicher Prägungen und Erfahrungen. Bewusst oder unbewusst schleichen sich bei jedem Menschen im Zeitverlauf Verhaltensweisen im Umgang mit anderen Menschen und in der Erfüllung der Aufgaben ein. So kann es sein, dass Menschen zwar sehr produktiv im Sinne des Systems arbeiten, sich jedoch keiner Verantwortung für ihre Stelle bewusst sind. Diese Menschen reagieren, sie agieren nicht. Damit sie eigenverantwortlich an ihrer Arbeitsmarktfähigkeit arbeiten und ihr Verhalten verändern können, müssen sie erkennen, welche Verhaltensweisen welche Wirkung entfalten. Hierzu ist es sinnvoll, Kausalzusammenhänge in *regelmäßigen Beurteilungsgesprächen* zwischen Mitarbeitern selbst, aber auch zwischen Vorgesetzten und Mitarbeitern zu erläutern. Es ist nach unserer Erfahrung in einem ersten Schritt unerheblich, in welche Richtung sich die zu beurteilende Person bewegt. Eigenverantwortung kann nur dann greifen, wenn das Individuum für sich selbst Handlungsspielraum erkennt und nutzt, wenn es Initiativen ergreift und irgendeine *Bewegung* stattfindet. Das Individuum muss lernen, dass Bewegung sich lohnt. Es wäre aus dieser Optik falsch, Bewegung im Keim zu ersticken, nur weil sie sich in die falsche Richtung bewegt. Ein erster Grundsatz für Personalbeurteilung aus Sicht der Employability ist somit:

> **Bewegungsmessung**
> Ein Beurteilungssystem muss in einem ersten Schritt individuelle Bewegung messen. Es muss darstellen, ob und warum sich eine Person verändert oder nicht.

Allerdings reicht Bewegung für die Beurteilung der Arbeitsmarktfähigkeit nicht aus. Das Ziel der Personalbeurteilung soll ja nicht sein, Aktivismus vor dem Hintergrund eines darwiportunistischen Verhaltens zu messen, sondern darauf aufbauend positive Wirkung für das Kollektiv zu erreichen. Damit also die Beurteilung als Basis für die visionsgerechte Personalentwicklung in qualitativer, quantitativer und zeitlicher Hinsicht taugt, muss sie in den Verbund gestellt werden mit dem effektiven Verhalten und der tatsächlich erbrachten Leistung in der täglichen Arbeit. In einem nächsten Schritt ist also die Frage zu klären: *Welche Wirkung wollen wir erzielen?* Die Bewegung des beurteilten Mitarbeiters soll also *in die richtige Richtung* stattfinden. Dies ist keine neue Feststellung. Allerdings erfahren wir in der Praxis oft, dass die Wirkungsmessung ohne die zugrunde liegende Bewegungsmessung erfolgt. Insofern werden individuelle Leistungsschwankungen nicht oder erst zu spät bemerkt und thematisiert. Als zweiter Grundsatz für die Personalbeurteilung aus Sicht der Employability gilt somit:

> **Wirkungsmessung**
> Ein Beurteilungssystem muss in einem zweiten Schritt effektive Wirkung messen. Es muss darstellen, in welcher Form die individuelle Bewegung unternehmerischen Nutzen stiftet.

Auch bei der Personalbeurteilung lassen sich die Überlegungen nach dem Employability-Trapez anstellen.

– Vision des Unternehmens (*Sollen*)
Inwiefern wird konkretes Verhalten, welches die Arbeitsmarktfähigkeit erhöht, auch positiv beurteilt? Diese Frage ist begründend für die Ausgestaltung entsprechender Beurteilungsmodalitäten. Es bringt nichts, von den Leuten Eigenverantwortung zu verlangen, wenn sich diese aus der Sicht des Einzelnen nicht lohnt. Ein Beurteilungssystem in einem Employability-Modell muss aufzeigen, in welcher Form Eigeninitiative zum Unternehmenserfolg beiträgt oder nicht. Hier werden die Bedeutung eines *konkreten*

Aktionsplans und dessen Vernetzung mit dem Unternehmenszweck deutlich, der als Basis für die Beurteilung dienen muss. Persönliche Aktionspläne müssen in den jährlichen Personalbeurteilungsgesprächen besprochen und auf ihre Sinnhaftigkeit aus Unternehmenssicht untersucht werden. Erst dann lässt sich beurteilen, welche Maßnahmen vom Individuum hätten ergriffen werden können und welche nicht. Warum wurde das Individuum nicht aktiv? Was könnte von Seiten des Unternehmens und von Seiten des Individuums unternommen werden, um die im Aktionsplan definierten Maßnahmen zu erreichen?

– Lebens- und Arbeitssituation der Mitarbeiter (*Dürfen*)
Handlungsspielräume können nur genutzt werden, wenn das Individuum erkennt, wie sich seine Erfahrung in den neuen Kontext einbetten lässt. So zeigt sich beispielsweise häufig, dass neue Technologien oder neue Organisationsprinzipien nur mit Bezug auf bisherige Erfahrungshorizonte erfolgreich eingeführt und durchgesetzt werden können. Neues und Innovatives muss in irgendeiner Form an Bisheriges anknüpfen, damit es Akzeptanz im Unternehmen findet. Dieser Tatsache muss bei der Beurteilung Rechnung getragen werden. Zu oft skalieren sich die Beurteilungsinstrumente jedoch an Vergangenem, an Ordinärem, an der vorherrschenden Hierarchie und der Kultur. In in Eigenverantwortung durchgeführten Handlungen innovativer Menschen, welche nicht unmittelbaren, unternehmerischen Nutzen stiften, jedoch absolut visionsverträglich sind, wird oftmals kein Wert erkannt. Wenn jedoch Eigeninitiative nicht lohnend ist, kann keine Arbeitsmarktfähigkeit entstehen. Was hat der Mitarbeiter in der abgelaufenen Zeitperiode bewegt? Welche Initiativen hat er aus eigener Kraft ergriffen? Wie hat sich diese Initiative auf das Unternehmen ausgewirkt?

– Fähigkeiten der Mitarbeiter (*Können*)
Wie bewusst ist sich der Mitarbeiter seines Handlungsspielraums? Nutzt er ihn bewusst aus? Was blockiert ihn? Hat er daran gearbeitet, bei sich gegebenenfalls vorhandene Blockaden abzubauen? Was hat er konkret gemacht? Was hat er dadurch erreicht?

– Motivation der Mitarbeiter (*Wollen*)
Klassische Beurteilungskriterien konzentrieren sich oft auf das, was ist, statt auf das, was sein sollte. Sie stellen die Qualifikationen in den Mittelpunkt und nicht die Motivation. Um Arbeitsmarktfähigkeit darstellen zu

können, muss ein anderer Ansatz gewählt werden. Ein Ansatz, der Eigenverantwortung in seiner Wirkung darstellt – also im Verbund mit dem konkreten Handeln und der wirklich erbrachten Leistung. Wie offen geht der Mitarbeiter mit Veränderungen um? Was konkret unternimmt er, um proaktiv zu sein? Sucht er Unterstützung, falls er aus eigener Kraft nicht weiterkommt?

6.2.3 Methoden in der Personalbeurteilung zur Gestaltung von Employability

Es geht nicht darum, die im Unternehmen bestehenden Maßnahmen zur Personalbeurteilung zu ersetzen, sondern sie um die für die Arbeitsmarktfähigkeit relevanten Dimensionen zu ergänzen.

Gemäß der Leiter der Schlussfolgerungen von Argyris in Abbildung 6-VIII bilden die beobachtbaren und ausgewählten Daten die Basis für jegliche Verhaltensänderung beim Individuum. Insofern darf auch bei der Personalbeurteilung die Methode ProPosition© eingesetzt werden, da sie das für die Employability relevante Verhalten aus Sicht des Individuums auf Basis einer Selbstbeurteilung darstellt. Anhand von ProPosition© können im Beurteilungsgespräch die für die Entwicklung von Employability relevanten Dimensionen systematisch evaluiert werden. Der Beurteilende erkennt rasch Abweichungen und erhält so klare Hinweise, auf welchen Dimensionen das Beurteilungsgespräch am effektivsten zu führen ist. In der Praxis haben sich folgende Fragen zu den einzelnen Indikatoren als hilfreich erwiesen:

– Marktrelevanz (*Verantwortung*)
   – Inwiefern hat der Mitarbeiter den Markt beobachtet? Mit welchem Resultat?
   – In welchem Maß verschafft er sich selbst die nötigen Informationen?

– Streben nach Erfolg (*Eigeninitiative, Belastbarkeit* und *Ausdauer*)
  – Entwickelt der Mitarbeiter eigene Ideen? Was konkret wurde in die Praxis umgesetzt? Mit welcher Wirkung?
  – Wartet er auf die Aufträge oder sucht er sich selbstständig Aufgaben und Ziele?
  – Setzt er Begonnenes fort?
  – Bleibt er auch in Situationen ungewöhnlicher Belastung konzentriert?

– Karrieredynamik (*Reflexionsfähigkeit, Lernwille* und *Vertrauen*)
  – Wie geht der Mitarbeiter mit Misserfolgen um?
  – Wie bildet er sich weiter?
  – Wie beurteilt der Mitarbeiter seine eigene Leistung?

– Wirkung
  – Werden seine Ideen umgesetzt? Wie viele Mitarbeiter benutzen heute die Idee?

– Netzwerk
  – Wen bittet der Mitarbeiter um Unterstützung, um seine Ideen umzusetzen?

– Marktkenntnis
  – Hat der Mitarbeiter regelmäßig Kontakt mit internen oder externen Kunden? Weiß er, was deren anstehende Projekte sind?
  – Greift er Anregungen von Marktpartnern auf?

– Offenheit für Neues
  – Verlässt der Mitarbeiter klassische Denkmuster? Schafft er es, Dinge neu zu sehen?
  – Denkt er selbstständig über Änderungen innerhalb seines Aufgabengebietes nach? Was hat er konkret unternommen? Mit welcher Wirkung?

– Professionelle Mobilität
  – Könnte sich der Mitarbeiter auch vorstellen, in einer anderen Abteilung/einer anderen Division zu arbeiten? Falls ja, wo genau?
  – Käme für ihn auch ein anderes Job-Design in Frage? Wenn ja, welches?

6.3   Employability bei der Personalhonorierung

6.3.1   Vom Teilen der Verantwortung

Die dritte Teilfunktion im integrierten Personalmanagement ist die *Personalhonorierung.*

In der Praxis wird diese Teilfunktion am kontroversesten diskutiert. Das Grundprinzip bei der Honorierung aus normativer Sicht in einem integrierten Employability-Modell ist das *Teilen der Verantwortung.* Honorierungsmodelle müssen so ausgestaltet sein, dass sich die Übernahme von Verantwortung für Individuen auf allen Hierarchiestufen lohnt. Verantwortung teilen heißt jedoch auch, *Risiken teilen.* Diese Konsequenz ist den wenigsten bewusst. Fragen Sie einmal in Ihrem Unternehmen, wie viele Mitarbeiter gerne mehr Verantwortung übernehmen würden. Viele werden sich melden. Fragen Sie sie gleichzeitig, wie viele dabei auch auf einen Teil ihres Gehalts verzichten würden, werden sie kaum viele Anhänger finden. Genau das ist jedoch die Krux: Eigenverantwortung ja, Risiko nein. Honorierungsmodelle nach den Prinzipien der Employability müssen diese Kluft verkleinern helfen.

Bei der Honorierung gehen wir wie selbstverständlich davon aus, dass Menschen für die Erbringung einer Arbeit und das Einbringen ihrer Zeit bezahlt werden müssen.

Der Transfer von Geld für Arbeit hat seit der Industrialisierung eine lange Tradition. Während jedoch bis weit ins letzte Jahrhundert hinein das Gehalt von weiten Bevölkerungsschichten im Wesentlichen zur Sicherung der Grundbedürfnisse eingesetzt wurde, sind diese heute weitgehend gedeckt. Wir leben heute in den westlichen Industrienationen in einer Multioptionsgesellschaft, in der sich die klassische Kausalität Geld gegen Arbeit nicht mehr halten lässt. Damit geht die «Idolisierung der Arbeit»,[130] wie sie Meinrad Miegel nennt, ihrem Ende zu. Immer mehr Menschen sind satt. Sie können nicht mehr mit Geld alleine angetrieben werden. Immer weniger Menschen betrachten die Arbeit als ihre eigentliche Erfüllung. Sie sind auf der Suche nach Alternativen. Ob diese Alternativen in mehr Freizeit, mehr Selbsterfüllung, mehr sozialem Engagement oder Extremsport besteht, sei dahingestellt: In einer satten Gesellschaft erzielen klassische Gehaltsmo-

---

130   Miegel = 2005 = 251.

delle nicht mehr die gewünschte Wirkung. Ein schönes Beispiel sind die Boni der Bankangestellten. Jedes Jahr sinkt die Fluktuationsrate in den Banken gegen Ende des Jahres ab, um nach der Überweisung der teilweise beträchtlichen Boni sogleich wieder anzusteigen. Mit Geld kann Loyalität und Leistung vielleicht kurzfristig erkauft werden. Gekaufte Employability im Sinne einer nachhaltigen Leistungserbringung gibt es nicht. Sie lässt sich nur erarbeiten.

Lassen Sie uns doch einmal über Alternativen zu bestehenden Honorierungsmodellen nachdenken. Eine Personalpolitik, welche die Arbeitsmarktfähigkeit ihrer Mitarbeiter fördert und fordert, setzt andere Schwerpunkte als klassische Honorierungsmodelle. Natürlich gilt auch bei einem Honorierungsmodell nach den Prinzipien der Employability das Ziel, eine Person auf einer Funktion marktgerecht für ihre Leistung zu entlöhnen. Employabilty fasst jedoch den Leistungsbegriff anders. Der entscheidende Unterschied liegt in der Optik: Es geht nicht um Lob oder Belohnung eines Dritten für eine erbrachte Leistung, sondern um *Selbstachtung* aus der Sicht des Individuums. Employability liegt im ureigensten Interesse jedes Einzelnen. Warum soll das Unternehmen es sonderlich *belohnen*, wenn jemand in seinem eigenen Interesse handelt? Warum soll ein Unternehmen nicht einfach die Leistungen seiner Mitarbeiter *achten?* Die meisten der heute in der Praxis gängigen Honorierungsprogramme orientierten sich an momentaner, kurzfristiger Leistung. Sie belohnen unmittelbare Leistungen aus Sicht des Unternehmens. Employability dagegen ist ein gleichwertiges Konzept zwischen Arbeitgebern und Arbeitnehmern, in dem beide Interessenslagen gleichwertig vertreten sein müssen. Der moderne Arbeitnehmer stellt nicht das Unternehmensinteresse, sondern seinen persönlichen Karrierepfad ins Zentrum der Betrachtung, der Unternehmensgrenzen überschreitet. Er plant einzelne Lebensphasen umfassend und beschränkt sich nicht auf seine Firmenzugehörigkeit. Ein Honorierungsmodell, welches sich an den Kriterien für Employability orientiert, stellt also den Menschen in den Mittelpunkt und nicht das Unternehmen. Es bietet ihm die notwendige Flexibilität, das seinen Bedürfnissen und seiner Lebensphase gerechte Entgelt selbst bestimmen zu können und seine Arbeitsleistung entsprechend einzusetzen. Mitarbeiter, welche ihre Employability ernst nehmen, lassen sich nicht durch Geld ans Unternehmen binden. Sie sehen nicht nur die Verpackung, sondern Inhalte.[131] Sie engagieren sich in der Organisation nur, wenn sie neben einer korrekten Entlöhnung auch eine Entwicklungsperspektive und eine Vereinbarkeit mit ihrer persönlichen Lebensplanung sehen.

Die Suche nach einem stärkeren Ergebnis- wie Qualifikationsbezug in der Entlohnung hat in der Vergangenheit zum Prinzip der *Gehaltsfindung über Zielvereinbarung geführt*. Dieses Prinzip lässt sich auch für eine marktgerechte Entlohnung nach den Kriterien der Employability einsetzen. Allerdings heißt das Ziel hier: *Bewegung*. Wer gezwungen ist, sich über seine eigenen Tätigkeiten, Arbeitsmöglichkeiten und Qualifikationen hinsichtlich des Wandels des Unternehmens und seines Umfelds regelmäßig Gedanken zu machen, dem fällt es auch leichter, die eigene Leistungsfähigkeit im Vergleich zu anderen einzuschätzen. Somit erhält der Einzelne einen Referenzpunkt über seine persönliche Arbeitsleistung, an dem er sich orientieren und aus dem er Verbesserungspotenzial ableiten kann.

Eine Honorierungspolitik nach den Regeln der Employability füllt das Spannungsfeld zwischen ökonomischem Kalkül und der Selbstachtung des Individuums aus. Arbeitsmarktgerechte Gehaltsmodelle umfassen also neben den eigentlichen monetären Aspekten wertschätzende und die Eigenverantwortung fördernde Elemente. Anreizsysteme, welche Employability fördern, müssen Menschen dahingehend unterstützen, im Sinne des Unternehmens kalkulierbare Risiken einzugehen, damit sie lernen, Risiken zu *beherrschen*. Honorierungsmodelle müssen so gestaltet sein, dass es sich für das Individuum lohnt, Risiken einzugehen. Sie müssen die individuelle Bewegung einer Person im Sinne des Interesses aller unterstützen. Nur dann kann es gelingen, Verantwortung zwischen beiden Parteien, dem Arbeitgeber wie dem Arbeitnehmer, gleichwertig zu teilen.

6.3.2 Grundsätze für die Personalhonorierung

Warum soll ein Unternehmen Menschen besonders honorieren, welche für sich Werte schöpfen? Es ist absurd, Eigenverantwortung honorieren zu wollen. Belohnung schafft Abhängigkeiten. Abhängigkeiten schaffen keine Selbstachtung. Und Selbstachtung ist die Basis für Eigenverantwortung.

---

131 Vgl. Miegel = 2005 = 174.

Deshalb machen Anreizmodelle zur Förderung der Eigenverantwortung keinen Sinn.

Allerdings lässt sich in der Praxis nicht leugnen, dass Menschen oft über ihren Geldbeutel geleitet werden. Wenn man auch diese Spezies für das Konzept Employability gewinnen möchte, lassen sich durchaus einige monetäre Anreize andenken. Selbstverständlich kommen wir auch bei einem derartigen Modell nicht um die klassischen Komponenten der Gesamtvergütung herum, wie sie Abbildung 6-IX zeigt, sie sind nur anders gewichtet.

Netto-Gesamtvergütung (unter Berücksichtigung der Lebenshaltungskosten und legaler Steueroptimierung)		
Grundgehalt	**Variable Vergütung**	**Zusatzleistungen**
Festgehalt	**Anerkennungsprämie** Spontanhonorierung	**Versorgungsleistungen** (z.B. Personalversicherungen)
	Bonus Kurzfristig variabler operativer Erfolgsanteil	**Nutzungsleistungen** (z.B. Firmenwagen)
	Incentive Langfristig variabler strategischer Erfolgsanteil	
Direkter Anteil		**Indirekter Anteil**

Abbildung 6-IX: Komponenten der Gesamtvergütung (Hilb = 2002 = 100)

Niemand wird arbeitsmarktfähig, wenn man ihm nicht ein Mindestmaß an Sicherheit bietet. Niemand kann mit der nötigen Ruhe und Ausgeglichenheit an seiner Zukunft arbeiten, wenn er Ende Monat seine Rechnungen nicht bezahlen kann. Insofern generieren Honorierungsmodelle, welche auf einem ausschließlich variablen Salär basieren, vor allem zwei Dinge: Stress und Demotivation bei den Mitarbeitern. Zwei Symptome, welche nicht zur Arbeitsmarktfähigkeit eines Individuums beitragen.

Gehaltsmodelle, welche sich auf der anderen Seite durch großzügige Vergütungen und Zusatzleistungen auszeichnen und die Menschen so komfortabel ausstatten, dass sie sich nicht zu bewegen brauchen, spornen selten dazu an, Risiken einzugehen. Wieso sich unnötig bewegen, wenn es doch ohnehin gut läuft?

Beide Ansätze, zu wenig Sicherheit als auch zu viel Sicherheit, sind dem Prinzip der Employability abträglich. Wie so oft ist ein Mittelweg die beste Lösung. Ein erster Grundsatz für ein arbeitsmarktfähiges Honorierungsmodell ist somit:

Minimale, nicht maximale Employability bieten
Es gilt, die Balance zwischen notwendiger Sicherheit und Spannung zu finden.

Das Hauptaugenmerk liegt somit bei den *variablen* und komplementären Vergütungselementen. Mit der zunehmenden Suche nach Sinn im Leben gewinnen ergänzende, nicht monetäre Incentives an Bedeutung. Entscheidungsfreiraum und Zeitautonomie sind Menschen mit einer hohen Arbeitsmarktfähigkeit unter Umständen wichtiger als viel Geld auf dem Konto. Ein Honorierungsmodell, das dieser Entwicklung Rechnung trägt, motiviert und belohnt nicht, sondern informiert und zeigt auf, dass immer ein Spielraum in der Interpretation des Vorgefundenen existiert. Es akzeptiert, dass Menschen ihr Glück auch in außerberuflichen Aktivitäten finden können und dass ihre persönliche Erfüllung nicht notgedrungen mit dem finanziellen Erfolg des Arbeitgebers korreliert. Unternehmen, die Menschen in ihrer Ganzheit wahrnehmen, gestalten ihre Honorierungsmodelle so aus, dass Platz bleibt für die *Work-Life-Balance* und die Selbstachtung der Mitarbeiter. Ein zweiter Grundsatz für die Ausgestaltung eines Honorierungsmodells nach den Prinzipien der Employabillity ist somit:

Honorierung weiter fassen
Honorierungsmodelle nach dem Prinzip der Employability haben die variablen Vergütungsbestandteile im Fokus und bieten Raum für nicht monetäre Aspekte.

Wir haben gesehen, dass sich Laufbahnen arbeitsmarktfähiger Menschen individualisieren. Die klassische Kamin-Karriere hat zwar immer noch ihren Stellenwert, verliert jedoch zugunsten von alternativen Karrieremustern an Bedeutung. Neben einer Individualisierung von Laufbahnen findet auch eine Flexibilisierung statt. Menschen werden mit dem Alter nicht vergleichbarer, sondern unterschiedlicher. Sie können fluide Job-Designs unterschiedlich ausfüllen. Insofern sollte man ihnen auch die Chance bieten, ihr

Entgelt unterschiedlich gewichten zu können. Ich kann mich an einen fünfzigjährigen Qualitätsmanager erinnern, der das Idealprofil für eine ausgeschriebene Stelle mitbrachte. Alles stimmte, bis man ihm mitteilte, er sei in seinem Alter für die ausgeschriebene Position zu teuer. Der Mann erwiderte, dass er das ihm zustehende Gehalt gar nicht verlange, sondern bereit sei, zu einem tieferen Salär zu arbeiten. Worauf man ihm antwortete, dass dies nicht ginge, weil er sonst mit seinen Qualifikationen sämtliche Gehaltsklassen in Frage stellen würde. Es ist klar, dass das Gehaltsmodell in diesem Unternehmen nicht dem nächsten Grundsatz für ein Honorierungsmodell nach den Kriterien der Employability entspricht:

> **Von Gehaltsklassen zu einem Rahmenmodell**
> Das Gehaltsmodell gibt den Rahmen vor, jedoch nicht die absolute Höhe des Entgelts. Es muss eine flexible und individuelle Kombination von Lohnbestandteilen je nach Bedürfnislage des Mitarbeiters zulassen.

Auch bei der Personalhonorierung lässt sich das Employability-Trapez anwenden.

– Vision des Unternehmens (*Sollen*)
Employability ist ein Gleichgewichtskonzept. Verantwortung und Risiko müssen zwischen Arbeitgeber und Arbeitnehmer gleichwertig verteilt werden. Dies bedeutet, dass Mitarbeiter sich bewegen *müssen*, um in den Genuss variabler Gehaltsbestandteile zu kommen. Hierbei geht es primär um Bewegungsfreundlichkeit, nicht um simple Umsatzmaximierung. Honoriert ein Unternehmen Menschen, welche sich eigeninitiativ verhalten? Die Diskussion gewinnt auch im Rahmen von Tarifgesprächen an Brisanz: Ein Honorierungsmodell nach den Prinzipien der Employability beruht nicht auf Gleichheit, sondern auf Gleichwertigkeit. Nicht jeder hat Anrecht auf die variablen Gehaltselemente, sondern nur diejenigen, die proaktiv zum Wandel beitragen. Ein automatischer, jährlicher Gehaltsanstieg hat vor diesem Hintergrund ausgedient.

– Lebens- und Arbeitssituation der Mitarbeiter (*Dürfen*)
Es ist erstaunlich, wie viel Energie die Menschen mobilisieren, wenn sie es dürfen. Freiräume zuzulassen und die Übernahme von Verantwortung mit allen Konsequenzen zu akzeptieren, ist nach unserer Erfahrung

der schwierigste Punkt bei der Ausgestaltung von Honorierungsmodellen nach dem Prinzip der Employability. Es ist viel einfacher, im Firmenleitbild einen partizipativen Führungsstil anzupreisen, als diesen in der Praxis auch durchzuhalten. Es ist auch einfacher, variable Lohnanteile an irgendwelche umsatz- oder margenbezogene Betrachtungen zu knüpfen, als Anerkennungsprämien, Boni oder sonstige Incentives für Initiativen zu verwenden, welche die Bewegungsfreundlichkeit des Individuums erhöhen. Wie steht es mit der Assistentin, welche vom Lieferanten der Kaffeemaschinen einen Gratisservice herausgeholt hat? Wie steht es mit dem Abteilungsleiter, der die Anzahl der Sitzungen seines Teams auf das strikte Minimum reduziert hat und bei dem eine Sitzung maximal eineinhalb Stunden dauert, im Verhältnis zu seinem Kollegen, dessen Team vor lauter Sitzungen nicht mehr zum Arbeiten kommt?

– Fähigkeiten der Mitarbeiter (*Können*)
Wie füllen Mitarbeiter das Spannungsfeld zwischen geringerem Fixgehalt und größerem variablen Gehaltsanteil aus? Nutzen sie die Chancen, welche sich daraus ergeben, oder schicken sie sich missmutig in die neuen Rahmenbedingungen? Mit dem Grundsatz, dass minimale Sicherheit geboten werden soll und nicht mehr maximale Komfortlösungen, werden eindeutige Signale ausgesendet: Man kann sich bei uns bewegen, allerdings muss der Impuls vom Einzelnen kommen.

– Motivation der Mitarbeiter (*Wollen*)
Welche Eigendynamik hat der Mitarbeiter entwickelt? Es geht hier darum, dass der *Motor* für Veränderungen auch im Honorierungsmodell abgebildet wird. Wer sich einsetzt und Eigenenergie für Veränderungen entwickelt, der sollte dies auch an seinem Entgelt merken. Das Gehaltsmodell sollte die *Risikobereitschaft* der Mitarbeiter ebenso unterstützen wie den Leistungswillen und die eigenständige Erhaltung ihrer Leistungskraft.

6.3.3 Methoden in der Personalhonorierung zur Gestaltung von Employability

Wie lassen sich die Grundlagen für ein Honorierungsmodell nach den Prinzipien der Employability konkret umsetzen? Gute Erfahrungen haben wir mit folgendem Vorgehen gemacht:

1. Zielgehalt festlegen
    Mit jedem Mitarbeiter wird im Beurteilungsgespräch festgelegt, wie hoch sein Zielgehalt für das nächste Jahr sein soll.

2. Variablen Anteil einführen
    Je nach Verantwortung und Komplexität der Aufgabe der Person ist ein unterschiedlicher Anteil zwischen Fixgehalt und variablem Gehalt festzulegen. Reine Fixgehälter gibt es in einem Unternehmen, welches Arbeitsmarktfitness fordert und fördert, nicht. Wir schlagen vor, auch bei einfachsten, ausführenden Arbeiten einen variablen Anteil von 10% einzuführen. Je weiter oben in der Hierarchie, desto höher sollte der variable Anteil liegen.

3. Cafeteria-System einführen
    Das variable Gehalt kann in Form eines Cafeteria-Systems bezogen werden. Ein Cafeteria-System erlaubt den Bezug unterschiedlicher variabler Leistungen je nach Bedürfnis des Mitarbeiters.[132]

---

132 Vgl. Dicke & Schulte = 1986.

Fallbeispiel: Cafeteria-System in der öffentlichen Verwaltung[133]

Ein Cafeteria-System (CS) für die Leistungshonorierung, wie es in der öffentlichen Verwaltung angewendet werden kann, basiert auf folgenden Spielregeln:

- In das CS sind materielle *und* nichtmaterielle Arten von Belohnungen als Anreize integriert.
- Die Relationen der Belohnungen untereinander sind klar definiert. So entspricht beispielsweise eine Prämie von CHF 300.– einem zusätzlichen Urlaubstag, zwei Nachtessen für zwei Personen oder einer Teilnahme an einem Weiterbildungsprogramm von einem Tag. Ausschlaggebend für die Verrechnungspreise sind die *Selbstkosten* für die Verwaltung.
- Die *Leistungshonorierung* ist einheitlich geregelt. Sie erfolgt beispielsweise in der Form von Leistungspunkten, die kumuliert werden können. Eine bestimmte Anzahl von Punkten berechtigt zum Bezug einer bestimmten Leistung. Die Punkte sind nicht übertragbar, können hingegen in Teilbezüge aufgeteilt werden. Mit Punkten kann in der Cafeteria eingekauft werden.
- Die Leistungshonorierung kann nach der jährlichen Beurteilung oder individuell nach besonderen Leistungen unter dem Jahr erfolgen. Jeder Vorgesetzte erhält ein bestimmtes *Punktebudget*, das er nach bestimmten vorgegebenen Kriterien verteilen kann.
- Die Cafeteria kann ausverkauft sein. Gefährden Kumulationen den Verwaltungsbetrieb, so kann der Bezug verweigert werden. Trotzdem ist ein großes Gewicht auf größtmögliche *Flexibilität* zu legen.
- Die Anreize sind auf die Bedürfnisse der Mitarbeiter abgestimmt. Diese werden über eine *Mitarbeiterbefragung* ermittelt. Die Mitarbeiter können zudem jederzeit Vorschläge für neue Honorierungen einreichen, die, falls sie zweckmäßig sind, in das Angebot der Cafeteria aufgenommen werden.

Bei der Neugestaltung des Honorierungsmodells nach den Kriterien der Employability empfiehlt es sich, schrittweise vorzugehen. Als friktionslos hat sich ein Vorgehen erwiesen, *parallel* zu den bestehenden Gehaltsmodellen ein variables Gehaltsmodell in Form eines Cafeteria-Modells einzuführen, wobei dies im ersten Jahr für die ersten Managementebenen, im zweiten Jahr für die darunter folgenden Ebenen und im dritten Jahr für die Menschen mit wenig komplexen Tätigkeiten offen stehen sollte. Bei der Budgetplanung ist von einem durchschnittlichen jährlichen Produktivitätsanstieg von rund 2% auszugehen. Dieser Wert dient als Basis für einen Cafeteria-Topf, welcher gesamtunternehmerisch geäufnet wird und unter den Mitarbeitern gleichwertig, nicht gleichmäßig, verteilt wird.

---

133   Das Beispiel entstammt Hilb = 2002 = 113.

Beantworten möchte ich an dieser Stelle auch die immer wieder auf-tauchende Frage nach der Sozialverträglichkeit von Honorierungsmodel-len, welche minimale Sicherheit bieten anstelle bequemer Komfortzonen. Unsere Meinung diesbezüglich ist eindeutig: Diese Honorierungsmodelle sind gerade deswegen sozial verträglich, weil sie dem Menschen Freiraum lassen und ihn nicht in ein Firmenkorsett zwingen. Gleichzeitig laden sie ihn dazu ein, Freiräume für sich zu entdecken, zu nutzen und so vielleicht wieder etwas zu sich selbst zu finden – eine Fähigkeit, welche vielen Men-schen in «sozialverträglichen» Unternehmen von heute abgegangen ist.

6.4 Employability und Personalentwicklung

6.4.1 Das Rahmenprogramm

Die letzte Teilfunktion des integrierten Personalmanagements ist die Per-sonalentwicklung. Mit der Personalentwicklung wird bezweckt, dass mög-lichst viele Mitarbeiter Tätigkeiten ausüben, die ihnen persönlichen und gesellschaftlichen Sinn, Befriedigung und Freiraum bieten und ihnen eine Balance von Lern-, Arbeits-, Familien- und Freizeit ermöglichen. Die viel-fältigen Bedürfnisse der Mitarbeiter nach Entfaltung sind dabei in Einklang mit den Interessen des Unternehmens zu bringen.[134] Dabei kann Entwick-lung auf drei Ebenen erfolgen, wie Abbildung 6-X zeigt.

---

134   Vgl. Hilb = 2002 = 132.

Abbildung 6-X: Die drei Ebenen der Personalentwicklung
(in Anlehnung an Hilb = 2002 = 135)

Die Unternehmensebene haben wir bereits kennengelernt.[135] In diesem Abschnitt befassen wir uns mit der Ebene des Individuums und des Teams.

Mit einer ehrlich gemeinten Ausrichtung der Aus- und Weiterbildung an den Prinzipien der Arbeitsmarktfähigkeit geht eine Abkehr von der klassischen Wissensvermittlung einher. Um Arbeitsmarktfähigkeit zu erreichen, reicht Wissen allein nicht aus. Entscheidend sind Einstellungen und Verhalten jedes Einzelnen, welche Bewegung begründen. Anstatt Wissen zu vermitteln, müssen Menschen gefördert werden, deren innere Einstellung Veränderungen gegenüber positiv ist, und welche in der Lage sind, Veränderungen zu erkennen und aktiv mitzugestalten.[136] Das *Wie* des Denkens, Lernens und der Entwicklung schöpferischer Begabungen wird dabei – in Reaktion auf sich beschleunigende technologische Entwicklungen – mehr Bedeutung gewinnen als das *Was*, die traditionellen Bildungsinhalte. Dazu benötigt ein Unternehmen ein Leitbild, welches das Was mit dem Wie kombiniert und gleichzeitig die jeweilige Lebenssituation des Individuums und des Unternehmens in Einklang zu bringen versucht. Diese Dimensionen bilden den Rahmen für visionsorientierte Personalentwicklung nach den Prinzipien der Employability.

---

135   Vgl. Kap. 5.
136   Vgl. Dietl & Höschle = 2004 = 40.

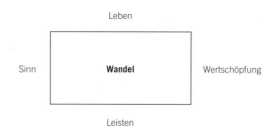

Leben

Sinn   **Wandel**   Wertschöpfung

Leisten

Abbildung 6-XI: Das Rahmenprogramm für Personalentwicklung nach den Prinzipien der Employbability (promove TM)

Das Leitbild hat den Wandel, die Bewegung sowohl des Individuums als auch des Unternehmens, im Fokus. Sämtliche Aktivitäten der Personalentwicklung müssen auf dieses Ziel ausgerichtet sein. Das Credo für die Personalentwicklung anhand dieses Leitbilds lässt sich auf einen Satz reduzieren:

Nur wer sich wandelt, kann sich treu bleiben.[137]

6.4.2   Grundsätze für die Personalentwicklung

Welche *Wirkung* wollen wir dank Employability in unserem Unternehmen erreichen? Dies ist die Kernfrage aus Sicht der Personalentwicklung auf normativer Ebene.

Ziel der Personalentwicklung muss es sein, die Bewegungskompetenz sämtlicher Mitarbeiter zu erhöhen, damit dadurch im Unternehmen auf allen Ebenen konkrete Resultate erzielt werden. Es geht also nicht um Aus- und Weiterbildung auf dem Papier, sondern um gelebte Praxis. Oder mit anderen Worten: Wie kann aus dem Savoir-faire ein Savoir-être werden?

Employability ist eine kontextrelevante Größe. Sie kann nicht losgelöst von der Lebensphase eines Unternehmens betrachtet werden. Eine Firma in einer Aufbau- und Pionierphase hat andere Bedürfnisse an die Aus- und Weiterbildung ihrer Leute als eine Firma in einer Sättigungs- oder Restrukturierungsphase. Wandel erfolgt in einem kleinen Unternehmen in

---

137 Giger = 2003.

einer Pionierphase, wo noch wenig Strukturen bestehen und alles im Fluss ist, rascher als in einem Großunternehmen mit bestehenden Hierarchien, wo eine Menge Leute von der Idee des Wandels überzeugt werden müssen. Es ist wichtig, die Aus- und Weiterbildung auf die Reifephase des Unternehmens abzustimmen. Erst dann können die richtigen Botschaften für die jeweils in der einzelnen Phase dominierenden Inhalte des Wandels formuliert werden. Ein erster Grundsatz ist somit:

Entwicklungspolitik nach den Lebensphasen des Unternehmens ausrichten
Die Lebensphase des Unternehmens bestimmt, in welcher Form Wandel angegangen werden kann und mit welcher Geschwindigkeit sich Veränderungen umsetzen lassen.

Das zentrale Element der Aus- und Weiterbildung nach den Prinzipien der Employability ist es, die Bewegungskompetenz der Menschen zu erhöhen. Unsere Erfahrungen haben gezeigt, dass die Inhalte geeigneter Maßnahmen sich auf den Umgang der Menschen mit Wandel fokussieren müssen. Wandel entwickelt sich stets nach einem ähnlichen Muster, wie die folgende Abbildung darstellt:

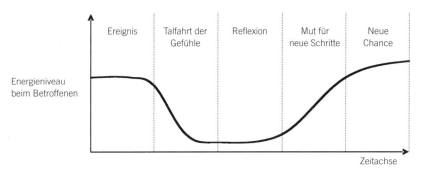

Abbildung 6-XII: Die menschliche Wahrnehmung von Wandlungsprozessen (promove TM)

Es gibt verschiedene Theorien, wie Menschen mit Veränderung umgehen.[138] Zentral scheint den meisten Theorien, dass die meisten Menschen Veränderung erst einmal ablehnen. Die Palette der Reaktionen reicht von Verleugnung bis zur Verdrängung, von Wut bis hin zur Apathie. Wir wissen auch: Erst wenn die negativen Energien abgebaut sind und Platz herrscht für

---

138 Vgl hierzu etwa Noer = 1993, Spreitzer & Mishra = 2000.

positive Gefühle, dann kann Wandel greifen. Hier sind wir beim zentralen Punkt der Wirksamkeit von Aus- und Weiterbildungsmaßnahmen: Damit sie zur Erhöhung der Bewegungskompetenz führen, muss bei den Betroffenen zuerst die Bereitschaft für Wandel geschaffen werden, müssen also zuerst vorhandene Barrieren abgebaut werden. Erst wenn es gelingt, einen Menschen nicht nur rational, sondern auch vor allem auf der Gefühlsebene zu erreichen, wenn *emotionale Akzeptanz* erreicht wird, dann führt dies zu Bewegung. Oder, um mit den Worten von Elisabeth Heller zu sprechen: «Zuerst müssen Sie das Herz überzeugen, dann wird der Bauch schon nachziehen.»[139] Es ist also wichtig, Blockaden und Ängste zu lokalisieren. Hier wird erneut die Bedeutung des ersten Grundsatzes deutlich: Es ist entscheidend, die Situation jeweils vor dem Hintergrund des jeweiligen Entwicklungsstandes des Unternehmens zu analysieren, damit konkret am Wandel gearbeitet werden kann. Wenn emotionale Akzeptanz erreicht worden ist, dann ist die Nutzenperspektive zu entwickeln: Erst wenn der Einzelne erkennt, welchen *Nutzen* er davon hat, wenn er aktiv zum Wandel bei sich und im Unternehmen beiträgt, ist Aus- und Weiterbildung nach den Prinzipien der Employability wirkungsvoll. Ein zweiter Grundsatz ist somit:

Kontinuierliches Change Management

Aus- und Weiterbildung mit dem Ziel, Bewegungskompetenz zu erhöhen, orientiert sich an den Gesetzmäßigkeiten des Change Managements.

Ein nächstes begründendes Element für die Personalentwicklung ist die *Durchlässigkeit* entsprechender Maßnahmen. Unter Durchlässigkeit verstehen wir, dass Personalentwicklung:

- zwischen Generationen;
- zwischen Hierarchien und
- zwischen Bereichen

erfolgen muss. Lassen Sie uns eine Dimension der Durchlässigkeit besonders betrachten, da diese erfahrungsgemäß in Unternehmen kleingeschrieben wird: die Durchlässigkeit zwischen Generationen. Wir haben gesehen, dass Weiterbildungsmaßnahmen, die sich ausschließlich an jugendlichen

---

139 Heller = 2006 = 159.

Mitarbeitern orientiert, in der Praxis zu kurz greifen. Dennoch ist es eine Tatsache, dass in den meisten Betrieben kaum mehr viel in die Aus- und Weiterbildung der mittleren Generation oder der Senioren investiert wird. Durch dieses Manko wird manchem Mitarbeiter die Chance einer entwicklungsfördernden Herausforderung – und damit die Möglichkeit, für das Unternehmen wertschöpfend tätig zu sein – aktiv entzogen. Im Extremfall kommt es zu Defiziten im Ausbildungsstand einerseits und zu Gefühlen der Nutzlosigkeit und der Fremdkontrolle einer gesamten Alterskohorte andererseits. Dabei ist erwiesen, dass eine intensive Weiterbildung auch nach 45 Jahren auf keinerlei intellektuelle Hindernisse stößt. Im Gegenteil: Fach- und Spezialwissen wird mit großem Erfolg bis ins hohe Alter kumuliert. So macht es keinen Sinn, einzelne Altersgruppen von Aus- und Weiterbildungsmaßnahmen auszugrenzen. Bewegen *sollte* sich jeder; allerdings *kann* sich nicht jeder bewegen. Jeder Mensch hat ein anderes Wertegerüst, das ihn trägt. Jeder Mensch lernt unterschiedlich. Während sich der eine seiner Wandlungsblockaden bewusst ist, sieht der andere noch gar nicht ein, dass Wandel auch ihn betrifft.

Es ist falsch, von einem Menschen Wandel zu *verlangen*, wenn er nicht freiwillig dazu beitragen will. Personalentwicklung nach den Prinzipien der Employability hat stets freiwillig zu sein. Ein Grundsatz, mit dem wir in der Praxis schon heftige Diskussionen ausgelöst haben, der sich aber im Endeffekt stets als richtig erwiesen hat, ist:

> **Durchlässigkeit**
> Stellen Sie sicher, dass Personalentwicklung zur Steigerung der Employability zwischen den Generationen, zwischen Hierarchien und zwischen Bereichen wirkt.

Mit diesen Elementen haben wir die wesentlichen Grundsätze für die individuelle Ebene der Personalentwicklung geklärt. Werfen wir zum Abschluss noch einen Blick auf die *Teamebene*. In der Praxis sehen wir uns oft mit dem Vorwurf konfrontiert, mit Employability primär egoistische und selbstherrliche Einzelkämpfer heranzuzüchten, welche das Unternehmen zum ersten möglichen Zeitpunkt verlassen würden. So ist Employability nicht zu verstehen. Wenn sich Wirkung individueller Maßnahmen nicht in kollektivem Nutzen widerspiegelt, dann hat Personalmanagement versagt.

Es geht also darum, die Spielregeln von Darwiportismus[140] auch in der Personalentwicklung einfließen zu lassen, damit sich der Unternehmenswert durch Beziehungskapital anreichern lässt:

Darwiportismus

Personalentwicklung muss dafür sorgen, dass durch die Bewegungsenergie eines Einzelnen Beziehungskapital für alle entsteht.

Auch die Personalentwicklung lässt sich anhand der Employability-Trapezes schematisieren:

– Vision des Unternehmens (*Sollen*)

Bewegungsfreundlichkeit bedeutet, Wandel als permanentes Projekt zu behandeln. Das Prinzip, Freiräume auf allen Ebenen zu schaffen, muss in der Unternehmensverfassung verankert sein.

– Lebens- und Arbeitssituation der Mitarbeiter (*Dürfen*)

Bewegung erfolgt in alle Richtungen, nicht nur in vertikaler Hinsicht. Förderung ist deshalb nicht mit Beförderung gleichzusetzen, sondern hat durchlässig über alle Hierarchien, Bereiche und Altersgruppen zu erfolgen.

– Motivation der Mitarbeiter (*Wollen*)

Freiraum zu gestalten, genügt nicht. Menschen sind zwar dankbar für einen ihnen zugestandenen Freiraum. Das heißt allerdings noch lange nicht, dass sie ihn auch nutzen. Freiraum kann nicht verordnet werden. Die Mitarbeiter müssen erkennen, welchen Nutzen sie daraus ziehen, um sich in dem ihnen zugestandenen Raum zu bewegen. Sie müssen erfahren, was es heißt, Eigenverantwortung in Taten umzusetzen. Das Primat der ganzheitlichen Personalentwicklung sollte deshalb unbedingt in arbeitsplatzbezogenen Maßnahmen liegen. Arbeitsmarktfähigkeit entsteht durch konkrete Praxis, die nur on-the-job erworben werden kann.

– Fähigkeiten der Mitarbeiter (*Können*)

Ist der Mitarbeiter in der Lage, aktiv zum Wandel beizutragen? Hat er für sich erkannt, welchen Nutzen er aus seinem Handeln zieht? Ist er sich bewusst, wo seine Blockaden liegen? Was tut er konkret dagegen?

---

140 Vgl. Kapitel 1.5.

6.4.3 Methoden in der Personalentwicklung zur Gestaltung von Employability

Personalentwicklung, welche Employability im Unternehmen ganzheitlich umsetzen will, durchdringt die Firma auf allen Ebenen und richtet sich an alle Mitarbeiter. Wir beobachten allerdings in der Praxis folgende Situation: Unternehmen geben teilweise beeindruckende Summen für Aus- und Weiterbildung ihrer Mitarbeiter aus, ohne dass die gewünschte *Wirkung* erzielt wird. Während sich Weiterbildung in fachlicher Hinsicht noch relativ einfach umsetzen lässt, kompliziert sich die Sache bei Führungsseminaren, um bei Weiterbildungen zum Thema der sozialen oder persönlichen Kompetenzen oft gänzlich ins Leere zu gehen. Nun liegt dies nur zum geringen Teil an den Inhalten und der Vermittlung von Wissen. Falls ein interner oder externer Anbieter von Ausbildungseinheiten auf diesem hart umkämpften Markt heute noch besteht, dann darf davon ausgegangen werden, sein Konzept sei etwas wert. Unserer Erfahrung gemäß erzielen die meisten Aus- und Weiterbildungen nicht die gewünschte Wirkung, weil die Bedürfnisse der Unternehmen an die entsprechenden Maßnahmen nicht klar oder nicht integriert sind. Zu oft wird Savoir-faire verlangt, gleichzeitig jedoch Savoir-être gewünscht. Wie soll sich ein Mitarbeiter in seiner ganzen Persönlichkeit entwickeln, wenn er sich nicht bewegen darf? Employability kann nicht erreicht werden, wenn das Unternehmen nicht bewegungsfreundlich ist. Insofern ist die zentrale Frage der Personalentwicklung: «Wie kann die Bewegungsfreundlichkeit unserer Mitarbeiter erhöht werden?»

– *Sensibilisierung auf das Konzept*

In einem ersten Schritt müssen hierfür erst die Menschen im Unternehmen selbst für das Konzept «*Employability*» sensibilisiert werden. Sie müssen den Sinn von Employability für sich erkennen und sich selbst in den Dienst des Innovationsgeschehens im Unternehmen stellen wollen. Leider wird in gängigen Personallehrgängen weder an Universitäten noch an privaten Lehrinstitutionen dieses Wissen vertiefend vermittelt. Es gibt zurzeit im deutschsprachigen Raum nirgends Aus- und Weiterbildungslehrgänge, welche das Konzept «*Employability*» ganzheitlich in die Lehre integrieren. Insofern ist es nicht verwunderlich, dass in der Praxis keine integrierten Modelle existieren. Unserer Erfahrung gemäß muss die Sensibilisierung getrennt nach

Anspruchsgruppen im Unternehmen stattfinden. Zu unterschiedlich sind Aufgaben, Erwartungen und Rollenverständnis der einzelnen Akteure im Unternehmen, als dass sie für dieselben Botschaften empfänglich wären. Wir unterscheiden als Anspruchsgruppen das Top-Management, das Linienmanagement und die Mitarbeiter.

Sensibilisierung erfolgt in *konzentrierten, halbtägigen Seminaren*, in welchen die Bereitschaft der Teilnehmenden für den Wandel ausgelotet wird. Hierbei geht es nicht eigentlich um das Thema Employability, vielmehr um eine sanfte Hinführung zum Thema, damit sich sämtliche Anspruchsgruppen daraufhin mit der Thematik identifizieren können.

Beginnen wir mit der Sensibilisierung auf Stufe des *Top-Managements*. Dieses Niveau definiert «die übergeordneten Personalentwicklungsziele, schafft für deren Erreichung die Rahmenbedingungen und entscheidet über verhaltensorientierte Entwicklungs- und Qualifizierungsmaßnahmen.»[141] Employability ist eine gelebte Unternehmenskultur, welche Mitarbeiter befähigt, aus eigener Kraft und Motivation etwas für die Steuerung des Gesamtsystems unternehmen. Dies setzt jedoch vom Top-Management voraus, dass eigenverantwortlich und selbstständig handelnde Mitarbeiter grundsätzlich vom Unternehmen auf allen Ebenen gewollt sind. Die Realität sieht jedoch anders aus. Viele Unternehmen beteuern zwar, Eigenverantwortung fördern zu wollen. In der Praxis jedoch passiert das Gegenteil: Das Top-Management delegiert nicht, ist nicht bereit, Verantwortung zu teilen, und verlangt von seinen Mitarbeitern Gehorsam im alten Stil. Es ist nicht möglich, in so einem Umfeld Employability einzuführen. Falls Sie als Human Resources Manager dennoch den Auftrag dazu erhalten sollen, haben Sie drei Möglichkeiten:

– *Take it*
Akzeptieren Sie, dass Sie einen Papiertiger gebären werden.

– *Change it*
Gewinnen Sie das Top-Management mit den unten stehenden Argumenten für Ihr Anliegen.

– *Leave it*
Sie schaffen beides nicht. Wenn Sie Ihren Job gut machen wollen, so müssen Sie sich wohl einen Neuen suchen.

---

141 Weber & Thiele = 2005 = 116.

Ein Argument verfängt aus unserer Erfahrung aus Optik des Top-Managements immer: Employability ist dazu geeignet, Wandel im Unternehmen zu beschleunigen. Dem Top-Management geht der Wandel kaum je schnell genug. Aus seiner Warte liegen die Stolpersteine bei den Leuten, die nicht mitziehen, in den Prozessen, die nicht genügend getrimmt sind, oder schlicht und einfach auch am Unwillen der Leute, die dritte Reorganisation innert Jahresfrist mittragen zu wollen. Botschaften, womit sich das Top-Management anhand eines Kurz-Seminars für das Prinzip Employability gewinnen lässt, können sein:

–   Employability bringt höhere Produktivität;
–   Employability erlaubt einen besseren Umgang mit Wandel in Ihrem Unternehmen;
–   Employabiltiy erlaubt die Bindung von High Potentials an die Firma;
–   Employability stimuliert die vermehrte Wahrnehmung der Eigenverantwortung bei den Mitarbeitern;
–   Employability sorgt für ein motiviertes und zufriedenes Team, welches wieder «mitzieht».

Haben Sie grünes Licht des Top-Managements für ein Employability-Projekt erhalten, geht es als Nächstes darum, das *Linienmanagement* dafür zu gewinnen. Was für das Top-Management der Normalzustand ist, stellt sich aus der Optik der Linie als kontinuierlicher Ausnahmezustand dar. Die Ohnmacht und der Glaube, das eigene Umfeld nicht beeinflussen können, fressen Managementkapazität und mindern die Produktivität. Employability bringt eine andere Sicht in den Alltag des Linienmanagements. Durch die Wahrnehmung der eigenen Verantwortung wird der Angstkreis[142] durchbrochen. Es entstehen Freiräume, welche unspektakulär, aber mit großer Effektivität ausgefüllt werden können. Freiräume, in welchen Linienmanager auch in unsicheren Zeiten sichere und dauerhafte Werte schaffen können. Allerdings ist die Führungskompetenz der Linie hinsichtlich Employability in der Praxis nicht sehr ausgeprägt. Das Management kümmert sich im Wesentlichen um die Optimierung von Leistung, selten jedoch um die Umsetzung von Potenzial. Leistung ist aber gleichsam geronnene Vergangenheit; sie sagt nur sehr begrenzt etwas über zukünftige Leistung unter veränderten Rahmenbedingungen aus.

---

142   Vgl. Abbildung 2-1.

Das Verständnis für Employability ist in der Linie am geringsten. Das ist auch zu erwarten, plagen dort doch ganz andere Sorgen. Linienmanager müssen den Druck von oben mit den Ansprüchen von unten in Einklang bringen. Durch die Sandwich-Position verfallen sie oft in Lethargie. In der Annahme, zwischen den Fronten machtlos zerrieben zu werden, gerät das Prinzip Eigenverantwortung oft in Vergessenheit. Es ist für die Linie sinnvoll, Employability erst auf der Schiene der *Macht* zu thematisieren. Macht hat, wer Macht macht. In anderen Worten: Viele Linienmanager geben an, von Machtansprüchen anderer getrieben zu werden, und verkennen, dass sie diese Machtansprüche *zulassen*. Von Macht zerrieben wird derjenige, der nicht genügend eigene *Autorität* hat, um im System seinen Platz auszufüllen. Es ist uns kein Linienmanager bekannt, der dank seiner Autorität Freiräume nicht nutzen kann. Thematisieren Sie den Unterschied zwischen Macht und Autorität. Sie werden erstaunt sein, wie viele Schranken bereits bei dieser Diskussion fallen.

Ein weiterer Punkt, der mit Linienmanagern diskutiert werden muss, betrifft ihre *Kontrollsucht*. Viele Linienmanager haben das Gefühl, alles in ihrem Bereich wissen und beherrschen zu müssen. Effektive Führungskräfte müssen nicht alles wissen. Weniger ist oft mehr. Sie müssen die Lösung nicht kennen. Ihre Kernkompetenz ist es zu wissen, wie man jemanden einlädt, seine Fähigkeiten eigenständig zu aktivieren und zu den Konsequenzen seines Tuns zu stehen. Eine gute Führungskraft ist in der Lage, dem Individuum Optionen für die eigene Wahl aufzuzeigen, mit klarem Blick für den Preis, der dafür zu bezahlen ist. Auf diese Weise lassen Sie den Mitarbeiter in der Verantwortung. Fragen Sie die Linienmanager: «Unter welchen Bedingungen sind Sie selbst bereit, Verantwortung für Ihre Aktivitäten zu übernehmen?» Die Antwort wird in etwa wie folgt ausfallen: In einer Atmosphäre des Vertrauens, des Dialogs, der Vereinbarung, in gegenseitiger Unterstützung und wechselseitigem Respekt. Fragen Sie sodann: «Was braucht es, damit Ihre Mitarbeiter Verantwortung übernehmen?» Und erneut haben Sie eine spannende Diskussion, in der es um Freiräume und Verantwortung für deren Konsequenzen geht. Eines scheint uns aus der Optik von Employability wichtig: Führungskräfte müssen von der irrigen Idee abkommen, Verantwortung für die Aktivitäten ihrer Mitarbeiter übernehmen zu müssen. Jemanden aus der Verantwortung zu nehmen heißt, jemanden zu entmündigen. Jemand, der keine Verantwortung übernimmt, geht keine Risiken ein. Und jemand, der keine Risiken eingeht, wird niemals lernen, Risiken zu *beherrschen.* Verantwortung für seine Mitarbeiter zu übernehmen, widerspricht somit dem fundamentalen Prinzip der Eigenverantwortung bei Employability. Nun ist es nicht so, dass Führungskräfte gegenüber ihren Mitarbeitern überhaupt nicht in der Verantwortung stehen. Sie dürfen nur keine *direkte* Verantwortung für deren Taten übernehmen. Was Führungskräfte jedoch tun müssen, ist das Tragen der Verantwortung für die *Rahmenbedingungen* der Mitarbeiter. Diese Diskussion ist wesentlich.

Ein nächstes Thema, welches mit Linienmanagern geklärt sein muss, bevor sie sich dem Prinzip Employability gegenüber offen zeigen, ist das Thema *Angst.* Wie Macht ist auch Angst ein Tabuthema im Management. Wenn die – berechtigten oder unberechtigten – Ängste von Linienmanagern jedoch nicht ernst genommen werden, kann Wandel nicht in Gang kommen. In unseren Augen liegt hier ein Hauptfehler bei Employability-Projekten: Sie werden top-down verordnet, ohne dass den Linienmanagern genügend Raum und Zeit eingestanden wird, ihren Nutzen im Wandlungsprozess zu erkennen. Angst hat viele Gesichter: Angst davor zu versagen oder Angst vor der Erfahrung und der Kritik der Untergebenen. Linienmanager fürchten, in offenen Arbeitsformen die Kontrolle über Mitarbeiter und deren Tätigkeiten zu verlieren. Sie verwenden viel Energie darauf, ihre eigene Arbeitsweise, die sie ja schließlich auch auf ihren Posten gebracht hat, gegen andere Sichtweisen zu verteidigen. Hier ist an das gesunde Selbstwertgefühl des Managers zu appellieren, dass seine Meinung zwar Bestand hat, jedoch nur im Verbund mit dem Respekt vor anderen Erfahrungen. Indem sich Linienmanager auf wirkliche Führungsprinzipien[143] beschränken, können sie *für sich Leistung* erbringen, ohne andere von der ihren abzuhalten. Ein spezifisches Angstphänomen sei an dieser Stelle gesondert erwähnt: Heutige Karrieregipfel sind rascher erreicht als noch vor zwanzig Jahren. Sowohl Aufstieg wie Fall im Management haben sich speziell in letzter Zeit beschleunigt. Insofern stellt sich heute bereits bei vielen Linienmanagern mit knapp vierzig Jahren die Frage nach der beruflichen Zukunft. Zu Fragen nach Berufsperspektiven gesellen sich Fragen nach der Sinnhaftigkeit der Führung, der bisherigen Aufgabe, ja des zurückgelegten Lebensweges insgesamt. Sinnkrisen vertiefen sich. Hier kann Employability Chancen aufzeigen. Nach einem Karrierezenit verlangsamt sich das Karrieretempo.

---

143 Vgl. Kap. 4.

Es entsteht Raum für neue Gedanken. In derartigen Momenten reift die Erkenntnis, «etwas für sich selbst und nicht mehr für die anderen» erreichen, weniger vom Umfeld abhängig sein und sich selbst verwirklichen zu wollen. Diese Sinnfragen sind oft Auslöser für die Diskussion um Employability. In diesen Momenten greift die «Metakognition», die Fähigkeit eines Individuums, «einen Schritt zurückzutreten» und sich selbst in einem bestimmten geistigen und/oder sozialen Zusammenhang wahrzunehmen und zu bewerten.[144] So werden etwa Fragen der geistigen Gesundheit, des physischen Wohlbefindens und der Haltung, die jemand gegenüber dem eigenen Alterungsprozess einnimmt, intensiver diskutiert. Diskutieren Individuen über diese Fragen, so ist jedoch ein konstruktiver Nährboden für die Diskussion über Arbeitsmarktfähigkeit gelegt und wir können uns den zentralen Botschaften für das Linienmanagement widmen.

Diese lassen sich wie folgt zusammenfassen:

– Employability sorgt für natürliche Autorität;
– Employability erleichtert den Umgang mit Unsicherheit;
– Employability zeigt neue Karriereperspektiven auf.

Möchten wir die *Mitarbeiter* ohne Führungsaufgaben für das Prinzip Employability sensibilisieren, sind wiederum andere Botschaften zu wählen. Mitarbeiter werden nur arbeitsmarktfähig werden, wenn sie darin einen *persönlichen Sinn* erkennen und nicht eine neue Management-Methode, mit der sie auf zukünftige Restrukturierungen vorbereitet werden sollen. Falls die Organisation effektiv nach den Prinzipien der Employability ausgerichtet ist, so liegt unserer Erfahrung gemäß das Haupthindernis für das Ergreifen von individueller Verantwortung sowohl in einem falsch verstandenen Hierarchieglauben, aber auch in einem Mangel an konkreten Zielen.

Beginnen wir mit dem *Hierarchieglauben.* Es ist für Mitarbeiter schwierig, aus dem Bild der klassischen Organisationskarriere auszubrechen. Die meisten von uns wurden in Hierarchien erzogen und haben sich an deren Spielregeln gewöhnt. Wenn nun plötzlich die gewohnten Rahmenbedingungen wegfallen, macht sich Unsicherheit breit. Die Menschen stehen vor einem unbekannten Spielfeld und getrauen sich nicht, es zu betreten. Wenn Sie Ihre Mitarbeiter dazu gewinnen wollen, müssen Sie die *Spielregeln* für

---

144 Vgl. Ilmarinen & Tempel = 2002 = 202.

das neue Spiel definieren. Sie müssen ihnen erklären können, dass jeder gewinnen kann und keiner verliert. Das ist eine völlig neue Dimension im Denken von Menschen, welche darauf getrimmt wurden, *auf Kosten von anderen* zu gewinnen. Falls dies zu abstrakt sein sollte, erklären Sie das Prinzip Employability in einem Workshop und schließen Sie daran die einfache Frage an: «Was haben Sie zu verlieren?» Sie werden sehen, dass die Blockaden rasch fallen, wenn die Mitarbeiter merken, dass sie in jedem Fall Unsicherheit abbauen und dafür Sicherheit dazugewinnen können.

Ein weiteres Thema, welches auf der Ebene der Mitarbeiter stets für Diskussionen sorgt, ist die Frage nach den möglichen *Zielen*, nach dem *Wohin* des Wandels. Wandel als solcher genügt natürlich nicht, um Menschen zu bewegen. Entscheidend ist das Ziel, welches die Mitarbeiter durch ihre Veränderung erreichen können. Wir stellen in unseren Employability-Coachings fest, dass der Hauptgrund für mangelnde Bewegungsfreundlichkeit in nicht vorhandenen Zielen besteht. Die Menschen wissen schlicht nicht, *in welche Richtung* sie ihre Selbstverantwortung ausrichten sollen. Entsprechend fehlt der Motor und die Energie dafür, sich zu bewegen. Gemäß unserer Erfahrung sind hierfür im Wesentlichen vier Gründe verantwortlich, welche in der nächsten Abbildung dargestellt werden.

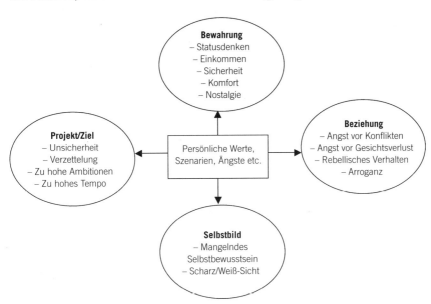

Abbildung 6-XIII: Die vier Zielfindungsblockaden (in Anlehnung an Held = 2006)

– Bewahrung

Statusdenken, die Angst vor Einkommensverlust, ein existenzielles Sicherheitsbedürfnis oder schlichtweg auch die nostalgische Verankerung in Vergangenem können uns davon abhalten, nach vorne zu blicken. Dieses Bewahrungsdenken erschwert uns den Blick in die Zukunft.

– Beziehung

Die Angst um die persönliche Stellung im sozialen Geflecht, sei es gegenüber Freunden, Kollegen oder gegenüber dem Chef, kann eine Zieldefinition verhindern. Wieso Konflikte schüren, wenn doch alles harmonisch läuft? Wieso sich exponieren, wenn dies einen Gesichtsverlust zur Folge haben könnte?

Eine andere Kategorie von Beziehungsblockaden zur Zielfindung entsteht in der Unfähigkeit einer Person, sich auf gleiche Augenhöhe wie sein Umfeld zu begeben. Als Konsequenz dieser Einstellung stellt sich der erhoffte Erfolg nicht ein, was wiederum zu einem Manko an Selbstbestätigung bei der Person fühlt. Um diesen Mangel zu kompensieren, beharrt die Person in einer Oppositionshaltung gegenüber Strukturen und Hierarchien, ängstlich darauf bedacht, die eigene Unabhängigkeit zu wahren. Dies hat eine weitere Distanzierung zum Umfeld zur Folge, was natürlich eine realistische Zieldefinition erschwert.

– Selbstbild

Ein mangelndes Selbstbewusstsein kann dazu beitragen, keine Ziele zu definieren. Im Gefühl der Minderwertigkeit trauen es sich die Menschen nicht zu, etwas zu erreichen. Entsprechend formulieren sie keine adäquaten Ziele.

Schließlich ist auch eine starke Polarisierung von Werten einer realistischen Zieldefinition abträglich. Jemand, der beständig wertet, was falsch und richtig ist, wird kaum je die für ihn richtigen Ziele definieren können, da er beständig Einwände findet, welche diesen widersprechen.

– Projekt/Ziel

Eine vierte Kategorie bilden Menschen, die Ziele formuliert haben, diese jedoch trotzdem nicht erreichen. Viele Menschen scheitern daran, dass ihre Projekte und Ziele unklar formuliert sind. Ohne Klarheit sind jedoch keine eindeutigen Aussagen hinsichtlich zielführender Maßnahmen möglich, wodurch diese erst gar nicht eingeleitet werden.

Wieder andere verzetteln sich bei der Zieldefinition derart, dass sie keine Auswahl treffen können. Auch zu ambitionierte Ziele oder falsche Erwartungen hinsichtlich des Umsetzungszeitraums können die Ursache dafür sein, dass Menschen ihre Ziele nicht erreichen.

Um Bewegung zu erreichen, müssten erst diese Zielfindungsblockaden geortet und abgebaut werden. Es ist an dieser Stelle ratsam, eine kleine Übung einzubringen. Bitten Sie die Mitarbeiter aufzuschreiben, was sie gut können. Bitten Sie sie daraufhin, zu Papier zu bringen, was sie gerne tun. Lassen Sie den Einzelnen seine Aussagen vorstellen. Bringen Sie die Aussagen in einer Gruppendiskussion in Relation zueinander und lassen Sie im Team Einsatzmöglichkeiten des Gesagten diskutieren. An dieser Stelle entstehen meist unerwartete Resultate. Natürlich müssen diese Resultate in einem nächsten Schritt verfeinert werden. Jeder erkennt aber bereits hier, dass auch er einen nicht erwarteten Handlungsspielraum hat und dass er sein ursprüngliches Einsatzfeld unterschätzt hat.

Wenn Sie das Prinzip Employability für Mitarbeiter aufbereiten wollen, so können Sie in der Regel mit folgenden Botschaften arbeiten:

- Employability sorgt für Sicherheit, auch in einer unsicheren Situation;
- Employability schafft neue Ziele;
- Employability sorgt für eine dauerhaft erfüllende Tätigkeit.

- *ProPosition©*

Auch bei der Personalentwicklung lässt sich ProPosition© einsetzen. Das Hauptvermerk liegt hier im Aufzeigen von Unterschieden von gewünschtem und tatsächlichem Verhalten. Dadurch, dass die Auswertung auf einer Selbstbeurteilung beruht, identifiziert sich das Individuum einfacher mit der Methode und dem im Auswertungsgespräch erarbeiteten Aktionsplan.

- *Einzelcoaching*

Während rund die Hälfte der Kandidaten in der Lage sind, ihren Aktionsplan individuell aus ProPosition© umzusetzen, zeigt unsere Erfahrung, dass die andere Hälfte eine vertiefte individuelle Unterstützung benötigt. Ihr Aktionsplan bereitet ihnen Schwierigkeiten. Regelmäßige Coachings können dazu beitragen, bei den Einzelnen Blockaden abzubauen und bei ihnen das nötige Selbstvertrauen zu entwickeln, um Eigenverantwortung übernehmen zu wollen. Für Human Resources Manager entsteht hier ein komplett neues Tätigkeitsfeld: Als Employability-Coaches werden sie in Zukunft großflächig gefragt sein, um Hemmschwellen abzubauen und Menschen neuen Glauben in die Zukunft zu geben.

– *User Groups*

Eine weitere Vertiefung des Themas lässt sich anhand spezifischer User Groups erreichen. User Groups sind interaktive Seminare zu spezifischen Themen rund um die berufliche Neuorientierung. Sämtliche Seminare sind vom Grundkonzept her kollektiv. Der Vorteil der Kollektivität liegt im Austausch von Erfahrungen mit Menschen in der gleichen Lebenssituation und unterschiedlichem Erfahrungshintergrund. Die so entstehende Gruppendynamik verleiht Teilnehmern ein Gemeinsamkeitsgefühl, aus dem enorme Kraft und Motivation geschöpft werden kann. Neben dem eigentlichen fachlichen Austausch dienen die User Groups als Plattform, wo die Teilnehmenden aktiv ihr eigenes professionelles Netzwerk knüpfen und erweitern können. Gemäß unserer Erfahrung sind die folgenden User Groups zur Entfaltung von Employability besonders wirkungsvoll:

– User Group *Employability*
   Diese User Group hat zum Ziel, den Begriff Employability für Klienten verständlicher und greifbarer zu machen. Anhand konkreter Beispiele wird aufgezeigt, warum das Konzept der Arbeitsmarktfähigkeit die dominierende Arbeitsform der Zukunft sein wird. Die User Group eignet sich für Mitarbeiter, welche in ProPosition © ein hohes Risiko für Arbeitsmarktfähigkeit aufweisen und welche sich erst einmal in die Thematik hineindenken müssen.

– User Group *Portfolio-Karriere*
   Diese User Group hat zum Ziel, den Blick der Mitarbeiter für alternative Karriereformen zu öffnen. Der Mitarbeiter lernt solche kennen und kann sie in seinen persönlichen Kontext einordnen. Die User Group eignet sich für Menschen, welche eher eine tiefe kontextuelle Mobilität aufweisen.

- User Group *Networking*
  Diese User Group hat zum Ziel, den Teilnehmenden die grundlegenden Techniken moderner Netzwerkarbeit näher zubringen. Gleichzeitig dient sie auch dazu, das Netzwerk der Teilnehmenden untereinander zu vergrößern. Die User Group eignet sich für Kandidaten, welche über eine tiefe Ausprägung im Indikator Netzwerk verfügen.

- User Group *Zielgerichtete Bewerbungen*
  Diese User Group zeigt Teilnehmenden auf, wie sie ihre Erfahrungen aus der Sicht eines potenziellen neuen internen oder externen Arbeitgebers treffsicher aufbereiten können. Sie ist vor allem geeignet für diejenigen Menschen, welche daran denken, sich nicht klassisch zu bewerben, sondern ein persönliches Leistungsangebot für ausgesuchte Entscheidungsträger zu erarbeiten. Die User Group ist wichtig für Menschen, die eine tiefe Ausprägung im Indikator Wirkung aufweisen.

- User Group *Schwierige Gesprächssituationen meistern*
  In dieser User Group können Mitarbeiter Interviews trainieren. Sie fühlen sich dadurch sicherer und gewinnender im Auftreten. Die User Group eignet sich für Teilnehmende, welche eine tiefe Ausprägung bei der Wirkung und/oder bei der Zusammenarbeit aufweisen.

- User Group *Gehaltsverhandlungen richtig führen*
  In dieser User Group lernen Teilnehmende das Thema Gehalt in Verhandlungen mit Vorgesetzten richtig anzugehen. Sie eignet sich vor allem für Menschen, welche im Indikator Marktkenntnis eine tiefe Ausprägung mitbringen.

- User Group *Umgang mit Stress*
  Diese User Group führt zu einem bewussteren und besseren Umgang mit Stress. Sie eignet sich vor allem für Teilnehmende, welche generell ein hohes Employability-Risiko aufweisen und dadurch verunsichert sind.

Wie lassen sich die genannten Maßnahmen in bereits bestehende Maßnahmen zur Personalentwicklung integrieren? Nach unserer Erfahrung verläuft die Integration relativ problemlos. Die Fachausbildung wird nicht tangiert. Die klassischen Elemente der Führungsausbildung lassen sich ohne große

Anstrengungen durch User Groups oder Einzelcoachings ergänzen. Dasselbe gilt für Maßnahmen im Bereich der Sozial- oder Persönlichkeitskompetenz. Allerdings ist wichtig, dass Sensibilisierungsmaßnahmen von Top-Management, Linienmanagern und Mitarbeitern getrennt besucht werden, da die dort vermittelten Botschaften unterschiedlich sind und unterschiedliche Erwartungshaltungen wecken.

7. Chancen und Risiken von Employability

Employability hat weitreichende Konsequenzen auf das System Arbeit. Arbeitsmarktfähigkeit ist mehr als ein neues Führungsprinzip – Employability ist ein Grundverständnis zur Arbeit als solcher, wie es den ökonomischen, technologischen, gesellschaftlichen und sozialen Rahmenbedingungen des 21. Jahrhundert gerecht wird. Employability als Konzept hat weitreichende Konsequenzen für die Gestaltung der Arbeitswelt. Sowohl auf der Stufe des Managements als auch für die Human Resources und das Individuum ergeben sich neue Herausforderungen, neue Chancen, aber auch Pflichten. Wir möchten zum Abschluss Nutzen und Grenzen des Konzepts Employability einander gegenüberstellen. In den Zertifizierungen, welche Coaches durchlaufen, um die Methode ProPosition© einsetzen zu können, ermuntern wir die Teilnehmenden dazu, sich Gedanken zur Entwicklung einer eigenen Employabilitypolitik im Unternehmen zu machen. Die Aufgabenstellung lautet: «Erarbeiten Sie die Chancen und Risiken von Employability aus Sicht Ihres Unternehmens.» Die folgende Tabelle ist ein Auszug aus diesen Arbeiten.

Chancen	Risiken
– Employability erlaubt rasche und pragmatische Thematisierung des Wandels.	– Das Top-Management möchte nicht, dass Mitarbeiter Eigenverantwortung übernehmen.
– Employability bringt Bewegung in das Unternehmen.	– Das Top-Management betrachtet das Konzept als bloßes Lippenbekenntnis.
– Employability öffnet die Augen für eine andere Art, miteinander umzugehen.	– Konzept lässt viel Interpretationsspielraum.
– Employability gibt Sicherheit in unsicheren Zeiten.	– Konzept stößt bei Manager auf Skepsis: Warum soll ich gute Mitarbeiter gehen lassen? Employability kann ungewollte Fluktuation beschleunigen.
– Employability steigert die Managementqualität, es finden offenere Gespräche statt.	– Employability weckt bei den Mitarbeitern neue Ängste.
– Als Human Resources Manager kann man schneller und eindeutiger intervenieren, Gespräche sind offener.	– Employability schubladisiert Menschen.

Chancen	Risiken
– Employability ist imagebildend auf den Märkten.	– Employability ist nicht für alle Zielgruppen tauglich.
– Mit Employability kann vermindert werden, dass gute Leute das Unternehmen verlassen.	– Employability ist ein anderer Ausdruck für eine sozialverträgliche Art von Entlassungen.
– Employability «löst die Bremse» bei Wandlungsprozessen; Konzept beschleunigt Wandel.	– Employability entledigt Unternehmer eines Teils ihrer sozialen Verantwortung.
– Employability hält zukünftige Restrukturierungskosten tief.	
– Employability erzeugt flexiblere und produktivere Mitarbeiter	
– Employability erlaubt es Individuen, in ihre eigene berufliche Zukunft zu blicken und diese aktiv zu beeinflussen.	

Es ist müßig, sich an dieser Stelle weiterhin über den Nutzen des Konzepts zu unterhalten. Er sollte in den vorhergehenden Kapiteln klar geworden sein. Wir möchten jedoch zum Abschluss dieses Buches einige Überlegungen über die Grenzen und Risiken des Konzepts anstellen. Gehen wir aus diesem Grund die von den Employability-Coaches selbst erarbeiteten Argumente der Reihe nach durch:

– *Das Top-Management möchte nicht, dass Mitarbeiter Eigenverantwortung übernehmen.*

Im Employability-Trapez ist die Dimension *Sollen* nicht erreicht. Eigenverantwortung wird nicht wirklich gewünscht. Mit dieser Tatsache müssen wir leben. Es stellt sich jedoch die Frage, wie lange ein Unternehmen mit einer derartigen Unternehmenskultur weiterhin wird Spitzenkräfte rekrutieren können.

– *Das Top-Management betrachtet Employability als Lippenbekenntnis*

Hier ist zu prüfen: Bringt das Konzept überhaupt einen Nutzen für das Unternehmen? Hat das Top-Management diesen Nutzen erkannt? Ein Beispiel hierzu: Im Rahmen einer qualitativen Altersstruktur-Analyse haben wir in einem Unternehmen festgestellt, dass bei einer Fortschreibung der bestehenden Verrentungs- und Gehaltspolitik das Durchschnittsgehalt in absehbarer Zeit um 15 Prozent steigen wird. Erst als das Top-Management diese Größe erfasst hatte, wurde mit dem Konzept Employabilty ernst gemacht und den Human Resources ein entsprechender Auftrag erteilt.

– Konzept lässt viel Interpretationsspielraum

Es ist richtig: Eigenverantwortung lässt viel Interpretationsspielraum. Nicht dieser Spielraum ist das Problem, sondern die *Akzeptanz der Andersartigkeit*. Menschen haben oft Mühe, anderen Menschen Freiräume zuzugestehen, welche sie selbst nicht zu haben glauben. Hier hilft das Argument der Beeinflussbarkeit: Selbstverantwortung heißt, das zu ändern, was man selbst ändern *kann*.

– Warum soll ich gute Mitarbeiter ziehen lassen?

Wir haben dieses Argument bereits in Kapitel 4.1 entkräftet. Führungskräfte, die so denken, führen nicht. Gute Führung bildet fordernde und fördernde Rahmenbedingungen, sodass dieses Risiko nicht auftauchen sollte.

– Employability weckt bei den Mitarbeitern Ängste

Mit welchen Mitarbeitern möchten Sie lieber arbeiten: Mit getreuen Gefolgsleuten oder Menschen, welche sich ihrer eigenen Stärken und Schwächen bewusst sind und diese zielsicher einsetzen? Der Weg von der Komfortzone zu aktivem Handeln führt über die klassischen Elemente der Bewusstseinsbildung. Auf Ablehnung oder Angst folgt in der Regel Reflexion, bevor schließlich neues, tiefgreifenderes Bewusstsein die Basis für neues Handeln liefert. In diesem Prozess hat Angst ihren wohlbegründeten Platz und lässt sich nicht vermeiden. Es ist jedoch wichtig, die Ängste mittels unterstützender Begleitmaßnahmen zu thematisieren und somit zu kanalisieren. Nur durch systematische Begleitmaßnahmen durch professionell geschulte Coaches kann die Angstbarriere überwunden und Arbeitsmarktfähigkeit erreicht werden.

– *Employability schubladisiert Menschen*

Employability bildet drei Gruppen in Unternehmen: eine erste Gruppe, für welche das Prinzip eine echte Herausforderung darstellt, eine zweite Gruppe, welche gegenüber dem Prinzip neutral ist, und eine dritte, welche die damit verbundenen Konsequenzen ablehnt. Es ist richtig, dass Sie mit dieser Einteilung im Unternehmen konfrontiert sein werden. Das passiert Ihnen aber bei der Einführung eines jeden Projekts. Wichtig ist es, festzuhalten, dass es weder gut noch schlecht ist, Employability umzusetzen oder nicht. Es ist also nicht wertend, wenn sich jemand dem Konzept verschließt. Es geht ausschließlich um *Wirksamkeit*. Man darf mit Fug und Recht behaupten, dass Employability ein wirksames Prinzip ist, die eigene Angst zu überwinden und in unsicheren Zeiten Perspektiven für die eigene Zukunft zu erarbeiten. Ob jemand diese Botschaft annehmen will oder nicht, ist seine Sache. Insofern geht es nicht um eine Schubladisierung von Menschen, sondern erneut um die *Akzeptanz von Andersartigkeit*.

– *Employability ist nicht für alle Zielgruppen tauglich*

Dieses Argument ist richtig, wobei wir es gerne etwas differenzieren möchten: Nicht für jeden ist Employability *wichtig*. Jemand, der seine Karriereziele definiert hat und weiß, wie er sie erreichen kann, oder ein Experte, welcher in seiner Branche hoch angesehen ist und weltweit für Symposien eingeladen wird, der ist bereits Akteur seiner Karriere geworden. Er hat die Prinzipien von Employability bereits verinnerlicht. Dasselbe gilt für die Buchhaltungskraft, welche ihre Erfüllung darin findet, neben ihrer anspruchsvollen Rolle als Mutter zu 50 Prozent eine Routinetätigkeit in der Kreditorenbuchhaltung eines Unternehmens auszuführen. Ihr geht es nicht um Karriere, sondern um Sinnstiftung und Abwechslung neben ihrer Hauptaufgabe der Kindererziehung. Entscheidend ist nicht, was als Karriereziel definiert ist, sondern, wie die Person zu ihrer Tätigkeit steht. Wessen Einstellung es erlaubt, dass er das, was er tut, positiv betrachtet, sich damit identifizieren kann und Freude empfindet, für den sind die Grundprinzipien von Employability weniger wichtig. Wer jedoch mit seinem Arbeitsleben Mühe beweist, sich gestresst fühlt und glaubt, keinen Einfluss auf sich und sein Leben zu haben, für den ist Employability von allergrößter Bedeutung.

– *Employability ist eine versteckte Abbaumethode*

Diesem Argument ist vehement entgegenzutreten: Unternehmen, welche die Arbeitsmarktfähigkeit ihrer Mitarbeiter in dem Moment zu steigern versuchen, wo sie an eine Restrukturierung denken oder eine solche bereits im Gang ist, für die ist Employability effektiv eine Alibiübung. Es geht nicht darum, sozialverträgliche Alternativen zum Abbau zu finden, sondern Arbeitsmarktfähigkeit im Unternehmen dauerhaft zu fördern und zu fordern. Wer nicht bewusst und systematisch Rahmenbedingungen baut, welche darauf abzielen, unfreiwillige Entlassungen zu verringern, indem Menschen sich aus eigener Kraft rechtzeitig auf regelmäßige Fluktuationen einstellen und entsprechend agieren können, der darf nicht davon ausgehen, dass Mitarbeiter Employability als Fördermaßnahme verstehen. Setzen Sie entsprechende Programme in dem Moment an, wenn es dem Unternehmen gut geht. Nur dann können Sie die erwünschten Resultate erreichen.

– *Employability entledigt Unternehmen eines Teils*
  ihrer sozialen Verantwortung

Dieses Argument ist falsch. Employability ist ein gleichwertiges Konzept zwischen mündigen Partnern. Verantwortung kann nur vom Individuum übernommen werden. Ein Individuum kann nur für die Dinge Verantwortung übernehmen, welche es beeinflussen kann. Kein Mensch kann für die Globalisierung und die daraus resultierenden wirtschaftlichen Parameter alleine verantwortlich sein. Er kann jedoch dazu beitragen, negative Effekte in seinem Umfeld besser zu kontrollieren und durch passende Rahmenbedingungen zu minimieren. Doch dann hört die Verantwortung eines Einzelnen auf. Im Gegenteil: Es ist ehrlicher zu sagen: «Wir wissen nicht, wo sich unser Unternehmen in den nächsten Jahren hinbewegen wird. Dafür sind die Märkte zu unsicher. Was wir aber wissen, ist, dass wir unser Bestes tun, damit unser Unternehmen weiterhin mit diesen sich ständig wandelnden Bedingungen zurechtkommt.» Es erfolgt also keine Entledigung der sozialen Verantwortung, sondern bloß einen legitime Teilung dort, wo Verantwortung hingehört: auf die Stufe des Individuums.

8. Ausblick

Wir haben gesehen, dass Arbeitsmarktfähigkeit auf sämtlichen Ebenen eine Veränderung der Arbeitsrelationen zur Folge hat. Für das *Individuum* entstehen neue Karrieremuster, aber auch eine neue Sinnhaftigkeit des Arbeitens. Das *Management* muss umdenken lernen: Dort geht es im Wesentlichen darum, Verantwortung konsequent zu teilen, allenfalls auch selbst bewusst in die zweite Reihe zu treten. Eine Denkhaltung, welche Macht mit natürlicher Autorität verwechselt, ist für Employability schlicht ungeeignet. Sodann geht es um die Ausgestaltung entsprechender *Rahmenbedingungen* im Unternehmen. Die Organisation als solche muss bereit sein, Bewegungskompetenz auf allen Ebenen zu fordern und zu fördern. Dies beginnt bei der Organisationsstruktur, wo eine Cluster-Organisation den Anforderungen von Employability am ehesten zu entsprechen scheint, und geht über in die Unternehmenskultur, wo alternative Karriereformen ebenso korrekt im Unternehmensverständnis verankert sein müssen wie Arbeitssystem-Bewertungen und moderne Arbeitszeit-Systeme.

Für die *Human Resources* schließlich erwachsen neue Aufgabenfelder. Sie entwickeln sich vom Sachverständigen zum wertschöpfenden Partner für das Unternehmen, indem sie die Employability-begründenden Grundsätze und Maßnahmen mit Leben füllen und darauf achten, dass der Ethik-Kodex des Unternehmens eingehalten wird. Für alle diese Ebenen bestehen Gemeinsamkeiten.

Gemeinsamkeiten in der Wahrnehmung, Gemeinsamkeiten in der erfolgreichen Umsetzung des Prinzips Employability.

Wir möchten zum Abschluss dieses Buches die von uns in der Praxis beobachteten Gemeinsamkeiten in Thesenform festhalten. Sie sind unseres Erachtens sehr nützlich für die erfolgreiche Einführung von Employability in Unternehmen.

– *Mut zur Bescheidenheit*

Der aktuelle Paradigmenwechsel in unserer Arbeitswelt zwingt uns dazu, uns Gedanken über unsere Einstellung zur Arbeit als solcher zu machen. Die klassische hierarchisch-lineare Karriere passt zu einem Wirtschaftsgefüge, welches auf ständige Expansion aufbaut. Werden Sättigungsgrenzen erreicht und ist Expansion nicht mehr ungehindert möglich, so passen klassische Karriereformen nicht mehr zur ökonomischen Realität. Neue Karriereformen müssen zu gesättigten, stagnierenden Volkswirtschaften passen und Raum bieten für alternatives Arbeiten. «Mit dem Ende der Expansion einer Gesellschaft tendiert auch deren Volkswirtschaft zu einem stabilen Gleichgewicht von Entstehen und Vergehen.»[145] Dies gilt auch für das Individuum: Jeder Mensch muss innerhalb der neuen Rahmenbedingungen für sich ein neues Gleichgewicht finden. Nicht mehr das Maximum wird entscheidend sein, sondern das Optimum. Nicht mehr Wachsen um jeden Preis, nicht mehr Status und Aufstieg als Projektionsfläche für Erfolg oder Nichterfolg werden über Wohlbefinden entscheiden, sondern der Mut, andere Wege für sich selbst zu erforschen. Der Werdegang wird wichtiger werden als der Aufstieg. Diese Wege werden weniger vordergründig sein. Neue Karrierewege werden sich durch Mut zur Bescheidenheit ihrer Besitzer auszeichnen. Arbeitsmarktfähige Menschen haben den Mut, nein zu sagen, wenn es ihrem Selbstverständnis und ihrer Selbstachtung dient. Sie werden innere Werte über äußere, wahrgenommene Statussymbole stellen. Arbeitsmarktfähige Menschen haben es nicht nötig, dass sie sich beständig behaupten müssen. Sie werden sich durch ihre Persönlichkeit einen Markt erarbeiten, wie auch immer er ausgestaltet sein wird.

– Sich selbst zurücknehmen

Mit dem Mut zur Bescheidenheit gewinnt ein neues Selbstverständnis an Bedeutung. Individuen werden es nicht mehr für nötig empfinden, jedem Trend und jeder Mode nachzurennen. Dies ist eine Aussage, welche vor dem Hintergrund der demografischen Entwicklung an Bedeutung gewinnt. Ältere Menschen von morgen sind konsumerfahrener als die Generation von heute. Sie wissen, wie sie mit Marketing umgehen müssen, und lassen sich nicht mehr so leicht beeinflussen wie jüngere Menschen, welche ihren Platz in der Welt erst finden müssen. Hier tut sich ein vollkommen neues Terrain für das Marketing auf, welches erst allmählich bearbeitet wird. Individuen, welche mit sich selbst im Klaren sind und sich nicht beständig durch neue Trends und Moden beeinflussen lassen, werden sich in der Arbeitswelt anders verhalten. Für sie gelten Status, finanzieller Erfolg und gesellschaftliche Anerkennung weniger als heute. Sie nehmen sich selbst zurück. Sie führen auch in Teilzeitjobs, indem sie mehr delegieren und effektiver arbeiten als ihre Kollegen, welche ihre dauerhafte Präsenz durch beständige Intervention legitimieren müssen. Durch das neue Selbstverständnis der Menschen wird in

---

145 Miegel = 2005 = 238.

Unternehmen eine neue Güte von Beziehungen entstehen, welche sich durch mehr Vertrauen und positives Denken auszeichnet – Elemente, wie wir sie förderlich zur Umsetzung von Employability erkannt haben[146] und welche gleichzeitig auch die Basis für gutes und richtiges Management darstellen. Insofern dürfen wir davon ausgehen, dass durch Employability als Ganzes die Managementqualität in Unternehmen steigen wird.

– *Authentizität*

Was wir brauchen, sind glaubwürdige Führungskräfte, Menschen, die das leben, was sie proklamieren. In den letzten Jahren erleben wir jedoch eine nie da gewesene Erosion des Vertrauens der Mitarbeiter in das Management. Nach den Aussagen vieler älterer Mitarbeiter hat es wohl in der Nachkriegszeit noch nie eine vergleichbare Glaubwürdigkeitslücke gegeben zwischen dem Topmanagement und der Belegschaft wie heute. Anforderungen an glaubwürdige Führung können, um mit Peter Rinderles Gedanken zur «Liberalen Integrität» zu sprechen, etwa sein:[147]

– Das Sagen muss dem Handeln entsprechen;
– der Wert muss Selbstzweck sein;
– Werte müssen revidierbar bleiben.

Employability beruht darauf, dass Menschen ihre Authentizität wieder finden und darauf vertrauen. Führungskräfte, welche sich um ihre Arbeitsmarktfähigkeit kümmern, tragen dazu bei, dass sich die Glaubwürdigkeitslücke zwischen Management und Mitarbeitern schließen kann. Im Laufe unserer Erfahrungen in der Begleitung von Menschen, welche ihre Employability erhöht haben, sind wir auf einige Elemente gestoßen, die sie in diesem Prozess unterstützt haben:

1. Offenheit für Neues
Menschen mit einer hohen Employablity sind offen für Neues. Offenheit für Neues setzt voraus, dass Menschen bereit sind, unbekanntes Terrain zu erforschen. Dies wiederum bedingt, dass Menschen bereit sind, sich von Altbekanntem zu lösen, Dinge zu akzeptieren, welche sie nicht kennen und auch nicht beherrschen, Projekte anzugehen, ohne

---

146 Vgl. Kapitel 4.2.
147 Vgl. Sprenger = 1999 = 240 ff.

dass das Ziel schon von vornherein feststeht. Vertrauen ist hier das Schlüsselwort. Ohne Vertrauen keine Employability.

2. Wille, sich selbst zu hinterfragen
Menschen mit einer hohen Employability akzeptieren, dass ihre Realität nicht die einzige ist. Sie vergleichen permanent Aussagen mit ihren eigenen Meinungen und sind willens, ihre *eigenen* Meinungen anzupassen, wenn sich *andere* Meinungen als zielführender herausstellen.

3. Wille, Konflikte proaktiv zu lösen
Ein wichtiger Punkt: Employability ist kein harmonischer Prozess. Unternehmen, in welchen keine aktive Konfliktkultur gelebt und gepflegt wird, sind unserer Erfahrung weniger geeignet, dass Prinzip Employability einzuführen. Konflikte leben bedeutet, mit Spannungen und Unsicherheiten, anderen Meinungen, aber auch mit Fehlern leben zu können. Wer keine Fehler macht, lernt nicht. Es ist deswegen entscheidend, Konflikte nicht nur zu akzeptieren, sondern sie auch aktiv zu fördern. Wo keine Konflikte, da keine Entwicklung. Arbeitsmarktfähigkeit kann nur entstehen, wenn Entwicklung, wenn Bewegung stattfindet. Ein Prinzip, das diesen Punkt fördert, ist sicherlich das Prinzip der beschränkten Tätigkeitsdauer,[148] mittels dessen sichergestellt wird, dass das Unternehmen im dauerhaften Fluss bleibt und sich Beharrungstendenzen gar nicht erst bilden können.

4. Respekt
Employability verlangt Mut zur Persönlichkeit. Wer keine Achtung vor sich selbst hat und gleichzeitig keine Achtung gegenüber anderen empfindet, der wird nicht arbeitsmarktfähig; ein einfaches Prinzip, welches jedoch in seiner Anwendung umso komplizierter ist. Stellen Sie sicher, dass Achtung und Respekt auf allen Ebenen des Unternehmens vorhanden sind. Sorgen Sie dafür, dass es keine unterschiedliche Behandlung von Menschen gibt, unabhängig ihrer hierarchischen Stellung. Legen Sie Wert darauf, dass Menschen nicht in Kauerhaltung und Ehrfurchtsgebietungen vor dem Chef versinken und so unnötig Distanz zwischen sich und ihrem Vorgesetzten aufbauen. Es geht nicht

---

148   Vgl. Kapitel 5.2.

um Unterordnung, sondern um Selbstachtung. Und die sollte bei allen Menschen vorhanden sein.

– *Entschleunigung*

Employability verlangt eine neue Einstellung zur Zeit. In heutigen Arbeitswelten muss ein Ergebnis das andere jagen, und wenn die Ereignisse das nicht von selbst tun, werden Ereignisse produziert, inszeniert. «Im Umgang mit der Zeit verhalten sich die Völker des Westens, als hätten sie keine mehr, als sei die Zeitquelle Zukunft versiegt.»[149] Employability ist eine neue Einstellung zu sich, zu seiner Arbeit und seinem Arbeitsumfeld. Einstellungen können sich nicht in der Hektik des Alltags bilden. Einstellungen benötigen Zeit, bis sie sich in die Köpfe und die Herzen der Menschen vorgearbeitet haben. Wir sprechen in diesem Zusammenhang von einer *Entschleunigung* der Arbeitswelten. Menschen, soziale Systeme überhaupt, tendieren ab einer gewissen Lebensdauer dazu, sich zu entschleunigen. Ein Fünfzigjähriger rennt nicht mehr so schnell herum wie ein Achtzehnjähriger. Ein Unternehmen, welche seit vierzig Jahren besteht und kontinuierlich gewachsen ist, funktioniert anders als ein Start-up. Das ist weder schlecht noch gut, sondern einfach eine Tatsache. Unsere Erfahrung zeigt jedoch, dass mit Entschleunigung oft auch die Güte der Entwicklung zunimmt. Es wird offensichtlich, dass börsenkotierte Unternehmen in diesem Zusammenhang mehr Mühe haben dürften, das Prinzip Employability zu entwickeln, als Strukturen, welche nicht dem Geschwindigkeitsdiktat der Börse unterliegen. Wer alle drei Monate unheimliche Anstrengungen und Ressourcen bündeln muss, um möglichst nicht die Anleger zu vergraulen, der hat kaum die nötige Muße, Prozesse in Gang zu bringen, welche keine unmittelbar positiven Wirkungen aufzeigen. Organisches Wachstum ist generell nachhaltiger als nicht organisches. Diese Erkenntnis zeichnet sich vor allem vor dem Hintergrund der demografischen Entwicklung ab. Ältere Menschen bringen die Fähigkeit der Entschleunigung eher mit als jüngere. Ihr Einsatz dürfte somit in Zukunft für Unternehmen an Bedeutung gewinnen.

Wenn wir diese Prinzipien beherzigen, wenn jeder Mitarbeiter lernt, wie er seine Verantwortung wahrnehmen kann, dann kann sich in der Praxis eine Menge ändern. Von einem Tag auf den anderen ist mehr Verantwortungsbewusstsein zweifellos nicht zu erreichen. Um Employability wirksam

---

149 Miegel = 2005 = 171.

werden zu lassen, ist die Dauer einer Führungsgeneration wahrscheinlich eine realistische Größe. «Der Weg zum Ziel beginnt an dem Tag, an dem du hundertprozentige Verantwortung für dein Tun übernimmst», hat der Dichter Dante Alighieri geschrieben. Und Friedrich Schiller, der große Apologet der Freiheit, schrieb: «Jeder individuelle Mensch trägt, der Anlage und Bestimmung nach, einen reinen, idealistischen Menschen in sich, mit dessen unveränderlicher Einheit in allen seinen Abwechslungen die große Aufgabe seines Daseins ist.» Wer diese verborgenen Anlagen fördert, schafft ein Klima, in dem Menschen moralisch handeln, eigenständig arbeiten und ungeahnte schöpferische Leistungen vollbringen.

Zusammenfassung Employability-fördernder Rahmenbedingungen

Zusammenfassung Employability-fördernder Rahmen-bedingungen

	Management	Organisations-entwicklung
Normativ	Theorie Z	Cluster-organisation
Strategisch	– Resultatorientierung – Beitrag zum Ganzen – Konzentration auf Weniges – Stärken nutzen – Vertrauen und Offenheit – Positiv denken	– Alternative Karriere-formen – Rechtzeitige Vermengung von Tätigkeiten – Prinzip der beschränkten Verweildauer – PM als Querschnitt-funktion – PM als Entwick-lungsberatung – Integrierte Gesund-heitspolitik
Operativ	– Ethikkodex – Respekt und Ach-tung – Unsicherheit thema-tisieren – Freiräume – Wenig direkte Inter-vention – Klare Zuständig-keiten – Partizipation – Aufgaben gestalten – Mittel bereitstellen – Eigenverantwortung anerkennen – Eigenverantwortung leben	– Arbeits-System-Bewertung – Teilautonome Arbeitsgruppen – Moderne Arbeitszeit-modelle – Verkleinerung der Einheiten – Überbetriebliche Vernetzung

Personalmanagement				
Gewinnung	**Trennung**	**Beurteilung**	**Honorierung**	**Entwicklung**
Prinzip der Multipreneure	Prinzip der temporären Auszeit	Prinzip der wirkungsorientierten Beurteilung	Prinzip der geteilten Verantwortung	Nur wer sich wandelt, kann sich treu bleiben
– Strategie-verträglichkeit – Proaktives Networking – Passung statt Profil – Weg von Diplomen – Akzeptanz der Andersartigkeit – Minimale Employability – Mentoring durch Seniors – Employability-Trapez	– Minimale Employability – Vertikaler Schnitt durch Alters-pyramide – Trennungsmanage-ment ist konti-nuierliches Change Management – Employability-Trapez	– Bewegungsmessung – Wirkungsmessung – Employability-Trapez	– Minimale Employability – Honorierung weiter fassen – Von Gehaltsklassen zu einem Rahmenmodell – Employability-Trapez	– Entwicklungspolitik nach Lebensphasen – Change Management – Durchlässigkeit – Darwiportismus – Employability-Trapez
– ProPosition© – Strukturierte Interviews – Blitzinterviews	– Qualitative Alters-strukturanalyse – Fluides Job-Design – ProPosition©	– ProPosition©	– Cafeteria-Systeme	– Zielgruppenge-rechte Sensibilisie-rung in Seminaren – ProPosition© – Coaching – User Groups

Abbildungsverzeichnis

Abbildung 1-I: Die Einflussfaktoren auf das System Arbeit
                    in liberalisierten Märkten 18

Abbildung 1-II: Unterschiedliche Reifegrade
                    von Volkswirtschaften. 20

Abbildung 1-III: Qualifikation versus Stellenangebot 23

Abbildung 1-IV: Moderne flexible Gestaltung der Lebensphasen . . . 25

Abbildung 2-I: Der Angstkreislauf der Mitarbeiter 31

Abbildung 2-II: Wie eine Stelle entsteht 33

Abbildung 2-III: Die Stellensuch-Matrix 36

Abbildung 2-IV: Von der Stellensuche zur Schaffung des eigenen
                    Marktes 38

Abbildung 2-V: Ausbruch aus dem Angstkreislauf
                    von Mitarbeitenden 45

Abbildung 2-VI: Die Employability steigt mit der Offenheit
                    der Vertragsbeziehungen. 47

Abbildung 2-VII: Der relevante Markt ist größer als angenommen . . 49

Abbildung 2-VIII: Wirkung und Beeinflussbarkeit der für
                    Employability relevanten Kompetenzen 51

Abbildung 2-IX: Vom klassischen zum neuen Kontrakt –
                    Von der Loyalität hin zum Wettbewerb
                    für Entwicklungsmöglichkeiten 54

Abbildung 3-I: Alternative Karriereformen. 66

Abbildung 4-I: Altes Denken und Mitarbeiterbild:
                    Der Teufelskreis der Theorie X 77

Abbildung 4-II: Das Spannungsfeld zwischen Employability
                    und Engagement. 78

Abbildung 4-III: Neues Denken und Mitarbeiterbild:
                    Die verstärkende Wirkung der Theorie Y 81

Abbildung 5-I: Skizze einer Cluster-Organisation 101

Abbildung 5-II: Das Spektrum gesundheitsrelevanter
                    Maßnahmen im Unternehmen 117

Abbildung 6-I: Integriertes Personalmanagement 132

Abbildung 6-II: Personalmanagement als strategischer Partner
                    für die Geschäftsleitung 133
Abbildung 6-III: Die Teilfunktionen der Personalgewinnung. 141
Abbildung 6-III: Das Employability-Trapez
                    des Personalmanagements. 149
Abbildung 6-IV: Das Verhaltensdreieck des strukturierten
                    Interviews. 157
Abbildung 6-V: Vom horizontalen zum vertikalen Schnitt
                    durch die Alterspyramide 164
Abbildung 6-VI: Energiekurve bei integriertem
                    oder punktuellem Trennungsmanagement 165
Abbildung 6-VII: Der Einsatz von ProPosition©
                    im Freisetzungsprozess 169
Abbildung 6-VIII: Die Leiter der Schlussfolgerungen. 171
Abbildung 6-IX: Komponenten der Gesamtvergütung. 180
Abbildung 6-X: Die drei Ebenen der Personalentwicklung. 187
Abbildung 6-XI: Das Rahmenprogramm für Personalentwicklung
                    nach den Prinzipien der Employability 188
Abbildung 6-XII: Die menschliche Wahrnehmung
                    von Wandlungsprozessen 189
Abbildung 6-XIII: Die vier Zielfindungsblockaden 199

Sachregister

Angebotserstellung 48
Angst 17, 31, 45 f., 89, 101, 115, 124, 154, 165, 169, 197, 200, 209 f.
Angstkreislauf 45
Antizipationsfähigkeit 69, 154
Arbeitsgruppen 120 f.
Arbeitskultur 55 f.
Arbeitsmarktfitness 31, 90, 107, 161, 184
Arbeitsschutz 115 ff.
Arbeits-Systembewertung 119
Arbeitszeitmodelle 72, 121 ff.
Belastbarkeit 71, 152 f., 176
Bewegung 9 f., 45, 50, 68, 143, 172 f., 179, 187, 192, 201, 218
Bewegungsfreundlichkeit 9, 75, 78, 90, 104, 135, 142 ff., 146, 152, 158, 167, 182 f., 192 f., 199
Bewegungskompetenz 51, 68, 72, 104, 151, 158, 171, 188 ff., 215
Blitzinterviews 158, 223
Cafeteria-System 184 f., 223, 230
Change Management 190, 223
Cluster-Organisation 100 f., 215, 222, 225
Coaching 152, 163, 199, 201, 204, 223
Communities of Practice 121
Darwiportismus 27, 137 f., 192, 223
Demografische Entwicklung 17, 22, 161, 167
Diplome 50, 67, 145 f., 158
Durchlässigkeit 190 f.
Eigenverantwortung 9 f., 32 f., 35, 39, 42 ff., 54, 76, 78, 84 f., 93, 110, 121, 125, 135, 138, 147 f., 150, 165, 170, 172 ff., 177, 179 f., 192, 194 ff., 202, 207 ff., 222, 233
Einstellung 32, 39 ff., 48, 57, 66 ff., 75, 82, 147, 151, 154, 155, 172, 187, 200, 210, 215, 219

Emotionale Akzeptanz 190
Employability-Trapez 149, 151, 166, 173, 182, 192, 208, 223, 226
Entschleunigung 104, 219
Ethikkodex 91, 222
Expertengruppen 100
Fluides Job-Design 223
Freiraum 67, 93, 140, 150 f., 186, 192, 222
Gesundheit 11, 112, 115 ff., 155, 198
Gleichwertigkeit 56, 76, 101 f., 106, 149, 182
Identität 66, 135, 148
Individualkarriere 53, 65, 68, 151
Integrierte Personalpolitik 131
Integriertes Employability Management 10, 51
Job-Design 142, 168, 176, 181
Job-Enrichment 107, 142, 148
Job-Rotation 100, 107, 115
Karriereverständnis 11, 63 ff.
Klassischer Kontrakt 52 ff., 56, 225
Kommunikationsfähigkeit 70, 153 f.
Konfliktfähigkeit 70, 153 f.
Kontextuelle Mobilität 72, 154, 156, 202
Lebensphasen 25, 178, 189, 225
Lernwille 71, 152 f., 176
Macht 54, 64 ff., 76, 83, 85, 88, 109, 136, 196 f., 215
Marktausdehnung 48
Mentoring 148 f., 223
Multipreneure 139, 223
Nachhaltigkeit 32, 78
Networking 87, 99, 141, 143, 203
Neuer Kontrakt 54 ff., 68, 138, 225
Normative Ebene 11, 75 f., 222
Offenheit 69, 79, 88, 154 f., 166, 176, 217, 225
Operative Ebene 11, 76, 222

Organisationsentwicklung 11, 97, 99,
    102, 104, 109, 112, 119, 125, 229
Organisationskarriere 52 f., 64, 198
Partizipation 93, 222
Passung 139 f., 145, 158, 168, 231
Personalbeurteilung 131, 170 ff.
Personalentwicklung 10 f., 109, 131,
    132, 173, 186 ff., 190 ff., 201, 203,
    226, 229, 230, 233 f.
Personalfreisetzung 131, 160, 167
Personalgewinnung 11, 131 f., 139 ff.,
    147 f., 150 f., 156, 158 f., 168, 226
Personalhonorierung 131, 177, 179,
    182, 184
Portfolio-Karriere 71, 123, 154, 202
Prävention 115, 117 f.
Prinzip der beschränkten Verweildauer
    108
Prinzip der geteilten Verantwortung 223
Prinzip der temporären Auszeit 159,
    223
Prinzip der wirkungsorientierten
    Beurteilung 223
Professionelle Mobilität 71, 154, 156,
    176
ProPosition© 152, 155 f., 158, 168 f.,
    175, 201, 207, 223, 226
Qualitative Altersstrukturanalyse 167,
    223, 232
Rahmenbedingung 9 ff., 19, 51 f., 54,
    56, 65, 75, 78, 91 f., 104, 134 f.,
    149, 157, 183, 194 f., 197, 198,
    207, 209, 211, 215 f., 222
Reflexionsfähigkeit 68, 71, 152 f., 176
Relevanter Markt 32, 46, 49, 78, 86,
    175, 225
Respekt 89, 92, 163, 196 f., 218
Rolle der Human Resources 10 f., 34,
    51, 97, 133 ff., 143, 194, 202, 207,
    209, 215
Sabbatical 67, 72, 121, 123
Sinn 24 f., 27, 64, 153, 178 ff., 186,
    193, 198, 215
Stärkenorientierung 69, 153 f.
Strategische Ebene 11, 75, 135, 140,
    149, 160, 222

Stress 41, 71, 113, 115, 116, 180, 203
Strukturiertes Interview 156, 157, 223,
    226
Survivors Syndrom 162
Systemgestaltung 80, 132
Teamfähigkeit 71, 153 f.
Theorie Z 82, 85, 222
Überfachliche Kompetenzen 66, 68
Unsicherheit 18, 25, 27, 31, 52 f., 65,
    68, 76, 79, 89, 92, 101, 135, 138,
    165 f., 198 f., 218, 222
Verkleinerung der Einheiten 124, 222
Vernetzung 10, 21, 125, 174, 222
Vertrauen 70, 88, 100, 149, 152 f., 169,
    176, 196, 217 f., 222
Wirkung 32, 51, 68, 72, 75, 87, 131 f.,
    136, 138, 144, 154, 172 f., 175 f.,
    188, 193, 203, 210
Work-Life-Balance 24, 72, 156, 168,
    181
Zuständigkeiten 84, 93, 98, 222

Literaturverzeichnis

Andrzejewski, L. = 2002
Trennungkultur. Handbuch für ein professionelles wirtschaftliches und faires Kündigungs-Management. Neuwied, Kriftel

Amherdt, C. H. = 1999
Le chaos de la carrière dans les organisations: à la découverte de l'ordre caché derrière le désordre apparent. Montréal: Editions Nouvelles

Argyris, C. = 1997
Wissen in Aktion. Stuttgart

Auhagen, A. E. = 1999
Die Realität der Verantwortung. Göttingen

Bailom, F. et al. = 2004
Leadership. Und das Engagement der Mitarbeiter hängt doch von den obersten Führungskräften ab. In Speck, P. (Hrsg.): Employability – Herausforderungen für die strategische Personalentwicklung. Konzepte für eine flexible, innovationsorientierte Arbeitswelt von morgen. Wiesbaden. S. 211–222

Baldin, K.-M. = 2004
Employability für ältere Mitarbeiter. Eine neue Anforderung in die Personal- und Organisationsentwicklung. In Speck, P. (Hrsg.): Employability – Herausforderungen für die strategische Personalentwicklung. Konzepte für eine flexible, innovationsorientierte Arbeitswelt von morgen. Wiesbaden. S. 271–289

Ball, B. = 1989
Les clés de votre carrière: Guide Pratique. Noisiel : Les Presses du Management

Baukens, M. et al. = 2001
Beschäftigungsfähigkeit: Von der Theorie zur Praxis. In Weinert, P. (Hrsg.): Beschäftigungsfähigkeit: Von der Theorie zur Praxis (Soziale Sicherheit; Bd. 4). Bern; Berlin; Bruxelles; Frankfurt am Main; New York; Oxford; Wien. S. 80–101

Bertelsmann Stiftung und Bundesvereinigung der Deutschen Arbeitgeberverbände = 2003
Erfolgreich mit älteren Arbeitnehmern. Gütersloh

Bleicher, K. = 1992
Das Konzept Integriertes Management. Frankfurt; New York

Bosch, G. et al. = 2001
Zur Zukunft der Erwerbsarbeit. Gelsenkirchen

Broszniewski, A. = 2001
Innovation und Erfahrung. Über Generationen und die Zeiten der Gesellschaft. In Broszniewski et al. (Hrsg.): Moderne Zeiten. Reflexionen zur Multioptionsgesellschaft. Konstanz. S. 69–80

Brümmer, R. & Szogas, C. = 2006
Employability: Selbstverantwortung fordern – Schlüsselkompetenzen fördern. Eine ganzheitliche Sicht. In Rump, J., Sattelberger, T. und Fischer H.: Employability Management. Grundlagen, Konzepte, Perspektiven. S. 149–164. Wiesbaden

Buck, H. & Schletz, A. = 2004
Ergebnisse des Transferprojekts Demotrans. Stuttgart

Bujold, C. & Gingras, M. = 2000
Choix professionnel et développement de carrière. 2ᵉ édition, Montréal : Gaëtan Morin éditeur

Cavanaugh, M. A. & Noe, R. A. = 1999
Antecedents and consequences of relational components of the new psychological. Journal of Organizational Behavior 20. S. 323–340

Devanna, M. A., Fombrun, C. J. & Tichy, N. M. = 1984
A Framework for Strategic Human Resource Management. In: Strategic Human Resource Management. New York

Dietl, S. F. & Höschle, U. = 2004
Employability durch Ausbildung. Auswirkung, Konsequenz und Konzepte. In Speck, P. (Hrsg.): Employability – Herausforderungen für die strategische Personalentwicklung. Konzepte für eine flexible, innovationsorientierte Arbeitswelt von morgen. Wiesbaden. S. 39–51

Dicke, A. & Schulte, Ch. = 1986
Cafeteria-System (Ziele, Gestaltungsformen, Beispiele und Aspekte der Implementierung). In: Die Betriebswirtschaft. 46. Jahrgang, 5, S. 577–589

Dolan, S. et al. = 2002
Psychologie du travail et comportement organisationnel. Gaëtan Morin Editeur

Elsik, W. = 1992
Strategisches Personalmanagement (Konzeption und Konsequenzen). Dissertation WU Wien. München

Fischer, H. = 2006
Wenn nicht ich, wer dann? Employability ist unerlässlich in veränderten Arbeitswelten. In: Rump, J., Sattelberger, T. und Fischer H.: Employability Management. Grundlagen, Konzepte, Perspektiven. S. 85–92. Wiesbaden

Friedli, V. = 2002
Die betriebliche Karriereplanung. Konzeptionelle Grundlagen und empirische Studien aus der Unternehmensperspektive. Berner betriebswirtschaftliche Schriften Band 27. Bern, Stuttgart, Wien

Friedman, T. L. = 1999
Globalisierung verstehen. Zwischen Marktplatz und Weltmarkt. Berlin

Fuchs, J. = 2004
Führen in Know-how-Unternehmen. Wenn die Mitarbeiter ihren Chef bezahlen. In Speck, P. (Hrsg.): Employability – Herausforderungen für die strategische Personalentwicklung. Konzepte für eine flexible, innovationsorientierte Arbeitswelt von morgen. Wiesbaden. S. 119–130

Gallup GmbH = 2003
Engagement Index 2003. Pressemitteilung. 29. Oktober 2003

Gemeinnützige Hertie-Stiftung = 1998
Mit Familie zum Unternehmenserfolg. Frankfurt

Giarini, O. & Liedtke, P. M. = 1998
Wie wir arbeiten werden. Der neue Bericht an den Club of Rome. Hamburg.

Giger, A. = 2003
Die Zukunft wird geprägt von Reife. GRP-Symposium Zukunft der Generationen, Lebenslang lernen. Bad Tölz, 16. Mai 2005

Gladwell, M. = 2000
Der Tipping Point. Wie man Strukturen durch wenige Eingriffe ändert. Berlin

Gomez, P. & Zimmermann, T. = 1992
Unternehmensorganisation. Profile, Dynamik, Methodik. Das St. Galler Management Konzept. Band 3. Frankfurt am Main, New York

Gross, P. = 1994
Die Multioptionsgesellschaft. Frankfurt am Main

Grote, G. = 2004
Der psychologische Kontrakt. Ein Instrument für die flexible Passung sich wandelnder Anforderungen und Bedürfnisse bei älteren Mitarbeitenden? In von Cranach, M. et al. (Hrsg.): Ältere Menschen im Unternehmen. Chancen, Risiken, Modelle. S. 117–132

Guillemard, A. = 2003
La nouvelle flexibilité temporelle du cours de vie. In Cavalli, S. & Fragnière, J. (eds.): L'avenir. Attentes, projets, (dés)illusions, ouvertures. Hommage à Christian Lalive d'Epinay. Lausanne. S. 27–42

Hall, D. T. & Mirvis, P. H. = 1995
Careers as lifelong learning. In Howard, A. (Hrsg.): The changing nature of work. San Francisco

Hall, D. T. = 2002
Careers In and Out of Organizations. Thousand Oaks, California: Sage Publication, Inc.

Hablützel, P. = 2004
Individuelle Flexibilität und institutionelle Verlässlichkeit. Eine personalpolitische Antwort auf die demografischen Herausforderung und eine Chance für den öffentlichen Sektor. In: von Cranach, et al. (Hrsg.): Ältere Menschen im Unternehmen. Chancen, Risiken, Modelle. Bern. S. 81–91

Held, D. = 2006
Gestion de carrière. Unveröffentlichtes Manuskript. Lausanne

Heller, E. = 2006
Clan Value. So machen Sie aus Ihrer Familie ein Unternehmen und aus Ihrem Unternehmen eine Familie. Berlin

Henzler, H. A. = 2005
Das Auge des Bauern macht die Kühe fett. Ein Plädoyer für Verantwortung und echtes Unternehmertum. München, Wien

Hilb, M. = 2002
Integriertes Personal-Management. Ziele – Strategien – Instrumente. 10. Auflage. Neuwied

Höpflinger, F. = 2005
Demografische Alterung und Erwerbsbeteiligung älterer Arbeitskräfte in der Schweiz. In Clemens, W. et al. (Hrsg.): Arbeit in späteren Lebensphasen. Sackgassen, Perspektiven, Visionen. Bern. S. 15–35

Hugentobler, V. = 2005
Arbeitsmarktstrategien in europäischen Ländern – angesichts der demografischen Alterung. In Clemens, W. et al. (Hrsg.): Arbeit in späteren Lebensphasen. Sackgassen, Perspektiven, Visionen. Bern. S. 69–92

Ilmarinen, J. & Tempel, J. = 2002
Arbeitsfähigkeit 2010. Was können wir tun, damit Sie gesund bleiben? Hamburg

Jetter, W. = 2003
Effiziente Personalauswahl. Durch strukturierte Einstellungsgespräche die richtigen Mitarbeiter finden. Stuttgart

Johnson, S. = 2004
Die Mäuse-Strategie für Manager. Veränderungen erfolgreich begegnen. Kreuzlingen und München

Kasarek, R. & Theorell, T. (Eds.) = 1990
Healthy Work. Stress, Productivity, and the Reproduction of Working Life. New York

Keese, C. = 2006
Verantwortung Jetzt. Wie wir uns und anderen helfen und nebenbei unser Land in Ordnung bringen. München

Kieselbach, T. = 2001
Wenn Beschäftigte entlassen werden: Berufliche Transition unter der Gerechtigkeitsperspektive. Wirtschaftspsychologie, 1, S. 37–50

Köchling, A = 1996–2000
Früherkennung altersstruktureller Probleme im Betrieb – Ein Teilergebnis aus dem GfAH-Teilprojekt «Intergenerative Personalpolitik»

Kres, M. = 2003
Die Kraft des Alterns. Wie dank Employability (Arbeitsmarktfähigkeit) Unternehmen am Markt bestehen können. In Schweizerischer Arbeitgeber, Nr. 6., 20. März 2003. S. 270–273

Kres, M. & Schletz, A. = 2006
Employability in einer alternden Belegschaft – die qualitative Altersstrukturanalyse auf dem Prüfstand. In Buck, S. (Hrsg.): Bildungscoaching in der Praxis. Stuttgart (im Erscheinen begriffen)

Kres, M. = 2006
Employability und demografische Entwicklung: Wie Unternehmen mit alternden Belegschaften im beständigen Wandel anschlussfähig bleiben? Abschlussbericht des Wirkungskreises II «Führungsmodelle 50+» der Schweizerischen Gesellschaft für Arbeitsmarktkompetenz. 15. November 2006. Bern

Kriegesmann, B. = 2005
Lebenslanges Lernen im Bereich von Sicherheit und Gesundheitsschutz: Entwicklung eines Kompetenzmodells als Basis für die Förderung eigenkompetenten Verhaltens. Bochum. (www.dmwa.de/fors/fb05/fb1038.pdf)

Kruse, A. = 2003
Individuelle und gesellschaftliche Ressourcen im Alter. http://www.grp.hwz.uni-muenchen.de/web-it/symp2003/kruse-manuskript.pdf

Malik, F. = 2000
Führen – Leisten – Leben. Wirksames Management für eine neue Zeit. Stuttgart und München

Malik, F. = 2005
Gefährliche Managementwörter. Und warum man sie vermeiden sollte. Frankfurt am Main

Mc. Gregor, D. = 1970
The Human Side of Entreprise. New York

Miegel, M. = 2005
Epochenwende. Gewinnt der Westen die Zukunft? Frankfurt am Main

Mills, D. Q. = 1991
Rebirth of the corporation. New York

Morgan, G. = 1986
Images of Organization. Beverly Hills

Nefiodow, L. = 1999
Wettbewerbsvorteil Wohlbefinden. Manager-Seminare. Heft 34

Noer, D. = 1993
Healing the Wounds: Overcoming the Trauma of Layoffs and Revitalizing Downsized Organisations. San Francisco

Oertig, M. = 1993
Dynamisches Personalmanagement. Dissertationsmanuskript. St. Gallen

Ouchi, W. G. = 1993
Theory Z: How American Business Can Meet The Japanese Challenge. New York

Panczuk, S. = 2005a
Le concept de formation entre dans celui de développement. In: Agefi. Montag, 13. Juni 2005. S. 18–19

Panczuk, S. = 2005b
Employabilité – mais sans les ressources humaines, s'il vous plaît! Vortrag am 3. Netzwerktreffen der Schweizerischen Gesellschaft für Arbeitsmarktkompetenz. Bern, 16. November 2005

Picht, G. = 1969
Wahrheit, Vernunft, Verantwortung. Philosophische Studien. Stuttgart

Probst, G. = 1987.
Selbstorganisation. Berlin, Hamburg

Probst, G. & Büchel, B. = 1994
Organisationales Lernen: Wettbewerbsvorteil der Zukunft. Wiesbaden

Rossier, J. = 2005
Employability Index 1.2. Validation Finale. 20 octobre 2005. Université de Lausanne. Faculté des sciences sociales et politiques. Institut de Psychologie

Rousseau, D. M. = 1995
Psychological contracts in organizations. Understanding written and unwritten agreements. Newbury Park

Rump, J. & Schmidt, S. = 2005
Fördern und Fordern von Beschäftigungsfähigkeit. Das Konzept des Employability-Management. Forschungspapier des Instituts für Beschäftigung und Employability an der Fachhochschule Ludwigshafen

Rump, J. & Eilers, S. = 2006
Managing Employability. In: Rump, J., Sattelberger, T. und Fischer H.: Employability Management. Grundlagen, Konzepte, Perspektiven. S. 13–73. Wiesbaden

Scarbatty, J. = 2005
Die Last der Freiheit – Zur Eigenverantwortung gehört die Gefahr des Scheiterns. In: Neue Züricher Zeitung. Nr. 98. 28. April 2005. S. 27

Schein, E. H. = 1970
Organizational Psychology. 2. Auflage. Englewood Cliffs

Scholz, C. = 2004
Employability bei «fortgeschrittenen» Spielern ohne Stammplatzgarantie. In Speck, P. (Hrsg.): Employability – Herausforderungen für die strategische Personalentwicklung. Konzepte für eine flexible, innovationsorientierte Arbeitswelt von morgen. Wiesbaden. S. 223–232

Senge, P. M. = 1997
Die fünfte Disziplin: Kunst und Praxis der lernenden Organisation. 2. Auflage. Stuttgart

Sennett, R. = 2005
Die Kultur des neuen Kapitalismus. Berlin

Spreitzer, G. & Mishra, A. = 2000
An experimental examination of a stress-based framework of survivor responses to downsizing. In Burke, R. J. & Cooper, C. L. (Hrsg.): The Organization in Crisis. Downsizing, Restructuring and Privatization. Oxford. 97–118

Sprenger, R. K. = 1999
Das Prinzip Selbstverantwortung. Wege zur Motivation. Frankfurt/Main und New York

Sprenger, R. K. = 2004
Die Entscheidung liegt bei Dir! Wege aus der alltäglichen Unzufriedenheit. Frankfurt/Main und New York

Tichy, N. & Cohen, E. = 1997
The leadership engine: how winning companies build leaders at every level. Harper Business

Turnley, W. H. & Feldman, D. C. = 1998
Psychological contract violations during corporate restructuring. Human Resource Management 37. S. 71–83

Ulich, E. = 2001
Arbeitspsychologie. 5. Auflage. Stuttgart

Ulrich, H. = 1983
Management – eine unverstandene gesellschaftliche Funktion. In: Mitarbeiterführung und gesellschaftlicher Wandel. Die kritische Gesellschaft und ihre Konsequenzen für die Mitarbeiterführung. In: Siegwart, H. & Probst, G. (Hrsg.): Bern und Stuttgart. S. 133-152

von Weizäcker, C. = 2005
Gerechtigkeit, Freiheit und Wohlstand. In: Neuer Zürcher Zeitung, Nr. 111. 14./15. Mai 2005, S. 29

Weber, R. & Thiele, D. = 2004
Auswirkungen der Employability auf die Personalpolitik der Unternehmen des Karlsberg Verbundes. In Speck, P. (Hrsg.): Employability – Herausforderungen für die strategische Personalentwicklung. Konzepte für eine flexible, innovationsorientierte Arbeitswelt von morgen. Wiesbaden. S. 109–117

Weinert, P. et al. (Hrsg.) = 2001
Beschäftigungsfähigkeit: Von der Theorie zur Praxis (Soziale Sicherheit; Bd. 4). Bern, Berlin, Frankfurt am Main, New York, Oxford, Wien

Winkler, R. = 2005
Soziale und arbeitsmarktliche Maßnahmen zur Nutzung der Potenziale älterer Menschen. In: Clemens et al. (Hrsg.): Arbeit in späteren Lebensphasen. Sackgassen, Perspektiven, Visionen. Bern. S. 189–213

Wolff, H. et al. = 2001
Arbeit. Altern. Innovation. Basel

Wunderer, R. & Dick, P. = 2002
Personalmanagement-Quo Vadis? 3. Auflage. Neuwied

Kurzbeschrieb promove TM

Die demografische Entwicklung und die steigende Selbstverantwortung von Mitarbeitern für die eigene Karriere werden zunehmend wettbewerbsentscheidend. promove TM setzt sich dafür ein, dass Arbeitnehmer und Arbeitgeber im herrschenden Paradigmawechsel ihre Chancen erkennen und aus der Erfahrung älterer Mitarbeiter echter Mehrwert in Unternehmen entsteht.

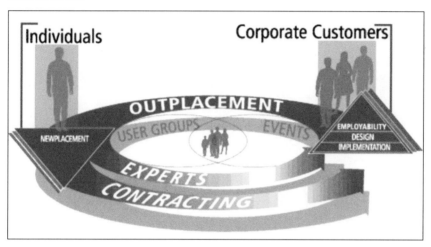

Einzelpersonen verhelfen wir in unseren *Newplacement-* und *Outplacement*-Programmen durch eine abgestimmte Mischung von Seminaren und Einzelcoachings zu einer breiteren Arbeitsmarktfähigkeit. Proaktiv erarbeiten wir in *Experts* und *Contracting* Karrierechancen für Menschen in der zweiten Lebenshälfte. Durch die schwerpunktmäßige Konzentration auf den grauen Markt können spezifische Stellen und Projekte geschaffen werden, die niemals an der Öffentlichkeit erscheinen.

Unternehmen unterstützen wir in der Erarbeitung einer altersgerechten Arbeits- und Personalpolitik. In *Employability* bieten wir dem Top-Management die Möglichkeit, sich intensiv mit den Auswirkungen der demografischen Verschiebung und der sinkenden Arbeitsplatzsicherheit auseinanderzusetzen. Die dort erzielten Erkenntnisse fließen in die Optimierung der eigenen Personalpolitik ein. In *Design* werden die Rahmenbedingungen für eine neue Partnerschaft zwischen Unternehmen und Arbeitgeber erarbeitet. Schließlich können die Mitarbeiter in *Implementation* selbst Maßnahmen ergreifen, um ihre Employability zu steigern.

Arbeitsmarktfähigkeit ist ein zweiseitiges Konzept. Entsprechend bieten wir in *User Groups* und *Events* die Möglichkeit zum Austausch von Ideen und Praktiken zwischen Arbeitnehmern und Arbeitgebern.

www.promoveTM.ch

François Höpflinger / Wolfgang Clemens /
Ruedi Winkler (Hrsg.)

Arbeit in späteren Lebensphasen

Sackgassen, Perspektiven, Visionen

2005. 275 Seiten, 29 Tabellen und Grafiken, kartoniert
CHF 48.– / € 32.–
ISBN 978-3-258-06855-8

Die Wirklichkeit der zweiten Lebenshälfte - das Leben «jenseits des Zenits»
– und die Bilder, die wir uns vom «Alter» machen, befinden sich in raschem
Wandel. Dies gilt nicht zuletzt für die Gestaltung der späteren Berufsjahre und
für die Übergänge in die nachberufliche Lebensphase. Die sich abzeichnende
demografische Alterung stellt bisher gültige Regelungen zum Rentenalter in
Frage, und auch die Vorstellungen vom nachberuflichen Leben verändern sich
schnell. Der Band bietet Analysen, entwickelt aber auch Perspektiven und Visionen für die künftige Gestaltung der Arbeit in einer demografisch alternden,
aber soziokulturell verjüngten Gesellschaft. Je frühzeitiger die neuen Entwicklungen angegangen werden, desto besser kann die Zukunft gestaltet werden
– so die Grundposition der Autorinnen und Autoren. Neben personal- und
unternehmensbezogenen Fragen werden auch gesellschaftliche Perspektiven
einer Neugestaltung des Lebens in einer langlebigen Arbeitsgesellschaft angesprochen.

⋮ Haupt **Haupt Verlag** Bern · Stuttgart · Wien

verlag@haupt.ch · www.haupt.ch

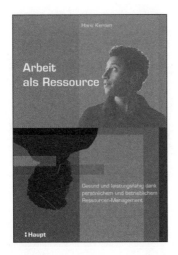

Hans Kernen

Arbeit als Ressource

Gesund und leistungsfähig dank persönlichem und betrieblichem Ressourcen-Management

2005. 220 Seiten, 38 Grafiken und 4 Tabellen, kartoniert
CHF 48.– / € 32.–
ISBN 978-3-258-06873-2

Arbeit kann krank machen - denken wir nur ans Burn-out-Syndrom. Berufstätigkeit und Arbeit sind aber auch entscheidende Voraussetzungen für ein erfülltes, gesundes Leben – vorausgesetzt, wir schaffen es, unsere Ressourcen nicht zu verschleudern und Arbeits- und Privatleben in Balance zu halten. Was aber ist zu tun, damit wir über Jahrzehnte hinweg aktiv sein können und trotzdem gesund bleiben? Und was können Betriebe unternehmen, um die Gesundheit ihrer Mitarbeiterinnen und Mitarbeiter, ihr wichtigstes Kapital, zu schützen und zu pflegen? Reicht es, wenn sie den Angestellten vergünstigte Abonnements im nächsten Fitnessclub anbieten, Wasserstationen im Betrieb aufstellen und Manager zu regelmäßigen Gesundheitschecks verpflichten? Welche arbeitsgestaltenden, welche persönlichen Ressourcen gestatten uns, den Herausforderungen der Arbeit auch langfristig gewachsen zu sein? Und wie lässt sich durch gezieltes Erfassen und Fördern dieser Ressourcen die Leistungsfähigkeit des arbeitenden Menschen nachhaltig sicherstellen – zum Gewinn des Arbeitgebers und des Arbeitnehmers? Das sind die zentralen Fragen, die in dem praxisnahen Buch bearbeitet werden.

⋮ Haupt   **Haupt Verlag** Bern · Stuttgart · Wien
verlag@haupt.ch · www.haupt.ch

Fredy Hausammann

Personal Governance

als unverzichtbarer Teil der Corporate
Governance und Unternehmensführung

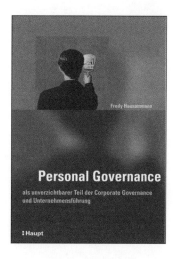

2007. 240 Seiten, einige Tabellen und Abbildungen,
kartoniert
CHF 52.– / € 34–
ISBN 978-3-258-07112-1

In der Corporate Governance ist ein Perspektivenwechsel angesagt: von der Governance des Unternehmens zur persönlichen Governance des Top-Managers.In diesem Buch wird erstmals aufgezeigt, dass das persönliche Verhalten der Manager – deren Personal Governance – ein zentraler Faktor der erfolgreichen Unternehmensführung und einer guten Corporate Governance ist. Deshalb setzt eine langfristig erfolgreiche Corporate Governance eine gut funktionierende Personal Governance der Aufsichts- und Exekutivorgane voraus. Diese wird entscheidend für den nachhaltigen Erfolg und die Gesundheit von Managern, Unternehmen und Gesellschaft.

: Haupt   **Haupt Verlag** Bern • Stuttgart • Wien
verlag@haupt.ch • www.haupt.ch

Barbara Meili

Die massgeschneiderte Karriere

Freiberufliche Wissensarbeit und Portfolio-Work

2005. 187 Seiten, kartoniert
CHF 44.– / € 29.–
ISBN 978-3-258-06858-9

Große Organisationen haben ihren Führungskräften vieles zu bieten, materielle Vorteile und immaterielle – bis hin zum Stolz, Teil einer Marke zu sein. Aber nicht jedem Ingenieur oder Personalentwickler, nicht jeder Marketing- oder IT-Spezialistin ist eine Konzernlaufbahn in allen Lebensphasen auf den Leib geschnitten. Warum also nicht freiberuflich sein Wissen und Können verschiedenen Unternehmen zur Verfügung stellen? Für sich selbst ein maßgeschneidertes Aufgabenportfolio aufbauen?

Barbara Meili kennt beides aus eigener Erfahrung, Konzernleben und Selbständigkeit. Vor diesem Hintergrund schildert sie Licht und Schatten der freiberuflichen Wissensarbeit. Ihre Beobachtungen hat sie mit Weggefährten aus verschiedenen Disziplinen und mit Experten aus Wirtschaft, Wissenschaft und Politik diskutiert. So gibt das Buch Einblick in die Arbeitsform einer wachsenden Zahl von Erwerbstätigen und wirft zugleich ein Licht auf deren gesellschaftspolitische und wirtschaftliche Bedeutung.

Das Buch bietet auch Entscheidungshilfe für alle jene Fach- und Führungskräfte, die in der Lebensmitte den Weg in eine freiberufliche Tätigkeit erwägen. Wer sich bereits zum Schritt in die Selbständigkeit entschlossen hat, findet hier Impulse für die Startphase.

⋮ Haupt **Haupt Verlag** Bern · Stuttgart · Wien
verlag@haupt.ch · www.haupt.ch